GRUNDRISS
DER SLAVISCHEN PHILOLOGIE
UND
KULTURGESCHICHTE

Herausgegeben von

MAX VASMER

WALTER DE GRUYTER & CO. / BERLIN

VORMALS G. J. GÖSCHEN'SCHE VERLAGSHANDLUNG · J. GUTTENTAG, VERLAGS-
BUCHHANDLUNG · GEORG REIMER · KARL J. TRÜBNER · VEIT & COMP.

SERBOKROATISCHE VOLKSKUNDE

Erster Teil

VOLKSGLAUBE UND VOLKSBRAUCH

von

E. SCHNEEWEIS

1961

WALTER DE GRUYTER & CO. / BERLIN

VORMALS G. J. GÖSCHEN'SCHE VERLAGSHANDLUNG · J. GUTTENTAG, VERLAGSBUCHHANDLUNG · GEORG REIMER · KARL J. TRÜBNER · VEIT & COMP.

Dies Buch ist eine erweiterte Neuauflage des Werkes:
„Grundriß des Volksglaubens und Volksbrauchs der Serbokroaten", Celje (Cilli), 1935.

Archiv-Nummer: 44 03 61

Printed in Germany. — Gedruckt bei Thormann & Goetsch, Berlin.

Aus dem Vorwort der ersten Auflage

Im Laufe der letzten Jahrzehnte hat auch bei den Serbokroaten eine von wissenschaftlichen Kreisen angeregte systematische Sammlung des volkskundlichen Materials eingesetzt, das in zahlreichen Fachzeitschriften niedergelegt ist. Dieses kostbare Material ist zum geringsten Teile wissenschaftlich verarbeitet, auch die vergleichende Volkskunde zieht es wegen der sprachlichen Schranken nicht ausgiebig genug heran. — Schon bei meinem ersten Aufenthalt in Belgrad (1912) packte mich als Bauernsohn das frische und farbige Volksleben der Südslaven, eine halbjährige Reise, die mich durch Westbulgarien, Serbien, Bosnien-Hercegovina, Dalmatien und Kroatien führte, hat dieses Interesse noch mehr vertieft. Ein zweimonatlicher Aufenthalt in dem von Orthodoxen, Katholiken und Mohammedanern bewohnten Plivatal, das ich auf Anraten der damaligen wissenschaftlichen Arbeiter am Museum in Sarajevo, Karl Patsch und Vladimir Ćorović, besuchte, hat mir das Bauern- und Hirtenleben jener Gegend erschlossen. Das damals von mir gesammelte Material ist zum Teil in der Zeitschrift für öst. Volkskunde, Jg. 1917 (Volksnahrung im Plivatal) abgedruckt, die wertvollsten Einzelheiten habe ich in meinen späteren Arbeiten verwendet. Daß ich nach dem Kriege meine Studien über das serbokroatische Volksleben im Lande selbst fortsetzen konnte, verdanke ich vor allem der Initiative des verstorbenen Präsidenten der Belgrader Akademie der Wissenschaften, Jovan Cvijić, der mir das Lektorat für deutsche Sprache an der Universität in Belgrad verschafft hat. Während meines sechsjährigen Aufenthalts in Jugoslavien hatte ich Gelegenheit, die serbokroatische Sprache gründlich zu erlernen und zahlreiche Exkursionen in alle Landesteile zu unternehmen, von denen ich stets mit reicher Ausbeute heimkehrte, ich fand aber auch Muße zu ungestörter wissenschaftlicher Arbeit. Wertvolle Förderung erhielt ich durch den Besuch der Vorlesungen und Übungen der Belgrader Ethnologen Tihomir Đorđević und Jovan Erdeljanović. Das Ziel, das mir vorschwebte, war ein Grundriß der serbokroatischen Volkskunde, für den allerdings erst noch eine Reihe von Vorarbeiten nötig waren. So entstanden meine »Weihnachtsbräuche der Serbokroaten, vergleichend dargestellt«, die Kinds-, Hochzeits- und Totenbräuche der Serbokroaten, ein »Bericht über die jugoslavische Volkskunde 1914—1924« u. a. (s. Literaturverzeichnis 255). Meine auf Anraten G. Gesemanns erfolgte Umhabilitierung an die Deutsche Universität in Prag (1928), ein Forschungsauftrag von seiten des Slavischen Instituts der Universität Berlin (Prof. Max Vasmer), die »Feste und Volksbräuche der Lausitzer Wenden« zu studieren, u. a., haben mich auf längere Zeit von meinen mir lieb gewordenen Studien der serbokroatischen Volkskunde abgelenkt. Erst die letzten zwei Jahre konnte ich wiederum voll und ganz der Fortsetzung dieser Arbeit widmen. Das Ergebnis ist der hier vorliegende »Grundriß des Volksglaubens und Volksbrauchs der Serbokroaten«. Mein Bestreben war nicht bloß, das bisher erarbeitete einschlägige Material in gedrängter Form darzulegen, sondern auch die wichtigsten Erscheinungen in die geographische Breite und zeitliche Tiefe zu verfolgen und unter Heranziehung von Parallelen deren ursprüngliche Bedeutung zu erklären. Da ich von der Philologie her zur Volkskunde gekommen bin, habe ich der Terminologie ein besonderes Augenmerk zugewendet, denn aus ihr ergeben sich wertvolle Kriterien für die Schichtung der Bräuche und die Feststellung fremder Beeinflussungen. Zum Schluß der einzelnen Kapitel habe ich solche Schichtungsversuche unternommen und die Ergebnisse zusammengefaßt. Es ergibt sich immer wieder, daß der heidnisch-slavische Grundstock der serbokroatischen volkstümlichen Meinungen und Bräuche von der Antike, vom Christentum und von den umwohnenden Völkern her nachhaltig beeinflußt worden ist. Die Dreiteilung des serbokroatischen Volkes in konfessioneller Beziehung kommt auch im Volksglauben und Volksbrauch deutlich zum Ausdruck. Die Mohammedaner in Bosnien-Hercegovina, die den Islam erst nach dem Einmarsch der Türken im 15. Jh. angenommen haben, haben viele Meinungen und Bräuche aus ihrer christlichen Vergangenheit bewahrt, die im westlichen Teil des serbokroatischen Volksbodens sitzenden Katholiken haben im großen ganzen an Primitivität verloren und sind stark von den deutschen und romanischen Nachbarn beeinflußt, der orthodoxe Osten aber weist balkanischen Charakter auf: Auffallend ist die große Übereinstimmung vieler Volksmeinungen und Volksbräuche der Serben mit jenen der Bulgaren, Rumänen und Griechen, die vielfach größer ist als mit denen der Kroaten. Begründet ist dies in der Zugehörigkeit zur orthodoxen Kirche, in der Jahrhunderte währenden gemeinsamen politischen Grenze des Türkischen Reiches und in dem engen Beieinander- und Durcheinanderwohnen der Balkanvölker.

Durch die Herausgabe dieses Buches hoffe ich auch der vergleichenden Volkskunde einen Dienst zu erweisen, denn viele Anschauungen und Bräuche, die in West- und Mitteleuropa schon verblaßt sind und nicht mehr verstanden werden, lassen sich aus den verhältnismäßig frischen und unberührten Parallelen der ost- und südosteuropäischen Völker leicht erklären.

Eine ähnliche Arbeit wie die vorliegende hat bereits F. S. Krauss (Volksglaube und religiöser Brauch der Südslaven, Münster 1890) herausgegeben, sie ist aber heute veraltet, denn erst seit den neunziger Jahren hat bei den Serbokroaten die systematische Sammlung des volkskundlichen Materials eingesetzt. Auch ich bin mir bewußt, daß mein Buch in bezug auf Vollständigkeit des Materials und dessen Ausdeutung noch ergänzungsbedürftig ist. Es ist mir unmöglich, allen

Instituten und Persönlichkeiten, die mich bei meiner Arbeit unterstützt und gefördert haben, namentlich zu danken. Mein besonderer Dank gebührt der Unterrichtsverwaltung der Tschechoslovakischen Republik, die mir durch jahrelange Beurlaubung den erforderlichen Studienaufenthalt ermöglicht hat, meinen Belgrader Fachkollegen T. Đorđević, J. Erdeljanović und V. Čajkanović, den Leitern der volkskundlichen Museen in Belgrad, Zagreb, Sarajevo und Skoplje, die mir die erforderlichen Bilder zur Verfügung gestellt haben, ferner der Gesandtschaft des Königreiches Jugoslavien in Prag und der jugoslavischen Eisenbahnverwaltung für die wiederholte Gewährung von Freikarten. Schließlich danke ich aufs wärmste dem Ausschusse der Družba sv. Mohorja, der mir in diesen schweren Zeiten das Erscheinen des Buches in diesem Umfang und in dieser Ausstattung ermöglicht hat.

Prag, im Juli 1934

Edmund Schneeweis

Vorwort zur zweiten Auflage

Der vorliegende Band ist eigentlich die zweite vermehrte und verbesserte Auflage des »Grundrisses des Volksglaubens und Volksbrauchs der Serbokroaten«, den ich 1935 in Celje (Cilli) in Jugoslavien herausgegeben habe.

Um die von 1935—1959 erschienene volkskundliche Literatur der Serbokroaten einzuarbeiten, weilte ich im September 1959 in Zagreb, wo mir Herr Professor Dr. M. Gavazzi und seine Assistentin Frl. Dj. Pološija in liebenswürdiger Weise die einschlägige Literatur zur Verfügung gestellt haben. Mein Dank gebührt auch der Direktorin des Ethnographischen Museums in Zagreb, Frau M. Gušić, und Herrn P. Petrović in Belgrad für die freundliche Überlassung von Bildern.

Berlin 1961

Edmund Schneeweis

Inhaltsverzeichnis

Abkürzungen

abg. = altbulgarisch
ahd. = althochdeutsch
aksl. = altkirchenslavisch
alban. = albanisch
ai. = altindisch
avest. = avestisch
BH. = Bosnien-Hercegovina
bg. = bulgarisch
d. = deutsch
dalm. = dalmatinisch
gr. = griechisch
idg. = indogermanisch
it. = italienisch
klr. = kleinrussisch
kr. = kroatisch
lat. = lateinisch
lit. = litauisch
Ls. = Landschaft
mhd. = mittelhochdeutsch
Par. = Parallelen
p. = polnisch
r. = russisch
rum. = rumänisch
skr. = serbokroatisch
slk. = slovakisch
slov. = slovenisch
tsch. = tschechisch
türk. = türkisch
ursl. = urslavisch
sorb. = sorbisch
* erschlossene Form
* nach einem Wort: türk. Wort.

Nachweis der Abbildungen

Abb. 1, 2, 6, 24, 35, 37, 40 Ethnogr. Museum Belgrad
Abb. 3, 5, 12 Petar Petrović
Abb. 4 V. Tkalčić
Abb. 7, 20, 21, 23, 26, 27, 36, 39 Ethnogr. Museum Zagreb
Abb. 8, 22 nach Gemälden von S. Tomerlin
Abb. 9, 11, 38 Dr. B. Gušić
Abb. 10, 25, 31 Milovan Gavazzi
Abb. 13 Nikola Zega
Abb. 14 Ethnogr. Museum Sarajevo
Abb. 15, 16 M. Filipović
Abb. 17, 18 T. Marković
Abb. 19 Prof. Dr. Edmund Schneeweis
Abb. 28, 29 Lj. Topali
Abb. 30 I. Dolenec
Abb. 32 M. Gušić
Abb. 33 B. Širola
Abb. 34 nach einem Gemälde von Djurić

ERSTER TEIL

DER VOLKSTÜMLICHE GLAUBE

Der heutige Volksglaube der Serbokroaten stellt ein eigenartiges Gemisch verschiedener Elemente dar. Die aus der slavischen Urheimat mitgebrachten religiösen Vorstellungen wurden nach der Einwanderung der Serbokroaten in ihre heutigen Wohnsitze begreiflicherweise von Elementen der antiken Religionen (sowohl der hohen als auch der niederen) durchsetzt. Von größter Bedeutung für die alte Volksreligion war die Annahme des Christentums, das die heidnischen Vorstellungen und Bräuche in langem, zähem Kampfe auszurotten oder in christlichem Sinne umzuformen suchte. Infolge des Jahrhunderte langen Verkehrs mit den Nachbarvölkern sind ununterbrochen bald stärker, bald schwächer fremde religiöse Vorstellungen über die Grenzen des Volksbodens geflossen und haben den alten Komplex nachhaltig beeinflußt. In vielen Fällen läßt sich diese Beeinflussung an der Hand der Terminologie überzeugend nachweisen. — Es ist natürlich heute nicht mehr möglich, ein genaues Bild der Entwicklung des dem Wechsel der Zeiten unterworfenen Volksglaubens zu entwerfen, sondern wir werden zufrieden sein müssen, wenn es uns gelingt, bezüglich der wichtigsten Elemente festzustellen, ob sie slavisch-heidnisch, antik, christlich oder ob sie von den Nachbarvölkern her eingedrungen sind.

Innig verbunden mit den Glaubensvorstellungen des Volkes ist das Brauchtum, denn dieses ist ja der Ausfluß des Volksglaubens. Vielfach ist der Brauch — wenn auch umgedeutet oder mißverstanden — zählebiger als der ihm zugrunde liegende Glaube. Daher die große Bedeutung des Brauchtums für die Erschließung des Volksglaubens: Aus vielen Heilmethoden spricht noch der einst lebendige Glaube an Krankheitsgeister; Orakel, die an gewisse Festspeisen geknüpft sind (Schulterknochen des Weihnachtsschweins, Weihnachtskuchen usw.), lassen Rückschlüsse ziehen auf den Glauben, daß die Gottheit auf den ihr dargebrachten Opferspeisen den Menschen einen Blick in die Zukunft gewähre. Eine wichtige Quelle des Volksglaubens bilden auch die Sagen, denn viele volkstümliche Glaubensvorstellungen sind in sie eingekleidet: Sagen von Vilen, Schicksalsfrauen, Waldgeistern, Vampiren, von Menschen, Tieren und Pflanzen, begabt mit besonderen Kräften.

Nach dem heutigen Stand der Forschung können wir als sicher annehmen, daß die heidnischen Slaven vor der Christianisierung noch auf der Stufe der Dämonenverehrung standen, es lassen sich bloß einzelne Anläufe zu einer hohen Religion, die dazu noch lokal beschränkt waren, feststellen.[1] Solche lokale Kulte waren z. B. der Kult Peruns in Kiev, der Kult Swantewits auf Rügen u. ä. Für die Südslaven fehlen uns solche Zeugnisse bezüglich höherer Gottheiten vollständig, und alle bisherigen Versuche, solche durch Vergleichung zu rekonstruieren, haben bisher kein greifbares Ergebnis gezeitigt. Wenn wir den sicheren Boden der Tatsachen nicht verlassen wollen, so werden wir also annehmen müssen, daß die Südslaven vor ihrer Christianisierung noch auf der Stufe des Dämonenglaubens standen. Hierzu stimmt auch der älteste schriftliche Beleg, den wir bezüglich der Religion der Südslaven haben: »Sie verehren Flüsse und Nymphen und andere ähnliche Gottheiten.«[2]

Nach dem heutigen serbokroatischen Volksglauben ist die Zahl der Dämonen und ihrer Namen ungemein groß, wir wollen sie der leichteren Übersicht halber nach der Einteilung Niederles behandeln, der zuerst die Dämonen manistischen Ursprungs und nachher die auf Naturbelebung beruhenden Dämonen bespricht.[3]

1. Dämonen manistischen Ursprungs (entstanden aus den Seelen der Abgeschiedenen)

Nicht bloß urslavisch, sondern schon indogermanisch ist der Glaube an das Fortleben der Seele nach dem Tode.[4] Dieser Glaube äußert sich in mannigfachen Formen des Ahnenkults: Verschiedene Grabbeigaben sollen der Seele die Reise ins Jenseits erleichtern, zu gewissen Zeiten dargebrachte Speisen und Getränke sollen sie stärken, den Toten zu Liebe angezündete Feuer sollen sie erwärmen und ihnen im Jenseits leuchten. Dieser uralte Glaube lebt, wenn auch christlich übertüncht und abgeschwächt, bei den Serbokroaten bis zum heutigen Tage fort (s. das Kapitel »Tod und Begräbnis« S. 83 ff.). Auch die heute besonders bei den Serben stark ausgeprägte Wertschätzung der männlichen Nachkommenschaft wurzelt in dem Wunsche, Söhne zu hinterlassen, welche die Totenopfer darbringen, welche den Kult des Hauspatrons fortsetzen und die im Bedarfsfalle die Blutrache ausüben (*osveta* »Blutrache« zu *sveti* »heilig«). Der Glaube, daß die durch Opfergaben günstig gestimmten Ahnen ihre Nachkommen beschützen, begegnet bei allen slavischen Völkern in ähnlichen Formen. Bei den Serben hat der Hauspatron (s. unten S. 148), in dessen Kult sich Heiligenverehrung und heidnischer Ahnenkult (auch antiker Larenkult) vermischt haben, die Funktion des schützenden Ahnen übernommen, dessen Bezeichnung bei den übrigen slavischen

---

[1] Vgl. Niederle, ŽSS[2] II/1 23 ff.
[2] Niederle, op. cit. 27.
[3] Niederle, op. cit. 19 ff.
[4] Vgl. Schrader, Reallexikon s. v. Ahnenkult.

Völkern auf ursl. *dědъ* »Großvater« zurückgeht: russ. *děd*, klr. *did*, p. *dziad*, alttsch. *diedky* (vgl. altind. *pitáras*, lat. *parentes*, gr. γονεῖς). Zur Bemerkung Dalimils, daß der Urvater Čech beim Einzug nach Böhmen die Diedky auf den Schultern trug, stimmt sehr schön die serbische volkstümliche Vorstellung, daß der Hauspatron beim Slavafeste unsichtbar auf der rechten Schulter des Hausvaters stehe.[5]

Die Seele des verstorbenen Ahnen kann in verschiedener Gestalt erscheinen. Als beliebteste Erscheinungsform gilt die im Hause lebende Schlange, s. *zmìja čuvàrkuća* »die das Haus hütende Schlange«, kr. *zmìja kućarica* »Hausschlange«. Auch diese Vorstellung ist uralt. Wir finden sie bei den alten Griechen,[6] Römern, Balten, auch bei den West- und Ostslaven ist sie bezeugt.[7] Die bei den Skr. so stark ausgeprägte Herdverehrung, wie sie sich bei verschiedenen Anlässen, so besonders bei der Aufnahme der Braut ins neue Heim (s. S. 71), und bei der Weihnachtsfeier[8] äußert, hängt ebenfalls mit dem Ahnenkult zusammen, ebenso gewisse Verbote und Bräuche, die sich an die Hausschwelle knüpfen, unter der man in früheren Zeiten Kinder zu bestatten pflegte, damit ihre Seelen in darüber schreitende Frauen eingehen und von neuem geboren werden. Wie Veselovskij und Niederle wahrscheinlich machen,[9] gehört in den Bereich des Ahnenkults auch der Glaube an die drei Schicksalsfrauen (*rođenice*, *suđènice*, *orisnice*, *narečnici* [Veles]), die an der Wiege des Neugeborenen erscheinen und ihm sein Schicksal bestimmen. Die Dreizahl der Schicksalsfrauen scheint mir zur Dreizahl der griech. τριτοπάτορες zu stimmen, zu denen man um Kindersegen flehte; die drei Schicksalsfrauen wären demnach die weiblichen Vertreter der drei verstorbenen Generationen, auf die sich, wie es uns bezüglich der alten Inder, Griechen und Germanen bezeugt ist, der Ahnenkult erstreckte. Für die Deutung der Schicksalsfrauen als Ahnengeister spricht auch die bulgarische Bezeichnung der ältesten von ihnen: *zlata baba* »goldene Großmutter«, ferner der bulgarische Glaube, nach dem die Seelen der Verstorbenen von den *urisnice* in die Ewigkeit geleitet werden.[10] — In Bulgarien und Makedonien[11] glaubt man an schützende Haus- und Ortsgeister *stihii* (sing. *stihija*). Der Name dürfte auf griech. στοιχεῖον, neugr. στοιχειο »Himmelskörper, Ortsgeist« zurückgehen.

Eine große Zahl von Dämonen verdankt ihre Entstehung dem Glauben, daß die Seele eines Menschen, der eines vorzeitigen Todes gestorben ist, erst ihre Ruhe findet, wenn die ihm zugedachte Lebenszeit verstrichen ist.[12] Ungetauft verstorbene Kinder flattern in Gestalt großer Vögel mit Kindsköpfen in der

[5] Vuk, SNP II Nr. 20.
[6] Rohde, Psyche I 254: Der Agathos Daimon erscheint als Schlange.
[7] Máchal, Nákres 106.
[8] Siehe S. 157.
[9] ŽSS II/1, S. 69.
[10] Máchal, Nákres 78.
[11] SbNU IX 131: Veles.
[12] Vgl. eine ähnliche Vorstellung bei den Russen: Zelenin, RV 392.

Nacht umher, besonders während der Zwölften, schreien wie die Kinder und suchen Müttern zu schaden. Milchtieren, besonders Schafen, rauben sie die Milch und verursachen Krankheiten. Sie heißen s. *nekrštenci* »Ungetaufte«, kroat. *nevidinčići, nevidmići,*[13] in der Ls. Prigorje *medivančići,* »die Unsichtbaren«, weil sie angeblich nur der sehen kann, der in derselben Stunde wie sie geboren ist. Um Pirot heißen sie *navi(je);* dieses Wort kehrt in ähnlicher Bedeutung bei den Bulgaren, Slovenen und Ostslaven wieder.[14]

Die Bezeichnung *limba* (Ls. Poljica) geht auf ital. *limbo* »Vorhölle« zurück. In der Boka glaubt man, daß der aus einem ungetauften Kind entstandene Dämon, *macàruo, macìruo,* kleine Kinder quäle und würge. In der Nacht ziehen sie in Schwärmen unter Geschrei einher, jedem brennt ein Kerzlein auf dem Kopfe (Irrlichter!). Auch der Name *macić, matić,* ist für Dämonen ähnlicher Art aus anderen Gegenden Dalmatiens bezeugt, z. B. Zaostrog, Insel Brač und Hvar.[15]

Unklar wie ihr Name, ist das ursprüngliche Wesen der V i l e n. Heute stellt man sich darunter elfenartige weibliche Wesen von großer Schönheit und langwallendem blondem Haar vor. Sie wohnen auf hohen Bergen in Höhlen oder Burgen (*zagorkinje*) oder an Gewässern (*brodarice*), wo sie gern in Schwanengestalt erscheinen, sie erheben sich aber auch, da sie geflügelt sind, in die Wolken (*vile oblakinje*). Sie reiten gern auf Hirschen oder Pferden und erlegen Waldtiere. Sie vereinigen sich zum Reigentanz auf Erden oder in den Wolken. Sie suchen die Liebe und auch Ehe schöner Männer (*vilenjik* heißt ein von einer Vila beglückter Mann; *vilaš:* ZbNŽ I 230; *s vilovske strane:* Ls. Bukovica), jedem epischen Helden ist eine Vila als *posestrima* beigegeben, die ihn wie ein Schutzengel mit Rat und Tat unterstützt. Die Milch der Vila verleiht ihm Kraft und Stärke: *Štogod ima Srbina junaka, svakoga je zadojila vila* »Wieviel serbische Helden es gibt, jeden hat eine Vila gestillt« heißt es in den serbischen Volksepen. Kraljević Marko erhält von seiner Vila ein geflügeltes Roß, *konj vilovit.* — Wer sie beleidigt, den strafen sie dadurch, daß sie ihm den Verstand verwirren oder mittels ihrer Pfeile Krankheit und Tod senden (vgl. d. Hexenschuß). Auch der meist in der Mittagstunde erfolgende Hitzschlag wird ihnen zugeschrieben. Sie kennen die Heilkraft der Pflanzen, und wem sie gut gesinnt sind, den lassen sie an diesem Wissen teilnehmen. Sie sehen die Zukunft voraus und teilen ihren Lieblingen von diesem Wissen mit. Sie stehlen gern schöne Kinder und lassen statt deren häßliche Wechselbälge zurück. Sie können sich in verschiedene Tiere verwandeln wie Falken, Schwäne, Wölfe, Schlangen usw. Ihr Name ist Tabu, man nennt sie meist *divna* »herrliche«. Vor Höhleneingänge legt man ihnen Opfergaben hin: Feldfrüchte, Blumen, bunte Tuchstreifen u. a. Einzelheiten über den Vilenglauben bei Tih. Đorđević im SEZb 66 (1953) S. 57—119.

---

[13] ZbNŽ XIX 128: Samobor; fehlt im Rj. Akad.

[14] Niederle, ŽSS II/1 38; Máchal, Nákres 119.

[15] WMBH VI 589; Petter, Dalmatien I 213: Morlaken.

Die Etymologie ihres Namens ist bis heute ungeklärt. Das Wort ist bei allen Slaven alt und einheimisch, bei den Südslaven ist es seit dem 13. Jh., bei den Russen schon seit dem 11. Jh. bezeugt.[16] Veselovskij sieht in dem Namen Vila ein Zusammenfließen zweier Quellen: 1. Der Wurzel *vel* »zugrundegehen«: lit. *velės* »Seelen der Vorfahren«. 2. *dies violae, d. violaris,* ein in Italien im März gefeiertes Totenfest. Wie vom Namen des Totenfestes *rosalia* bei den Slaven der Dämonenname *rusalka* abstrahiert worden sei, so sei zu einem *dies violae* der Name Vila gebildet worden. — Potebnja knüpft den Namen an lat. *virae, vires* an, Dämonennamen, die auf römischen Aufschriften zugleich mit den Nymphen genannt werden. — Miklosich und nach ihm Niederle halten für den Bedeutungsträger den Stamm *vil-* »besessen sein, verrückt sein«: tsch. *vilý* »verrückt«, p. *wila* »Narr«.

Meiner Meinung nach ist die Bedeutung »Narr« sekundär, sie bezeichnet einen Menschen, in den die Vila hineingefahren ist, der von der Vila besessen ist. Damit ist aber das Wort Vila noch nicht erklärt. Da mich auch die früheren Deutungen nicht befriedigen, schlage ich eine neue, meines Wissens bisher noch nicht ausgesprochene Etymologie vor, welche mir auch bezüglich der ursprünglichen Bedeutung der Vilen besser zusagt: ich stelle das Wort zu idg. **u̯ē̆i̯ā* »Wind«, **u̯ē̆i̯eti* »es weht«: dazu lit. *vē̆jas,* altind. *vāyú* »Luft« (als Gottheit); diese Etymologie bestimmt die Vilen als ursprüngliche Luft- und Sturmgeister, ebenso wie die lit. *velės* »Totengeister«. Tatsächlich heißt es von ihnen, daß sie auf den Wolken dahinjagen, daß sie sich durch Wolken von der Erde entführen lassen und daß sie durch ihren Reigentanz den Wirbelwind (d. Windsbraut), Stürme und Hagelschlag errregen. Nach bulg. Volksglauben sind die *samovili* Schwestern der Windgeister *vichri,*[17] sie unterstützen einander gegenseitig. Nun wissen wir, daß Sturmdämonen nach slavischem und indogermanischem Glauben auf Selbstmörder und auf Leute, die eines gewaltsamen Todes gestorben sind, zurückgehen.[18] Die bulgarischen *samovili* sind aus Mädchen entstanden, die ohne Taufe gestorben sind. Die Slovaken um Žilina glauben, daß die Vilen aus Seelen von Bräuten entstanden seien, die vor der Hochzeit sterben mußten.[19] Auch bei den Polen ist der Glaube bezeugt, daß *wily* aus Seelen verstorbener Mädchen entstehen.[20]

Meiner Meinung nach sind die Vilen also manistischer Herkunft, sie sind entstanden aus Seelen frühzeitig verstorbener Mädchen. Der Name der Vila ist bei allen slavischen Stämmen bezeugt, heute aber ist er ersetzt durch die *rusalky,* welche ebenfalls Sturm und Hagel hervorrufen können. Nach russischem Volksglauben sind sie entstanden aus Kindern, die ohne Taufe gestorben sind oder aus Mädchen und Frauen, die durch Selbstmord geendet haben und daher eines christlichen Begräbnisses unwürdig sind. Wer zu Pfingsten keine Gaben auf die Gräber legt, den strafen die *rusalky.* Dieser Name geht, wie Miklosich zuerst nach-

---

16 Niederle, ŽSS II/1 60; Vasmer, REWb, S. 200.
17 Marinov, NV 206.
18 Vgl. Zelenin, RV 390.
19 Máchal, Nákres 109; Niederle, op. cit. 63.
20 Máchal, ib.

gewiesen hat, auf das römische Totenfest *rosaria, rosalia,* daraus über gr. ῥουσάλια, slav. *rusalija* »Pfingsten« zurück.[21] Die Verdrängung des Namens *vila* durch *rusalka,* die sich erst in den letzten zwei Jahrhunderten vollzogen hat, erklärt Zelenin aus dem Einfluß der städtischen Kultur und Literatur, meiner Meinung nach kann die Verdrängung des alten Namens auch durch Tabu-Vorschriften gefördert worden sein. Für die Gleichung *rusalka* = *vila* bei den Bulgaren sprechen die volkstümlichen Bezeichnungen für Pfingsten: *Rusalja* oder *Samovilski Praznik.* Für die manistische Herkunft der Vilen spricht auch der bulgarische Volksglaube, nach welchem sie bei Mondschein häufig an den Gräbern erschlagener Menschen ihre Reigen aufführen.[22]

Vereinzelt ist der Glaube, daß die Vilen Bocksfüße (Lika), Eselsfüße[23] (Bukovica) und Rinderhufe hätten,[24] Züge, die meiner Meinung nach auf bocksgestaltige Flurgeister der Antike zurückgehen.

Zusammenfassend läßt sich also sagen, daß die Vilen aus Seelen von Mädchen entstanden sind, die eines gewaltsamen Todes gestorben sind, daß sie aber im Laufe der Zeit einzelne Züge der Berg-, Wald- und Wassergeister (Einfluß der Antike!), sowie der Hexen angenommen haben.

In der Furcht vor der Rückkehr der Toten (lebender Leichnam!) wurzelt der bei den Südslaven heute noch sehr lebendige und weit verbreitete Vampirglaube. Unter *vampir, lampir, vukodlak, kudlak* (Cres, Krk, Istrien), *ten(j)ac* (Crna Gora, Boka) versteht das Volk einen Toten, in den 40 Tage nach dem Tode ein böser Geist fährt, so daß er in der Nacht das Grab verläßt, die Menschen würgt und ihnen Blut aussaugt: *povampirio, povukodlačio, potenčio se.* — Einzelheiten über den Vampirglauben bei Tih. Đorđević im SEZb 66 (1953) S. 149—219.

Entstehung: Gute Menschen werden nur dann zum Vampir, wenn ein Tier (Hund, Katze, Maus, Henne u. a.) über ihre Leiche springt, bzw. fliegt (es geht sozusagen die Tierseele in den Leichnam über) oder wenn das Grab über Nacht offen steht (Varaždin). Gewöhnlich werden aber zu Vampiren Verbrecher, Menschen, die ohne Sterbekerze gestorben sind, Priester, die mit einer Todsünde belastet, die heilige Messe gelesen haben (Insel Hvar), Christen, die zum Islam übertreten (Leskovac), Hexen und Männer, die bei Lebzeiten mit übernatürlichen Kräften begabt waren: der *(v)jedogonja* (zur W. *věd-* »wissen«), *zduhač,* der mit einem Glückshäutchen (*košuljica*) zur Welt kommt und dessen Geist den schlafenden Körper verlassen und Werke verrichten kann, zu denen übermenschliche Kraft gehört, wie Entwurzeln von Bäumen u. ä. Der Name *vukodlak* (*vuk* »Wolf«, *dlaka* »Haar«) kommt ursprünglich einem lebenden Menschen zu, der sich zeitweise in einen Wolf verwandeln kann (vgl. die indische Tigranthropie). Aus dem

---

[21] Miklosich, E. W. 283; Murko, Das Grab als Tisch, 142 ff.
[22] Máchal, ib. 115.
[23] Bukovica: ZbNŽ XXII 302.
[24] Cres: ZbNŽ II 261.

Glauben, daß ein solcher Mensch nach dem Tode zum Vampir werde,[25] ergab sich die Gleichstellung *vukodlak* = *vampir*. Parallelen: slov. *védomec* »Hexenmeister, Vampir«, p. *wieszczy* »Hexer, Vampir«, p. *upierzyca* »Hexe, Vampir«. Was die Etymologie des Wortes Vampir betrifft, so leitet es Miklosich[26] von türk. *uber* ab. Von den bisherigen Erklärungsversuchen ist am überzeugendsten der von A. Brückner,[27] der das Wort auf bulg. *(v)ǫ-pir,* zurückführt: *(v)-ǫ-* gr. ἀν-, lat. in-, d. un-; *pir-, per-* »fliegen«, also *(v)ǫ-pir:* Nicht-flieger, Nicht-vogel, vgl. p. *nie-to-perz,* č. *netopýr* »Fledermaus«. Man stellte sich nach Brückner den Vampir ursprünglich als Nachtvogel vor, der mit seinen langen, scharfen Schnabel seinen Opfern das Blut aussaugte.

E i g e n s c h a f t e n : Er erscheint nicht bloß in Menschengestalt, sondern auch in der Gestalt verschiedener Tiere: als Wolf, Pferd, Esel, Ziege, Hund, Katze, Henne, Frosch, Schmetterling (vgl. dalm. *kudlak* »Vampir, Schmetterling« usw.). Er kann sich vergrößern, aber auch verkleinern und durch Ritzen und Schlüssellöcher in die Häuser eindringen, wo er Menschen und Tieren das Blut entzieht, was Krankheit und Tod zur Folge hat. Er ist behaart wie ein Hund, hat blutige Augen und Zähne, Flammen schlagen aus seinem Maul. Sehr verbreitet ist die Vorstellung, daß sein Körper keine Knochen habe, sondern einem mit Blut gefüllten Schlauch gleiche, der sich dahinwälzt; dieser komme so zustande, daß die Teufel dem zum Vampir bestimmten Leichnam den Balg abziehen und aufblasen. Deshalb soll man Leichen von Verbrechern verwunden, damit für diesen Fall die Luft entweiche. Der Vampir schläft mit offenen Augen im Grabe, das er am liebsten bei wachsendem Mond verläßt, aber nicht an Samstagen, denn da können ihn an einem Samstag geborene Menschen sehen und töten, er aber kann ihnen nichts anhaben. Als Incubus wohnt er Frauen bei, die gezeugten Kinder aber haben keine Knochen. Um Leskovac[28] glaubt man, daß solche Kinder, *vampirovići* genannt, Vampire sehen und töten können, nach dalmatinischem Volksglauben[29] haben sie das ganze Leben einen üblen Geruch und bekommen nie Zähne.

A b w e h r m i t t e l : Damit der Verstorbene nicht zum Vampir werde, achtet man während der Aufbahrung ängstlich darauf, daß kein Tier über ihn springe. Geschieht dies, so muß es denselben Weg zurückspringen. Leichen von Verbrechern pflegte man die Kniesehnen zu durchschneiden, um ihnen das Wiederkommen zu vereiteln, oder ihnen eine Nadel oder einen Schwarzdorn in den Nabel zu treiben. Der Vampir kann nicht über Wasser und Dornen, auch scheut er Licht und Feuer. Er kann keine Hörner sehen und flieht bei Glockengeläute in sein Grab. Um Leskovac[30] legen sie Axt und Disteln vor die Tür und hängen einen

[25] Vgl. ZbNŽ I 223.
[26] E. W. 374.
[27] SE., 1927, s. v. upiór.
[28] Zs. Karadžić IV 109.
[29] ZbNŽ III 257.
[30] Zs. Karadžić IV 109.

Kessel voll Wasser an die Herdkette (Spiegelwirkung!). In der Krajina (Serbien) malen sie Pechkreuze an die Tür. Wer vor ihm sicher sein will, der trage einen *zapis* (Amulett) um den Hals, ein Rebenmesser im Brotsack, einen Stab von Weiß- oder Schwarzdorn in der Hand. Im Notfall springe man in einen Wein- oder Ölgarten (Dalmatien). Auch vor einem schwarzen Hund flieht er oder vor einem solchen mit vier Augen (Haarfarbe über den Augen).

Tötung: Bis in die neueste Zeit haben wir Belege dafür, daß das Volk großes Sterben von Mensch und Tier einem Vampir zuschreibt. In solchen Fällen sucht man sein Grab und findet es mit Hilfe eines schwarzen Füllens, denn dieses gilt als geistersichtig und steigt deshalb nicht über das Grab eines Vampirs. Letzteres weist ein Loch auf, durch das er in Gestalt einer Maus aus- und eingeht. Wie aus den uns vorliegenden Schilderungen hervorgeht,[31] pflegte man (oft sogar unter Assistenz des kräftige Gebete singenden Popen) das Grab des vermeintlichen Vampirs zu öffnen, den Leichnam mit einem Weißdornpfahl zu durchbohren, und zwar auf einen Stoß und schließlich zu verbrennen. Um nicht vom Vampirblut bespritzt zu werden, empfiehlt es sich für den ihn Tötenden, sich in eine Ochsenhaut zu hüllen. Nach einem amtlichen Protokoll aus Zaječar vom 1. Juni 1839[32] hat man acht vermeintlichen Vampiren die Herzen herausgeschnitten, in Wein gekocht und wieder eingesetzt. — Daß auch die Behörden von diesem Vampirglauben erfüllt waren, geht daraus hervor, daß im Jahre 1403 auf der Insel Pašman amtlich erlaubt wurde, das Grab einer Frau Priba zu öffnen und ihr einen cuneus ins Herz zu stoßen. — Von der Lebendigkeit des Vampirglaubens zeugt die große Zahl der im Volke kreisenden Erzählungen.[33] Nach dem auf den norddalmatinischen Inseln (Krk, Cres) und an der Ostküste Istriens herrschenden Volksglauben wird der Vampir am heftigsten von den *krsnici* bekämpft. Auch der *krsnik* oder *(s)krstnik* (Cres: *karsnik;* Kastav in Istrien: *kresnik)* ist ein Wiedergänger in Tiergestalt (Katze, Hund, Schaf, Ochs, Pferd — der Name gehört zu *krsnuti* »auferstehen«), der dem Menschen aber gutgesinnt ist und ihm gegen Hexen und Vampire hilft. Er entsteht aus einem mit einer »Glückshaube« geborenen Menschen, der vom 21. Lebensjahr an über übernatürliche Kräfte verfügt.[34] Bei den Slovenen ist der *kr(e)snik* ein wohlwollender Lokalgeist.[35]

Der Glaube an den Vampir findet sich bei allen slavischen Völkern[36], ebenso der Glaube an den Werwolf: bg. *vlъkolak, vrъkolak,* č. *vlkodlak.* slk. *vrkolák, vlkolák,* p. *wilkołak,* klr. *vołkolak,* r. *volkulak:* aus dem bg. stammt rum. *vrkolak,* alb. *vurvolak,* ngr. Βρουκόλακας, Βουλκόλακα, türk. *vurkolak.* Nur bei den Süd-

[31] Z. B. im GZM 1899, S. 701 ff.
[32] SEZb XIX 464.
[33] ZbNŽ VII 123—137; ib. XIII 148 ff.; Čajkanović, SNP s. v. vampir, vukodlak, talasam.
[34] ZbNŽ I 224, III 267.
[35] AfslPhil. VIII 328.
[36] Máchal 182 ff.

slaven (Marinov 221, Pajek 251) ist die Gleichstellung von *Vampir* und *vukodlak* erfolgt, bei den anderen ist letzterer nur ein zeitweise in einen Wolf verwandelter Mensch. Schon im altrussischen Igorlied heißt es, daß Fürst Vseslav allnächtlich als Wolf aus Kiev nach Tmutorokan, hin- und zurücklief. — Nicht vereinzelt ist der für die Insel Hvar bezeugte Glaube an eine Wiedergängerin *ukosa, umora,* die in der Nacht umherging und Leute aus den Häusern rief. Wer dem Rufe folgte, mußte sterben.[37] — Der Name geht nach Carić zurück auf den Ausdruck *smrt ga ukosila* »der Tod hat ihn niedergemäht« (*kosa* »Sense«). Damit hängt meiner Meinung nach auch die Bezeichnung *kosac, kosica* »Vampir« zusammen.[38]

In einer serbischen Volkserzählung aus Pirot[39] ist die Rede von einem nächtlichen Dämon *talasum,* der einem Bauern sein Grab verrät, in dem er schon 500 Jahre lebt. Am nächsten Tag wird er von dem Bauern durchbohrt. — Nach bulgarischem und mazedonischem Volksglauben[40] entsteht ein talasъmъ aus einem Schatz, den Räuber mit dem Fluche vergraben haben, daß er sich, falls er binnen neun Jahren nicht geholt werde, den Menschen als Katze, Hund, Wolf u. ä. zeigen solle. — In vielen bulgarischen Landschaften glaubt man, daß der talasъmъ aus dem eingemauerten Schatten eines Menschen entstehe. Ähnlich nennen die Serben der Stara Planina die aus eingemauerten Menschen oder Tieren entstandenen Geister *talasoni, talasomi*[41]. Nach Arnaudov[42] stammt serb. bg. *talasъmъ* aus türk. *têlsêm,* dieses vielleicht aus mittelgriech. τέλεσμα in der Bedeutung der στοιχειά »Ortsgeister«.

In Dalmatien glaubt man an einen nächtlichen Dämon *orko (orho, orbo, lorko),* der sich in der Nähe von Friedhöfen in Gestalt eines Füllens, Esels oder Hundes umhertreibt. Er sucht auf seinem Rücken Menschen davonzutragen, um sie dann auf hohen Bäumen oder Türmen abzusetzen, denn er kann zu riesiger Größe anwachsen. In der Ls. Bukovica hält man ihn für die Erscheinungsform einer armen Seele, die man durch Gebet oder Messen erlösen könne; nach dem Volksglauben in der Boka entsteht der *lorgo* aus ungetauft verstorbenen Kindern. Der Name ist nicht slavisch, er geht zurück auf ital. *orco,* lat. *Orcus.* Um Split (Spalato) heißt er *manjinjorgo*[43], es ist ein Meergeist (aus der Seele Ertrunkener), der als Esel erscheint oder als aufgeblasener Ziegenbalg dahinrollt.

In den Kreis der tiergestaltigen Wiedergänger gehört auch der von den Bewohnern von Bosnien und Hercegovina gefürchtete *drekavac* (zu *dreka* »Geschrei«), der als Ziegenbock auf Friedhöfen und bei Behausungen erscheint und wie ein Kind schreit. Sein Schreien kündet Tod.[44] Schließlich sei erwähnt, daß das

[37] Carić im GZM IX 713; Belege auch aus anderen dalmatinischen Landschaften: Makarska, Poljica.
[38] ZbNŽ XXIII 278: Insel Lastovo.
[39] Čajkanović, SNP 477.
[40] Marinov 222.
[41] Trojanović im SEZb XVII 60.
[42] Očerki 569.
[43] WMBH VI 588.
[44] Lilek in WMBH VIII 267 ff.

Volk an *duhi, strahi* glaubt und sich darunter ruhelose Verstorbene vorstellt, die im Zustand der Sünde oder mit einem Fluch belastet verschieden sind, Selbstmörder, Ertrunkene u. a. In hierhergehörigen Volkserzählungen aus Samobor[45] heißt es z. B., daß ein Müller, der gestohlen hatte, nach dem Tode solange mit der gestohlenen Sache umgehen mußte, bis er durch den Zuruf eines Menschen erlöst wurde. Ein Verstorbener erscheint als Hund, weil ihm seine Frau zugerufen hat: *prokleti pas moj* »mein verfluchter Hund«. Eine arme Seele wurde durch strenges Fasten erlöst und flog dann als weiße Taube davon. Jäger, welche den Sonn- und Feiertag nicht geheiligt haben, oder welche dadurch zu Freischützen geworden sind, daß sie eine Hostie ins Gewehr geladen und den ersten Schuß auf ein Kreuz abgegeben haben, ziehen nach ihrem Tode als *noćni jagari* »Nachtjäger« in der Zeit des erneuten Mondes unter großem Lärm, aber unsichtbar, über Berg und Tal.[46] Weit verbreitet ist der Glaube, daß sich die Verstorbenen zu gewissen Zeiten um Mitternacht in der Kirche unter Leitung eines Priesters zu einer Messe versammeln und daß es einem Menschen schlecht ergeht, der daran teilnimmt. — In Makedonien glaubt man an die *karakondžule, karakondžeri,* Alpgeister, die in der Weihnachtszeit ihr Unwesen treiben und Krankheiten verbreiten. Arnaudov führt den Namen zurück auf türk. *karakondjolos* »loup-garou«; daher stammt auch alb. *karkandsoli »Wiedergänger,* entstanden aus einem Zigeuner«, und neugr. καλικάντσαρος. Griechische Deutungsversuche sind zusammengestellt bei Audriotis 89.

2. Naturgeister

Kein Naturereignis übt auf das ängstliche Gemüt des primitiven Menschen einen so gewaltigen Eindruck aus wie das Gewitter. Noch heute glaubt der serbische Bauer, daß während eines Gewitters geflügelte, feuerspeiende Drachen in den Wolken miteinander kämpfen. Diese Drachen nennt er *ala, aždaha,*[46a] in Südserbien *lamnja* (aus ngr. λαμνιά).[47] — Während des Kampfes bewerfen sie einander mit Eis, das als Hagel zur Erde fällt. Verfolgt werden sie vom hl. Ilija (Elias), der während des Gewitters auf feurigem Wagen durch die Wolken fährt und Pfeile (Blitze) schleudert. Der Tanz dieser Drachen läßt den Wirbelwind entstehen, der dem Menschen Irrsinn und Tod bringen kann.[48] Dieser Glaube an die Gewitterdrachen beruht wohl auf kirchlich-biblischer Anschauung.[49] Auch die Mondesfinsternis, *jedenje meseca* »Fressen des Mondes«, führt das Volk auf die

---

[45] ZbNŽ XIX 129 ff.
[46] ZbNŽ XIX 127: Samobor.
[46a] Aus avest. aždaha »Drache«.
[47] Schmidt, Volksleben der Neugriechen, 131.
[48] SEZb XIX 296: Ls. Homolje.
[49] HDA II 381.

Bedrohung von seiten dieser Drachen mit zwei Köpfen und sechs Zehen an den Gliedmaßen zurück. Nur ein Mensch mit sechs Fingern, *šestak*, kann sie sehen. Der hl. Arandeo (Erzengel) verteidigt den Mond am Himmel, zauberkundige Frauen, *babe vračare*, suchen ihm durch allerhand Zauberhandlungen von der Erde aus zu helfen.[50]

Im Kampfe gegen die Wetterdrachen hilft den Menschen der *zmaj*. Sein Name gehört etymologisch zu *zmija* »Schlange«. Nach dem Volksglauben entsteht er aus einer vierzigjährigen Schlange oder einem vierzigjährigen Karpfen. Der Zmaj kann in verschiedenen Gestalten erscheinen, auch als Mensch. Häufig zieht er in Gestalt eines gewaltigen feurigen Vogels mit langem, leuchtendem Schlangenschweif über den nächtlichen Himmel (also Meteor als Drache gesehen[51]). — Ein charakteristischer Zug des südslavischen Zmaj ist es, daß er gern in Menschengestalt als Incubus schönen Mädchen und Frauen beiwohnt und mit ihnen Kinder zeugt, die sich durch übernatürliche Kräfte auszeichnen. Nach einer herzegowinischen Sage ist auch Miloš Obilić der Sohn eines Zmaj und eines Hirtenmädchens[52]. Es gibt viele serbische Märchen, in denen der Märchenheld eine Prinzessin zurückerobern muß, die ein Zmaj geraubt hat und in einer Berghöhle oder einem Zaubergarten gefangen hält.[53] Bei den kajkavischen Kroaten heißt dieser Drache *pozoj* (AR., s. v.). — Ähnliche Züge weist der ngr. δράκος (aus δράκων) auf, den Schmidt (s. B. Schmidt, Volksleben der Neugriechen 190 ff.) zu den Ortsgeistern rechnet.

Die volkstümliche Vorstellung der Serben vom Zmaj stimmt auffallend zu dem Bilde Leviathans, wie es in der Apokalypse und im Buch Hiob entworfen wird: »... aus Mund und Nase fahren Flammen und Rauch heraus, er ist unverwundbar, er rührt die Wasser der Seen auf, die Straße, die er zieht, leuchtet; sein Leib ist mit Schuppen bedeckt.«[54] Die unter byzantinischem Einfluß entstandenen Darstellungen apokalyptischer Szenen an den Wänden serbischer Kirchen und Klöster haben bestimmt sehr stark auf die Phantasie des Volkes eingewirkt. Man vergleiche auch die Greife in der Kirche der Mutter Gottes Panaguda in Makedonien.[55] Der Glaube, daß eine vierzigjährige Schlange zum Zmaj werde, begegnet auch in Bulgarien.[56] Nach dem Volksaberglauben in Sologne (Frankreich) bekommen siebenjährige Schlangen, die von keinem Menschen gesehen worden sind, Flügel und fliegen nach Babylon.[57]

Die Vorstellung, daß der Regenbogen, skr. *duga*, eine riesige Schlange sei, die Wasser aus dem Meere und den Flüssen trinke, um es den Wolken zuzuführen,

---

[50] SEZb XIX 397 ff.
[51] HDA II 381; vgl. Marinov 22.
[52] Čajkanović, SNP I, Nr. 142.
[53] Čajkanović, ib. Nr. 13 ff.; ZbNŽ XXIII, 213.
[54] HDA II 369.
[55] Kondakov, Makedonija, S. 136 ff.
[56] Marinov 208.
[57] AfslPhil. II 323.

ist bei Weißrussen und Polen lebendig,[58] bei den Südslaven aber schon verblaßt. Es heißt bloß noch: *duga vodu pije* »der Regenbogen trinkt Wasser«. Auch bei den Albanern ist der Glaube an den Regendrachen noch lebendig.

W i n d g e i s t e r. Daß das Volk die Erregung von Stürmen und Winden einst dem Wirken gewisser Dämonen (auch Hexen und Zauberer) zuschrieb, wissen wir, aber nur ein einziger serbischer Windname läßt auf die Natur dieser Dämonen Schlüsse ziehen: Čajkanović hat in einem Vortrag (10. März 1927 in Belgrad) auf den aus Syrmien bezeugten Namen des Südwinds *ćoravac, ćorava Anđelija,* (*ćorav* »einäugig«) aufmerksam gemacht, er hält die Einäugigkeit für ein charakteristisches Merkmal der Sturmdämonen (vgl. Odin). Im Namen Anđelija liege die Beziehung zu den Engeln, die durch ihren Flügelschlag Wind erzeugen. — Ich füge hinzu, daß auch die Bulgaren den Südwind *tъmičarin* nennen, was soviel bedeutet wie »Blinder«.[59] Eine Personifikation des Frostes, wie sie die Russen und Polen kennen (r. *moróz,* p. *mróz*), ist den Skr. fremd.

W a l d g e i s t e r. Dem russ. Waldgeist *lěšij,* häufig Wolfshirt genannt, entspricht bei den Serbokroaten der *vučji pastir.* Er erscheint entweder als Wolf, also tiergestaltig, oder als Greis, der auf einem Wolfe reitet. Alljährlich versammelt er alle Wölfe und weist ihnen für das kommende Jahr die Beute zu. In Jugoslavien, Bulgarien und Rußland tritt uns die Erzählung entgegen, in der berichtet wird, daß ein Hirt dieser Versammlung der Wölfe von einem Baume aus beiwohnte, daß er selbst dem zuletzt ankommenden, hinkenden Wolfe als Opfer versprochen wurde und daß sich sein Schicksal trotz aller Vorsichtsmaßregeln erfüllt hat. An Stelle des Waldgeistes tritt in neueren Varianten der hl. Sava auf, der hl. Aranđeo oder Mrat — an diesen Tagen pflegt man wegen der Wölfe zu fasten und ihnen Speisen zu opfern —, in Kroatien und Rußland der hl. Georg.[60] Ein weiblicher Walddämon, welcher die Krankheit *gorska (bolest)* auf die Kinder schickt, die dann nicht schlafen können, nässen und heftig weinen, wäre, aus dem Namen zu schließen, die *gorska majka* oder *šumina mati* »Waldmutter«. Beräucherungen mit Eichenzweigen und kräftige Zaubersprüche halten sie fern.[61] Wahrscheinlich ist sie aber eigentlich ein Krankheitsdämon, denn bei den Bulgaren heißt es ausdrücklich, daß man die *bezsъnica* »Schlaflosigkeit« *gorska majka* nennen soll.[62] Es liegt also ein Euphemismus vor. — Anders Maretić,[63] der skr. *gorska bolest* zu altslav. *gorje* »malum«, č. *hoře* stellt.

---

58 Máchal 69.

59 Marinov 31.

60 Vgl. hierzu den Aufsatz von Čajkanović, Sveti Sava i vuci, SEZb XXXI 157—168, wo reiche Lit.; derselbe Autor in der Godišnjica Čupića XXXIV 287; die Wölfe werden oft als hrtovi Sv. Save bezeichnet; Polívka, Vlčí pastýř, Festschrift für Tille, Prag 1929, S. 159—179.

61 SEZb XIV 123: Boljevac.

62 Marinov 197.

63 Rad LX 124.

64 Marinov 243.

Die slavisch-heidnische Baumverehrung (der Baum als Sitz eines Dämons!) lebt heute in verchristlichter Form und in vereinzelten Bräuchen fort. Fast jedes serbische Dorf weist einen *zapis* auf: das ist ein heiliger Baum, zu dem man jährlich zur Zeit der Saatenreife eine Prozession, *litija* (aus griech. λιτή) veranstaltet und ihn in der Richtung des Sonnenlaufs dreimal umwandelt, worauf der Pop einen kurzen Gottesdienst hält, das in den Baumstamm geritzte Kreuz mit dem Messer erneuert und mit Wachs verklebt. Von diesem Baum (Abb. 1) darf man keine Früchte pflücken, niemand darf hinaufsteigen. In früheren Zeiten schlachtete man vielfach bei diesem Feste sogar ein Lamm unter dem Baum und besprengte ihn mit Blut. In Bulgarien ist heute noch das Bewußtsein lebendig, daß solche Feste zu Ehren guter Geister stattfinden, welche die Fluren hüten und schützen.[64] Dem serb. *zapis* entsprechen bei den Kuči (Crna Gora) die *osvještani dubovi* »geweihte Eichen«.[65] Nach der Flurprozession findet in der Nähe des heiligen Baumes ein gemeinsames Mahl statt (Abb. 2). — Der alte Glaube an Baumgeister spricht aus der auch bei Russen, Bulgaren (Vakarelski) und Polen bezeugten Sitte, einen Obstbaum, der keine Früchte trägt, zu Weihnachten mit der Axt zu bedrohen und dabei zu sprechen: »Wenn du heuer keine Früchte trägst, werde ich dich fällen!« — Vuk[66] berichtet: »In der Ls. Grbalj heißt es, daß es unter den großen Bäumen (Eichen, Buchen usw.) solche gibt, die man als *sjenovit* bezeichnet und die eine solche Kraft enthalten, daß derjenige, der sie fällt, sofort stirbt oder lebenslänglich kränkelt. Wenn jemand fürchtet, daß der Baum, den er gefällt hat, *sjenovit* sei, soll er auf dem Baumstumpf mit derselben Axt einer lebenden Henne den Kopf abschlagen, dann wird ihm nichts geschehen, auch wenn der Baum *sjenovit* gewesen ist.« *Sjen*, m., *bedeutet* »Schatten«, da aber nach primitivem Glauben Schatten und Seele häufig gleichgestellt werden, so handelt es sich hier um einen Baum, in dem ein Dämon seinen Sitz hat.

Deutliche Reste der alten Baumverehrung lassen sich auch in den Bräuchen mit dem Weihnachtsklotz, dem *badnjak*, erkennen. Vor dem Fällen wird der Baum wie ein persönliches Wesen begrüßt, häufig wird ihm ein Kuchen als Opfer dargebracht. Daß der *badnjak* als Erscheinungsform des Wachstumsgeistes gilt, ersehen wir aus den Segensprüchen, unter denen er ans Herdfeuer gelegt wird. Auch während des Abendessens erhält er einen Löffel voll von jeder Speise. Den Brandresten schreibt man Gesundheit und Wachstum fördernde Kraft zu.[67]

Wassergeister. Der für alle slav. Stämme durch alte Nachrichten bezeugte Kult der Gewässer lebt bis heute fort, wenn auch differenziert und vielfach durch christliche Einflüsse und Anschauungen der Nachbarvölker verändert. Der Glaube an den Wassermann findet sich nur bei den Slovenen (*vodni mož*) und angrenzenden Kroaten und steht dort unter starkem Einfluß der Deutschen, weiter östlich,[68] heißt es, daß der Teufel die Menschen in die Tiefe der Gewässer ziehe. In

---

[65] SEZb VIII 293.
[66] Rj. 705.
[67] Einzelheiten bei Schneeweis, Weihn. Skr., 16 ff.
[68] Ilić, NSO 127; SEZb XVI 286: vodni đavoli; SEZb XXII 137.

ähnlicher Weise sind bei den Kroaten die Wasserfrauen durch Hexen ersetzt worden. Bei den Serben erzählt man von den Vilen, daß sie zur Nachtzeit in den Gewässern baden und ihre geflügelten Hirsche darin tränken. Menschen, denen sie gut gesinnt sind, warnen sie, aus gewissen durch Leichen oder Tierkadaver verunreinigten Gewässern zu trinken. An die meisten Seen, besonders an einsame Bergseen, knüpfen sich Sagen von einem darin hausenden Dämon, der in verschiedener Gestalt erscheint: als Stier, Pferd, Drache u. ä. Im Meere leben *morski ljudi* von übermenschlicher Größe, halb Fisch, halb Mensch, die des Nachts ans Land gehen und mit einem leuchtenden Stein das Ufer erhellen. Wem es gelingt, einen solchen Stein zu erringen, der ist sein Leben lang glücklich.[69] — Alte Verehrung der Wassergeister spricht auch aus den Opfern, wie sie bei verschiedenen Anlässen heute noch dargebracht werden: Die Serben spenden z. B. von den in der Nacht vor dem Barbaratag (4. Dez.) gekochten urtümlichen Brei ihren Quellen und Brunnen, wobei das Wasser in traditioneller Weise begrüßt, beschenkt und gebeten wird, Reichtum, Glück und Gesundheit der Hausbewohner zu fördern.[70] Verehrung des Wassers als eines lebenswichtigen, reinigenden und abwehrkräftigen Elements spricht aus den Festbräuchen zu Weihnachten, Neujahr, Ostern, am Georgs- und Johannistag, bei Geburt, Hochzeit und Tod.[71] Als besonders heilkräftig (*jakovna voda*) gilt bei den Serben das Wasser in der Neumondwoche. — Auch dem Feuer schreibt man reinigende und schützende Kraft zu (s. S. 45), besonders dem Neufeuer, *živa vatra*.[72] Das Herdfeuer gilt als Sitz der schützenden Ahnen und wird zu Weihnachten (S. 114) und beim Einzug der Braut (S. 71) mit Opfern bedacht.

3. Krankheitsdämonen

Die primitive Vorstellung, daß gewisse Krankheiten von Geistern herrühren, die in den Menschen eindringen und Schmerzen erzeugen, ist beim skr. Landvolk noch heute sehr lebendig. Das geht deutlich aus den Zaubersprüchen (*basme*, pl.) hervor, in welchen die zauberkundige Frau, *vračara* (vgl. r. *vrač* »Arzt«, eigentlich »der Zauberformeln Murmelnde«), oder der *bajač* (zu ursl. *bajati* »besprechen«, urverwandt mit griech. φημί, lat. *fāri* »sprechen«) durch Bitten, Geschenke oder Drohungen die persönlich gedachten Krankheitsgeister zu veranlassen sucht, aus dem Körper des Kranken zu weichen. Sie hausen am Ende der Welt, um zu gewissen Zeiten, vom Wind getragen, die Menschen heimzusuchen. Auf christlichen Einfluß ist die Anschauung zurückzuführen, daß die Krankheitsgeister von Gott gesandt werden, um die Menschen für ihre Sünden und Frevel zu strafen.

69 ZbNŽ XXIII 51.
70 Einzelheiten bei Schneeweis, Weihn. Skr., 4 ff.
71 WMBH IV 422.
72 Über die Erzeugung s. Lilek im WMBH III 574 mit zwei Bildern; WMBH IV 431.

Um die Krankheitsdämonen nicht zu erzürnen, vermeidet man es, sie beim richtigen Namen zu nennen, sondern gebraucht Euphemismen. Die Pest, die man sich als häßliches altes Weib von übernatürlicher Größe mit langen Haaren und Nägeln, hervorstehenden Zähnen, Hängebrüsten und Bocksfüßen vorstellt, nennt man anstatt *kuga kuma* »Gevatterin«; ihre ähnliche Schwester, die Cholera, *čuma* (gr. κῦμα 'Pest'), heißt euphemistisch *tet(k)a* »Tante«. Man sucht sie dadurch günstig zu stimmen, daß man das Haus gut reinigt und warmes Wasser, Kamm, Handtuch usw. bereitlegt und den Tisch deckt. Als wirksamer Abwehrzauber gegen das Eindringen der Pest in das Dorf galt früher das *oborávanje* »Umáckern«. Es bestand darin, daß sich sechs Mädchen (u. zw. letztgeborene) um Mitternacht nackt vor einen Pflug spannten, den der älteste Mann führte, und eine Furche um das Dorf zogen.[73]

Von anderen persönlich gedachten Krankheitsgeistern seien genannt: das Fieber *groznica* (zu *grozan*, heftig, schrecklich), *vrućica* (zu *vruć* heiß), *treska* (Prilep), das man durch Zaubersprüche oder auch durch plötzliches Beschütten mit kaltem Wasser aus dem Kranken zu vertreiben sucht. *Probodi* »Bruststechen«, *izdat* »Herzkrampf«,[74] *srdžba* oder *plašnja* »Schrecken«, wogegen in der Ls. Homolje folgender Zauberspruch helfen soll: *Stiže pismo iz daleke prekomorske zemlje, da Milan ide na kumstvo. Ama Milan ne može da ide, jer je slab i bolesan. Zato ćemo pratiti njegovu srdžbu i boles na kumstvo u daleku prekomorsku zemlju. Idi, srdžbo, ne vratila se!* »Es kam ein Brief aus fernem Land jenseits des Meeres, daß M. Gevatter stehen soll. Aber M. kann nicht gehen, denn er ist schwach und krank, deshalb wollen wir seine *srdžba* und Krankheit zur Gevatterschaft geleiten ins ferne Land jenseits des Meeres. Gehe, *srdžba*, und kehre nicht mehr zurück!«[75] Der *strah* »Schrecken« und *plać* »Weinen« plagt kleine Kinder, so daß sie unaufhörlich weinen. *Rusa*, eine Art Flechte, Ausschlag, eigentlich 'die Rote, Blonde' ist ein Euphemismus, den auch die Bulgaren für *smrъdna* »die Stinkende« gebrauchen.[76] Die Eiterbeule, *prišt*, nennen die Serben lieber *nepomenik* »Nicht zu Nennender«, *onaj dušman* »jener Feind«, *blaga rana* »milde Wunde«. Als Heilmittel legen sie die Pflanze *izmamljivica* »Herauslockerin« auf.[77] Die Blattern nennen sie *dobrinje* »die Guten«.[78] — Die Krankheitsgeister können auch in Tiergestalt in den Körper eindringen, darauf beruhen Namen wie *buba* »Zahnfistel, Eiterung unter dem Nagel«, eigentlich »Wurm, Ungeziefer«, *žaba* »Diphteritis«, eigentlich »Frosch«.[79] Die Epilepsie, *padavica*, nennt man lieber *ona bolest* »jene Krankheit«; man glaubt, daß der Kranke während des Anfalls mit unsicht-

---

[73] Vuk, Rj. s. v. oborati; Parallelen bei Krauss, Slav. Volkforschungen, 100; Marinov 192 ff.; SbNU XI 82: Prilep; GEM XIII 152: Ls. Gornja Gruža.

[74] Zaubersprüche: SEZb XIV 221 ff.; ib. XIX, 217 ff.

[75] SEZb XIX 233.

[76] Marinov 198.

[77] SEZb XIV 233; ib. XIX 227.

[78] SEZb XIX 223.

[79] SEZb XIX 223, 221.

baren Dämonen in Drachengestalt ringe.[80] Vom Irrsinnigen, *besan*, glaubt man, daß ein böser Geist in ihn gefahren sei. Hierzu stimmt auch die Terminologie, denn *besan* gehört zu ursl. **běsъ* »Dämon«, das sich in allen Slavinnen in der Bedeutung »Dämon, Wut, Teufel« findet.[81] Nach Medaković[82] führen die Montenegriner einen Irrsinnigen zum Popen, der ihm Gebete liest und den Teufel auffordert, aus dem Menschen herauszugehen. In hartnäckigen Fällen führen sie ihn in Klöster und Kirchen und lassen ihn dort einige Nächte neben dem Reliquienschrein schlafen. Durch Gebete und Kirchenspenden suchen die Angehörigen die Wirkung dieses Tempelschlafs zu erhöhen. — Vielfach glaubt man Krankheiten auf Bäume übertragen zu können, und zwar durch Anbinden von Wäscheteilen des Kranken (Abb. 3).

4. Engel und Teufel

Der Glaube an Engel und Teufel ist verhältnismäßig jung, er ist erst durch das Christentum vermittelt worden. Jedem Menschen sind nach skr. Volksglauben von Geburt an ein Engel (*anđeo* aus gr. ἄγγελος) und ein Teufel (*đavo* aus gr. διάβολος »Versucher«) als lebenslängliche Begleiter beigegeben. Ersterer schwebt auf der rechten Schulter des Menschen und leitet ihn zum Guten an, letzterer sucht ihn von der linken Schulter aus zum Bösen zu verführen. Nach dem Tode des Menschen gehört die Seele dem Engel oder dem Teufel, je nachdem er mehr Gutes oder Böses getan hat. Der Engel führt die gewonnene Seele Gott zu, der Teufel aber dem Höllenfürsten, dem *davolski car (kralj)*. Als Todesengel gilt bei den Serben der Erzengel Michael, der älteste aller Engel; er hebt die Seele aus dem Leibe: *Sveti Aranđeo duše vadi.* — Verstorbene Kinder werden zu Engeln.

Da man den Teufel, *đavo*, nicht beim richtigen Namen zu nennen wagt, ergibt sich eine große Zahl von Decknamen. Vuk führt in seinem Wörterbuch an: *vrag* (ursl. **vorg* »Feind«, in allen Slavinen), *vran* »der Schwarze«, *paklenik* »der Höllische« (zu *pьkъlъ*), *vodac* »Führer«, *melun* (aus türk. *melun* »verflucht, verdammt«), *nečastivi* »der Unfromme« (im Gegensatz zu *blagočastivi* »der Fromme«), *hudoba* »Bosheit«, kroat. slov. *hudič* (zu ursl.* *chudъ*, arm, schlecht).[83] Der bulg. Bezeichnung *kъsijatъ* (Marinov 168) entspricht serb. *kusi* »der Gestutzte«. Andere Bezeichnungen sind: *onaj* »jener«, *repati* »der Geschwänzte«, *nesmajnik* (dunkel; fehlt in den Wb.), *anatemnik* zu gr. ἀνάθημα »Fluch«, *nemili anđeo* »unlieber Engel«, *anđama*.[84] Um Samobor heißt er auch *šent, šantavi vrag.* Die Mohammedaner nennen ihn *šejtan* (= türk. *šejtan* »Teufel«). — Die volks-

---

[80] SEZb XIV 224.
[81] Berneker, EW 56.
[82] ŽOC 181.
[83] Berneker, EW 405.
[84] SEZb XXXII 400.

tümlichen Vorstellungen von der äußeren Erscheinung des Teufels sind stark beeinflußt von den Darstellungen des jüngsten Gerichts und der Höllenqualen an den Wänden der Kirchen und Klöster und von den Predigten der Geistlichen. Ich erinnere bloß an die Schilderungen des Teufels in den Schriften des Franziskaners Margitić von Jajce (um 1700). Der Teufel ist schwarz, hat Hörner und Bocksfüße, Flügel nach Art der Fledermaus, Stielaugen, Ziegenbart, Krallen, Ochsenschwanz und hinterläßt nach dem Verschwinden einen greulichen Gestank. Er kann sich in die verschiedensten Wesen verwandeln und verhilft Menschen, die ihm ihre Seele versprechen, zu Reichtum und Macht. Er fürchtet sich nicht bloß vor dem Donnerer Ilija, sondern auch vor Katzen und schwarzen Hunden. Vor geweihten Gegenständen, Kreuzen und magischen Kreisen muß er zurückweichen, nach dem Hahnenschrei erlischt seine Macht.

Wenn der Glaube an die Naturgeister, wie wir oben gesehen haben, bei den Serben und Kroaten schon stark verblaßt ist, so ist das größtenteils darauf zurückzuführen, daß ihre Funktionen unter christlichem Einfluß auf den Teufel übertragen worden sind: es heißt von ihm, daß er grüne Kleider anhabe und auf dem Boden der Gewässer lebe, daß er in den Mühlen Unfug treibe, daß sich Teufel im Brunnen versammeln.[85] Nach andern Volkserzählungen lebt er im Gebirge,[86] in einer hohlen Weide;[87] Teufel versammeln sich um Mitternacht auf Eichen, Birnbäumen usw.[88] Auf dem Amselfeld schreibt man den Wirbelwind dem Teufel zu.[89] Vielfach hat er auch die Funktion des Aufhockers übernommen, der die Menschen irreführt und dann im Stiche läßt.[89a] Vereinzelt ist der Name *Sotona* sogar auf eine Art gutmütiger Wiedergänger übertragen worden.[90] Parallelen zu solchen Funktionsübertragungen bei Máchal S. 168 ff.

5. Personifikationen von Zeiten und Festen

Es ist eine wohlbekannte Tatsache, daß das Volk häufig aus den Namen gewisser Zeiten und Feste, an die sich besondere Bräuche oder Verbote knüpfen, Namen von Dämonen bzw. Heiligen abstrahiert, welche auf die Einhaltung der betreffenden Bräuche oder Verbote dringen. Hierher gehört die römische *Anna Perenna*, die ital. *Befana* (aus Epiphania), die franz. *Dame de Noël*, die d. *Pfinz* (aus Pfinztag) u. ä. Die Serben haben aus den Namen von vier Wochentagen weibliche Heilige abstrahiert: *Sv. Sreda* »Mittwoch«, *Petka, Petkovica* »Freitag«,

[85] Čajkanović, SNP I, Nr. 25.
[86] Ib. Nr. 42.
[87] Ib. Nr. 167.
[88] Ib. Nr. 67.
[89] SEZb VII 323.
[89a] SEZb XIX 297: Homolje.
[90] Ib. 299.

Subota »Samstag«. *Nedeljka* »Sonntag«. Man vgl. hierzu bulg. *Petka,* russ. *Pjanica,* rum. *Swinta maica Duminica, Mercuri, Vinire* u. kr. *Sereda, Nedilja,* slk. *Nedělka.* Bei den Serben erfreut sich besonderer Verehrung die *Sveta Petka,* die als Mutter der *Sv. Nedeljka* gilt. Ersterer sind in Serbien zwölf Kirchen geweiht, die Mehrzahl davon stammt schon aus dem Mittelalter. Sie heißt auch Paraskeva, das ist der Name der griech. Märtyrerin Παρασκευή (28. Okt.). Da dieser Name auch 'Freitag' bedeutet, ist serb. *Petka* eine Übersetzungsentlehnung.

In dem Kult der Sv. Petka (der Serben und Bulgaren) und der russ. Pjatnica haben sich demnach kirchliche Heiligenverehrung und volkstümliche Vorstellungen zu einem wunderlichen Komplex verbunden.[91] Bei den Bulgaren werden die elf auf Ostern folgenden Freitage streng gefeiert, damit man vom Hagelschlag verschont bleibt. Sonst achtet man bei Serben und Bulgaren besonders auf den ersten Freitag nach dem Neumond. Für alle Freitage (auch für den Vorabend) gilt der Gesundheit halber das Verbot des Brotbackens, Spinnens, Webens und Waschens, sowie des Ackerns und Eggens. Für die Gesundheit des Viehs feiert man ihr zu Ehren auch am 14. Oktober, besonders im nordöstlichen Teil Serbiens, wo viele Rumänen leben. In der Ls. Homolje feiern auch die Bienenzüchter an diesem Tag. In der Crna Gora finden wir sie auch als Hausheilige. Mütter mit kleinen Kindern beten zu ihr, bei Beteuerungen und Flüchen wird sie zugleich mit der Nedeljka angerufen. Milićević[92] verweist auf ein Lied, nach welchem ein Heiduk verflucht worden ist, da er den Reliquienschrein der beiden Heiligen erbrochen hatte. Der Sv. Nedeljka sind zwar keine Kirchen geweiht, aber wo ihr Bild in einer Kirche hängt, bringt man ihr Strümpfe, Tücher u. ä. als Opfergaben dar (Skopska Crna Gora); um Otok glaubt man an die Mlada Nedilja (Personifikation des ersten Sonntags nach dem Neumond): ein Kind kann sie sehen, wie sie an einem Kreuzweg steht oder auf einem Zaun sitzt; sie ist gutmütig.[93] — Vereinzelt ist die Anschauung, daß die *čuma* »Pest, Cholera« die Tochter der *Sv. Subota* sei und daß deshalb die an einem Samstag Geborenen, die *subotnjaci,* von dieser Krankheit verschont bleiben. Wir sehen also, wie innig sich Heiligenverehrung und Dämonenglaube durchdringen.

Der deutschen Frau Faste entspricht an der Adria die *Baba Korizma* (aus ital. *quaresima,* lat. *quadragesima),* mit der man die Kinder schreckt, die das Fastengebot übertreten wollen. In Risan (Boka) verkleidete sich am ersten Montag der österlichen Fastenzeit ein Bursche als *Baba Korizma,* sprang umher und schreckte die Leute.[94] Heute noch wird um Kolašin (Crna Gora) die *korača* zu Ostern vertrieben.[95]

---

[91] Interessante Einzelheiten und Literatur darüber enthält der handschriftliche Artikel »Freitag« von D. Zelenin, der 1945 in Prag zurückgeblieben ist.

[92] ŽSS 53.

[93] ZbNŽ VII 141.

[94] Vuk, Rj. s. v. korizma.

[95] M. Vlahović, mündl.

6. Riesen und Zwerge

Wie Abel in seinem Buche (Die vorweltlichen Tiere in Märchen, Sage und Aberglauben) überzeugend darlegt, geht die in Sizilien lokalisierte Polyphemsage auf den Schädel eines Eiszeitelefanten zurück, dessen Nasenöffnung ein auf der Stirn stehendes Auge vortäuscht. Auch das serb. Volk kennt diese Sage. Vuk erzählt sie in seiner Märchensammlung unter dem Titel *divljan*. Das Wort stammt aus osm. *div* »böser Geist«, ist aber volksetymologisch an skr. *divlji* »wild« angeknüpft worden. Fremd ist auch der Name *džin** und *diganda* (Dalmatien, kroatische Küste) aus ital. *gigante*. Die Riesen hausen im *mračaj* »Dunkelheim«, womit ihre lokale Bezeichnung *mrâk* zusammenhängt.[96] Einheimisch ist auch der Name *gorostas* (zu *gora* »Berg«). In serb. Märchen,[97] die allerdings viel internationales Erzählungsgut enthalten, finden wir Riesen und Riesinnen, im eigentlichen Volksglauben spielen sie keine Rolle: Es heißt bloß, daß in Urzeiten riesengroße Menschen gelebt haben. Was die Z w e r g e betrifft, so hat das Volk zwar mehrere Namen dafür, doch sind es mehr Spottnamen für kleine Menschen: *kepec, patuljak, maljenica* (m. f.), *maljo, manjo, starmali, prč* (serb. *prčica* »kleiner, jähzorniger Mensch«), *puflak, eškerica* (Syrmien) »kleines Tier, Zwerg«. Nach dem Volksglauben auf der Insel Krk ist der *malić (malik, maličić)* ein Knabe mit einer roten Kappe. Er ist ein gutmütiger Schalk, der den Fischern die Netze verwirrt und die Menschen erschreckt, ihnen aber nichts zuleide tut. Er verschafft ihnen sogar Geld, wenn sie ihm gute Speisen hinstellen. Er entsteht aus einem Ei, das ein siebenjähriger Hahn gelegt und das man mit schwarzer Seide umwickelt und neun Monate unter der Achsel getragen hat (also aus einem Basiliskenei: s. HDA I 937). — Auf der Insel Pag heißt ein solcher aus einem Hahnenei entstandener Kobold *maljak* oder *mačić* »Kater«, da er sich angeblich in einen Kater verwandeln kann.[98] In Dalmatien und der Hercegovina heißt er *cikavac* (zu *ciknuti* »schreien«), in der Crna Gora *mačić*. Aus den übrigen skr. Landschaften und aus Bulgarien ist dieser Glaube nicht bezeugt, wohl aber aus Slovenien: *malič* »Kobold, Teufel, Götze«, *malik* »Kobold, Echo, Götze«. — Wie Polívka in seiner gründlichen Studie *»O hospodáříčkovi«*[99] gezeigt hat, ist der Glaube an den »Hausgeist aus einem Ei« außerdem bei den Franzosen, Deutschen, Dänen, Westslaven, Weißrussen, Ukrainern und Rumänen in den Karpathen nachzuweisen. Auch als feuriger Drache kann er erscheinen, der seinem Herrn Getreide, Geld usw. zuträgt. Die Erklärung dieses merkwürdigen Hausgeistes aus einem Ei, der auch als Drache erscheint, gibt sehr überzeugend L. Mackensen.[100] Der aus der Mandragora-Wurzel entstandene Hausgeist (Alraun) heißt auch deutsch *Drak(el), Tragerl*, Oldenburg. *Drake*, f., engl. *mandrake*. Von der Bezeichnung *Drak* aus erfolgte

[96] ZbNŽ I 227: Insel Krk; ib II 271: Insel Cres.
[97] Čajkanović, SNP I 569 ff.
[98] ZbNŽ XVII 191.
[99] Národopisný Věstník českoslovanský X 73—81.
[100] HDA II 391.

volksetymologisch die Anknüpfung an den feurigen Drachen, wobei die Beobachtung der aus dem Schornstein leckenden Flamme und der über den nächtlichen Himmel ziehenden Meteore mitgeholfen hat. So entstand der Glaube an den Hausdrachen, der durch den Kamin ein- und ausfliegt und dem Hause Geld und Getreide zuträgt. Hierher gehört auch der wendische *plon*, der čech. *plivník, praŝivec*,[101] der poln. *smok*. Hinzufügen möchte ich, daß die Anknüpfung des Hauskobolds an den Drachen durch den bei den Slaven so lebendigen Glauben an die Hausschlange gestützt wurde. Schließlich spielt auch noch der Teufelsglaube hinein, denn Schlange, Drache, Alraun, Hauskobold werden vielfach mit dem Satan identifiziert. — Den Zusammenhang mit dem Alraun verrät meiner Meinung nach der oben erwähnte Name *cikavac* »Schreier«, vgl. poln. *pokrzyk* »Alraun«, russ. *pevenka trava* »Schreikraut«, was mit dem Glauben zusammenhängt, daß der Alraun entsetzlich schreie, wenn er ausgegraben wird.[102] Vielleicht steckt auch in dem Koboldnamen *manjo* der Name der Mandragora. — Es ist interessant zu sehen, wie die Vorstellungen vom Basiliskenei, Mandragora, Hauskobold, Drachen und Teufel durcheinandergehen und sich zu bunten Komplexen verbinden.

Der Glaube an Zwerge im Sinne der dem deutschen Märchen so geläufigen Schätze bewachenden Erdmännchen ist den Serben, Kroaten und Bulgaren fremd.

7. Menschen mit dämonischen Kräften

Nach dem Volksglauben gibt es Menschen, in denen ein böser Geist wohnt, der den Körper zeitweise verlassen und in anderer Gestalt (gewöhnlich in Tiergestalt) Unheil stiften kann. Wie Naumann[103] überzeugend dargelegt hat, ist dieser Dualismus sekundär; auf präanimistischer Stufe glaubte der Mensch, daß sich gewisse, mit übernatürlichen Kräften begabte Menschen leibhaftig in Tiere verwandeln können, wie z. B. der Werwolf. Auch der heute vollkommen animistisch gefaßte Mahren- und Hexenglaube der Serbokroaten (der Leib der Mahr bzw. Hexe bleibt während des nächtlichen Umherschweifens des in ihr wohnenden bösen Geistes schlafend zurück!) weist, wie wir sehen werden, noch viele präanimistische Elemente auf. Der skr. Volksglaube bringt Mahr und Hexe in engste Beziehung: Als Mahr wirkt stets ein Mädchen, nach seiner Verheiratung wird es zur Hexe.

Der Glaube an die Mahr, *mora, morina, morica* (urverwandt mit bg. *moráva*, r. *mora*, p. *zmora*, sorbisch *murawa*, tsch. *můra*, ahd. *mara*, altir. *mor-igain* »Alpkönig«, fr. *cauchemar:* idg. **mer-* »aufreiben«,[104] wurzelt eigentlich im Alptraum,

[101] Máchal 153.
[102] HDA I 318.
[103] Primitive Gemeinschaftskultur, Jena 1921, S. 50.
[104] Walde, Vgl. Wb. II 276.

eine Tatsache, die bereits die antike Wissenschaft erkannt hat. Nach der heute noch fast in ganz Europa herrschenden volkstümlichen Vorstellung geht der Alpdruck von einem lebenden Menschen aus, der nach animistischer Denkweise, während er schläft, seine Seele ausschickt oder nach präanimistischer Auffassung leibhaftig den Schläfer drückt. Vereinzelt begegnet bei den Serben auch der Glaube, daß der Alpdruck auch von einem Pferd ausgehen könne.[105]

Zur Mora wird nach weitverbreitetem Glauben ein Mädchen, das mit einem roten Glückshäutchen (*košuljica: opna:* Insel Krk) zur Welt gekommen ist und bei dessen Geburt man vergessen hat, den für solche Fälle erforderlichen Abwehrzauber zu sprechen.[106] Ähnlich wie die Hexe, der sie vielfach gleichgestellt wird (so in der Crna Gora), und der Teufel kann sie sich in verschiedene Tiere (Schmetterling, Schlange, Maus, Katze, Hund, Maulwurf, Henne, Vogel), ausgenommen Schaf und Biene, oder in Gegenstände (Ähre, Haar, Span, Sack, Rad, Flamme, Schatten usw.) verwandeln und durch das Schlüsselloch ins Innere des Hauses eindringen. Sie drückt und würgt Schlafende und saugt ihnen Blut aus dem Herzen, so daß sie dahinsiechen. Besonders Kindern ist sie gefährlich. Einzelheiten über die Mora bei Tih. Đorđević im SEZb 66 (1953) S. 75—236. — Das Volk kennt verschiedene Mittel, um die Mora abzuwehren: Abwehrsegen, Beräucherungen, Besen vor der Tür, Eisen (Herdkette, gekreuzt vor der Tür, Gabel vor der Tür, Messer oder Schere unter dem Kopfpolster) und Einreibungen mit stark riechenden Stoffen (Knoblauch, grüne Nußschalen). Viele malen mit Kreide oder Öl einen Trudenfuß, *murska šapa (capa), vilovska noga, Solomunovo slovo* an Tür, Wiege oder Brustwarzen, andere malen das hl. Kreuzzeichen an die Beine des Bettgestells. Nach Vuk[107] soll man zur Abwehr einen Gürtel ausgestreckt auf die Bettdecke legen. Den vom Alptraum Geplagten soll man beim Namen rufen (Schutzpatron!). — Um die Mora zu erkennen, soll man ihr sagen, sie möge am nächsten Tag um Brot und Salz kommen oder ihr einen Spiegel versprechen: sie kommt dann angeblich um diese Dinge. In der Crna Gora glaubt man sie sogar in einer Flasche fangen zu können.[108]

Eine männliche Erscheinungsform der Mora ist der *polegač* im nordwestl. Kroatien[109], wohl entstanden unter dem Einfluß des deutschen Alps.

Der verbreitetste Name der H e x e ist *veštica* (zu ursl. *věd-* »wissen«), eigentlich »wissende Frau«, vgl. auch bg. *věštica,* slov. *véšča,* slk. *vedomkyně,* p. *wieszcza,* r. *ved'má,* ukr. *vid'ma.* Im bg. skr. slov. und ukr. bedeutet das Wort außerdem »Nachtfalter«, was sich daraus erklären läßt, daß sich die Hexe am liebsten in einen Nachtfalter verwandelt. Bei den Kajkaven herrscht der Ausdruck *cop(e)rnica* aus d. Zauberin (belegt seit dem 16. Jh.), in Dalmatien und im kroat. Küstenland

---

105 Vuk Rj. s. v. mora; Zs. Karadžić IV 47.
106 S. Kapitel Geburt S. 43; Zs. Karadžić III 190.
107 Rj. s. v. mora.
108 Vgl. hierzu das tschech. Volksmärchen von der bída ‚Elend' in der Flasche; HDA II 1573: s. v. Flasche, Flaschengeist.
109 ZbNŽ I 237.

štriga aus ital. *striga* aus lat. *strix, strigis* »Eule, böses Weib«, *madionica* aus itl. *magia,* auch *baba* »alte Frau«. Alte slav. Bezeichnungen der Hexe sind: *čarovnica* (Dalm.), *čaralica* (zu ursl. **čar* »Zauber«),[110] *činilica* (zu skr. *činiti* »tun, zaubern«), *vražarica, vražalica* (nach Janko zu ursl. **vordža,* idg. **u̯orgiā,* hierzu gr. ὄργια).[111] Fast zu allen genannten femininen Bezeichnungen gibt es männliche Entsprechungen in der Bedeutung »Hexer, Zauberer«: *veštac, coprnjak, mađionik, štrigun, čarovnik.* Dem Bestreben, den richtigen Namen der Hexe zu vermeiden, verdanken ihre Entstehung: *rogulja, roguša* »die Gehörnte«, *kamenica* (zu *kamen* »Stein« mit dem Nebensinn: »sie soll zu Stein werden«; vgl. *kamenjak* »Wolf«: In der Ls. Stari Vlah trägt der Hirt vielfach am 24. Dezember Steinchen unter der Zunge, damit die Kiefer des Wolfes wie versteinert werden, wenn er das Jahr über die Herde anfällt).[112] Ein Euphemismus ist *krstača* »die mit dem Kreuz Gezeichnete«, ferner *teta* »Tante« und *kuma* »Gevatterin«.

Entstehung: Ein mit einer *košuljica* geborenes Mädchen wird zur Mora und nach der Heirat zur Hexe. Vielfach kommen aber außerdem alte, häßliche Weiber in den Geruch von Hexen, besonders wenn sie sich auf Heilkräuter und Besprechen von Krankheiten verstehen. Viel stärker als bei den Serben ist bei den Kroaten der Glaube ausgeprägt, daß sie ihre magischen Kräfte durch ein Bündnis mit dem Teufel erhält, dem sie ihre Seele verspricht.

Tätigkeit: Was oben über die Verwandlungsfähigkeit der Mora gesagt worden ist, das gilt auch bezüglich der Hexen. Durch Bestreichen mit einer aus verschiedenen Zutaten[113] bei den Hexenversammlungen hergestellten Salbe und einen dabei gesprochenen Zauberspruch können sich auch letztere in verschiedene Tiere (am liebsten Schmetterling *vještica,* Henne, Krähe, Kröte, schwarzen Kater) oder in Dinge (Holz, Stein, Licht) verwandeln. Ihr Körper bleibt dabei zu Hause liegen. Sie schaden den Mitmenschen besonders dadurch, daß sie ihnen im Schlaf das Herz herausfressen, Milchtieren die Milch entziehen, den Getreidesegen von fremden Feldern auf ihr eigenes übertragen, Hagel und Frost verursachen, Krankheiten verbreiten, Zwietracht stiften usw. Zu gewissen Zeiten, besonders in der Georgs- und in der Johannisnacht, aber auch in der Christnacht, Pfingstnacht, vor dem Eliastag, vor dem 6. Jänner (Konavlje) und 1. März (Vasojevići), in der Karfreitagsnacht (Lobor) und zu Beginn der großen Fasten, *Bele Poklade,* versammeln sie sich auf bestimmten Bergen (z. B. der Ivanjščica bei Križevci, dem Klek bei Ogulin), auf alten Nußbäumen oder Dreschtennen und halten mit dem Teufel bei Tanz und Gelage Orgien ab. Hin und zurück reiten bzw. fliegen sie durch die Luft und erzeugen hierbei Wirbelwind.

Abwehrmittel: Teerkreuze an der Türschwelle, Einreibungen der Wiege, der Fußsohlen und der Brustwarzen des Kindes mit Knoblauch, Beräucherungen mit verbrannten Hörnern, Lorbeerblättern, Wacholder- und Hartriegelzweigen,

110 Berneker EW 136.
111 Národopisný Věstník Čsl. XI 61.
112 SEZb I 164.
113 S. Zs. Karadžić III 189.

Halsamulette, Zaubersprüche, Gebete und dgl.; die Dalmatiner strecken (wohl unter italienischem Einfluß) den Zeige- und den kleinen Finger aus (*diliti roge* »Hörner austeilen«) oder halten die Faust in der Tasche geschlossen. Um zu gefährlichen Zeiten das Vieh zu schützen, treibt man es vor Sonnenuntergang in den Stall, reicht ihm vorher Salz und läßt es über Feuer mit Räucherwerk hinwegschreiten. Unter der Schwelle vergräbt man geweihte Kräuter z. B. Efeu, in die geschlossene Stalltür schlägt man Nägel ein und hängt Distelzweige daran. Am Georgstag schmücken sie die Hörner des Viehs mit Kränzen (bei den Serben aus Wolfsmilch, *mlečika*), die dann das ganze Jahr über der Stalltür hängen. Gefeit sind die Kühe, wenn man ihnen ein Horn anbohrt und geweihte Sachen hineinlegt, wie Pulver, Mistel, Hartriegel u. a. — Auch die Moslims in Bosnien und Hercegovina üben an denselben Festtagen ebenso wie die umwohnenden Christen Abwehrzauber gegen die Hexen. — Gegen die Wetterhexen soll man bei Hagelschlag mit geweihtem Pulver unter Hersagen eines Zauberspruchs in die Wolken schießen. Viele legen vor das Haus schneidende Werkzeuge mit der Schneide nach oben und Stühle, mit den Beinen nach oben gerichtet.

Hat man einen Nachtschmetterling im Verdacht, daß er eine verwandelte Hexe sei, so soll man ihm die Flügel ein wenig verbrennen und ihn auffordern, nächsten Tag um Brot oder Salz zu kommen: die Hexe kommt dann angeblich wirklich. Nach Vuk[114] pflegte man zur Zeit Kara-Đorđes Weiber, die man als Hexen verdächtigte, gebunden ins Wasser zu werfen: gingen sie unter, dann zog man sie heraus und ließ sie frei, blieben sie aber oben, dann war man überzeugt, daß sie Hexen seien, und erschlug sie. Von einer milderen Form berichtet Bogišić[115] aus der Boka und Lilek[116] aus Bosnien. In Kroatien und Slavonien glaubt man Hexen erkennen zu können, wenn man beim Schlußsegen der Christmette auf einem Schemelchen steht, an dem man seit dem Luzientag täglich ein wenig gearbeitet hat: die Hexen wenden sich vom Altar ab.[117] — Die Vasojevići drehen in der Nacht vor dem 1. März das Bett um, in dem die Frau eingeschlafen ist, die man für eine Hexe hält: wenn der böse Dämon, der sie während der Nacht verlassen hat, heimkehrt, findet er den Weg nicht zurück und lärmt und schreit im Dachraum; so erkennt man, daß die Frau eine Hexe ist.[118] Jelić führt noch mehrere Arten des Hexenbannens an: Verstopfen von Flaschen, die man mit Wasser aus neun Quellen gefüllt hat: Umkreisen des Friedhofs und Schließen von zwei Strickhälften durch ein Schloß; Einfangen des bösen Geistes in eine Schweinsblase. — Parallelen und Lit. zum Hexenglauben s. HDA s. v. Hexe, Milchhexe.

Hexenprozesse haben bei den Serben keine stattgefunden, wohl aber in Dalmatien und Kroatien. Schon das Statut von Poljica aus dem 14. Jh. enthält im Paragraph 88 den Befehl, Hexen zu verbrennen. Von einem Hexenprozeß in

---

114 Rj. 69.
115 Zbornik 560 ff.
116 WMBH II 471.
117 Varianten bei Schneeweis, Weihn. Skr. 8; HDA III 1901.
118 Jelić, Hs., § 41.

Šibenik (Sebeniko) 1443 liegen lateinische Gerichtsprotokolle vor,[119] auch aus Zagreb ist schon 1360 ein Hexenprozeß bezeugt. Nach dem Erscheinen des berüchtigten Hexenhammers (Malleus maleficarum, Straßburg 1487) werden die Prozesse häufiger und strenger (Folter!), erst 1758 wurden sie über kaiserlichen Befehl gänzlich abgeschafft.

Ein Geist, der den Menschen im Schlaf verläßt, ist auch der *zduha(ć)* (Crna Gora), *stu(h)ać* (Risano), *stuhać, stuva,* m. f. (Bosnien), auch *(v)jedogonja,* im bosnischen Savegebiet *vjetrogonja* »Windverjager« genannt. Nach Vuk, Rj. 260, bekämpfen einander diese Dämonen verschiedener Landschaften gruppenweise mit ausgerissenen Bäumen und Felsblöcken, um die Fruchtbarkeit ihrem Gebiete zuzuwenden. Es ist eine sprichwörtliche Wendung: *jak kao jedogonja* »stark wie ein J.« Damit ein Mensch, in dem er seinen Sitz hat, nach dem Tode nicht zum Vampir werde, durchschneidet man der Leiche die Kniesehnen und treibt ihr Dornen unter die Fußnägel. Wahrscheinlich geht der Name *stuha(ć)* auf gr. στοιχειό, »Himelskörper«, seit dem 10. Jh. gebraucht als »Verkörperung des Schutzgeistes eines bedeutenden Mannes«, zurück.[120] Es würde sich meiner Meinung nach um eine volksetymologische Anlehnung an skr. *duhati, duvati* »blasen« handeln, was die Vorstellung von einem Sturmdämon ausgelöst hat. So erklärt sich skr. *vjetrògonja* »Windjäger«, *jedògonja* (*jed* »Gift, Zorn«), eine Kontamination aus beiden ist *vjedògonja.* Einzelheiten über den Hexenglauben bei T. Đorđević im SEZb. 66 (1953) S. 5—55; ib. S. 91 ff. über den Zduhač.

8. Zauber- und Orakelwesen

Der Hexenglaube leitet uns hinüber zum Zauber- und Orakelwesen, *čaranje, vračanje i gatanje,* das beim skr. Landvolk bis heute noch in voller Blüte steht. Der in der vorwissenschaftlichen Denkweise befangene Mensch sieht sich überall von geheimnisvollen Mächten und Kräften umgeben, die er seinen egozentrischen Zwecken dienstbar zu machen sucht. Im allgemeinen kommt es ihm an auf Gesundheit und Glück, auf Fruchtbarkeit und Segen in Haus und Hof, in Garten und Feld. Kräfte, die der Erreichung dieses Zieles entgegenwirken, sucht er abzuwehren (Abwehrzauber), die hilfreichen Kräfte aber sucht er zu verwerten — im Segenzauber. Nicht selten wirkt eine zauberische Handlung positiv und negativ zugleich. So soll das Feuer die guten Dämonen (Ahnenseelen) wärmen und erfreuen, die bösen aber schrecken und fernhalten. Dinge, welche ursprünglich dem Abwehrzauber dienten, werden im Laufe der Zeit zu Glücks- und Segenszeichen: wo das Übel abgewehrt wird, hat das Gute Zutritt. Alle geweihten

[119] Abgedruckt von Kolendić im ZbNŽ XXVI 358 ff.

[120] K. Dieterich, Hellenistische Volksreligion und byzant. ngr. Volksglaube, Angelos I, 1925, S. 13.

Dinge gehören hierher: Weihwasser, Kreuzlein aus geweihtem Holz, Gebetszettel usw. Bei der Mehrzahl der Zauberhandlungen handelt es sich darum, die gewissen Dingen innewohnende oder zugeschriebene Kraft auf belebte oder unbelebte Objekte zu übertragen, in denen sie positiv oder negativ fortwirken soll: Übertragungs- oder Mitteilungszauber (Frazers »Gesetz der Berührung«). Ich verweise auf die Bräuche mit dem Weihnachtsklotz (S. 115) und dem Weihnachtsstroh (S. 119), auf den Genuß verschiedener Festspeisen, auf die Verwendung des Weihnachts-, Georgs- und Johanniswassers usw. Eine Abart des Übertragungszaubers ist der Grünzauber, bei dem es darauf ankommt, die dem frischen Grün (Saat, Gras, Zweige, Bäume, Frühlingsblumen) innewohnende junge Vegetationskraft durch Berührung oder Genuß vor allem Menschen und Tieren zuzuführen. Die bekannteste Form des Grünzaubers ist der Schlag mit der Lebensrute, der sich bei den Kroaten auf den 28. Dezember, *Mladinci,* konzentriert hat, bei den Serben aber auf den 9. März, den sie ebenfalls *Mladenci* nennen. Der Stamm *mlad-* »jung« steckt auch im tsch. *pomlázka* »Ostergerte«. Während bei belebten Objekten die positive Seite des Grünzaubers mehr hervortritt, hat der Grünschmuck bei unbelebten Gegenständen (Kränze und Sträuße an Häusern, Toren, Zäunen) mehr abwehrenden Zweck. — Nicht bloß positive Kräfte lassen sich übertragen, sondern auch Unheil und Krankheiten: Hierher gehört z. B. die Übertragung von Krankheiten auf Bäume durch Verpflocken, Hindurchziehen, Anbinden von Wäscheteilen des Kranken und die Übertragung der Gelbsucht auf die Forelle durch stundenlanges Anblicken (Bosnien).

Eine andere wichtige Gruppe von Zauberhandlungen gehört in das Gebiet des Analogie- oder Ähnlichkeitszaubers (Frazers »Homöopathische Magie«). Er wurzelt in dem Glauben, daß man die Erfüllung eines Wunsches dadurch günstig beeinflussen könne, daß man den Vorgang selbst darstellt oder andeutet. Hierher gehört der Regenzauber (S. 161), der Milchzauber (S. 47), der Funkensegen (S. 114), Bewegungszauber (Schaukeln, damit der Flachs hoch wachse) und der Hochzauber (Hochheben von Zweigen oder Kuchen, damit das Getreide hoch wachse); zahlreiche Beispiele und Parallelen zum Analogiezauber bei Schneeweis, Weihn. Skr. 102—123. — Eine Abart des Ähnlichkeitszaubers ist der Anfangszauber: Zu Grunde liegt der Glaube, daß man durch gewisses Verhalten und durch gewisse Handlungen zu Beginn eines neuen Zeit- oder Lebensabschnittes das künftige Geschehen günstig beeinflussen könne: Geldzählen, Arbeitsbeginn, Jagen, Wertschätzung des ersten Besuchers zu Weihnachten, dem alten Jahresbeginn; Hantierungen der Mutter während der Taufe ihres Kindes (S. 50); Anfangszauber bei der Hochzeit, beim ersten Austrieb, beim ersten Pflügen usw. Auch der Wortähnlichkeitszauber gehört hierher: Auf Grund der Wortgleichheit oder Wortähnlichkeit nimmt das Volk oft einen Kausalzusammenhang zwischen zwei Begriffen an, der in Wirklichkeit nicht besteht: Hochheben des Siebes *(sito), da je sita godina* »damit ein sattes Jahr komme«, also volksetymologische Anlehnung von *sito* an *sit* »satt«. In ähnlicher Weise wird *proso* »Hirse« und *prositi* »bitten, werben«, verknüpft: Ein heiratslustiges Mädchen säe Hirse mit den Worten: *sijem proso, prose i mene* »ich säe Hirse, damit man auch um mich werbe«. Im Heilzauber werden manche Pflanzen nur auf Grund ihres Namens verwendet.[121]

Sehr verbreitet ist der Glaube, daß ein Teil eines Menschen, Tieres oder Dinges genüge, um auf das Ganze desselben eine Zauberwirkung auszuüben. Abgeschnittene Haare und Nägel werden z. B. ängstlich vergraben, damit der frühere Träger nicht durch Schadenzauber leide. Auch mittels des Bildes, der Fußspur, des Schattens, eines Kleidungsstücks, ja sogar des Namens, die nach dem Volksglauben noch in mystischem Zusammenhang mit der zugehörigen Person stehen, kann man nach dem Sympathieglauben Schadenzauber ausführen.

Der primitive Mensch ist nicht nur bestrebt, Gesundheit und Fruchtbarkeit, Glück und Segen herbeizuführen, sondern auch feindliche und unreine Mächte und Kräfte abzuwehren: Abwehrzauber. Primitive Abwehrmittel, wie sie der Mensch auch gegen wilde Tiere, Insekten usw. zu verwenden pflegte,[122] sind: Feuer und Rauch, Wasser, Salz, Teer, Kräuter und Wurzeln von starkem Geruch oder beißendem Geschmack, Dornen und Disteln, Donnerkeile, Waffen (auch Messer und Scheren) und Material zu Waffen (Eisen), Tierschädel, Hörner, Krallen, Zähne, Exkremente, Speichel, Besen, Lärmen und Schießen, geweihte Sachen, besonders das heilige Kreuzzeichen. Da viele Prozeduren nicht bloß das Böse und Unreine abwehren, sondern auch belebte und unbelebte Objekte davon reinigen sollen, gewinnen sie oft den Charakter der Lustration: Hindurchgehen zwischen Feuern und Lichtern, Waschungen mit Weihwasser, Bestreuen mit Salz usw. Abwehr gegen den bösen Blick bzw. Ablenkung desselben bewirken nach dem Volksglauben Spiegel, Amulette, rote Fäden oder Lappen, Münzen u. a.[123] Abwehrkraft verleihen auch gewisse Namen (s. S. 51). Schutz verleiht dem bedrohten Objekt der magische Kreis und die meist dreimalige Umwandlung: Umwandlung des Herdfeuers, des Tisches, der Hürde, des Hauses, des Feldes, Umritte usw.; Umackern.

Als Abwehrmittel gegen Feuer, Tollwut, Krankheiten usw. gilt die Satorformel:[124]

S A T O R
A R E P O
T E N E T
O P E R A
R O T A S

[121] Beispiele zum Wortähnlichkeitszauber: Maretić im Rad LX, 117 ff., LXII, 1 ff.; Schneeweis, Weihn. Skr. 109 ff. — Beispiele von Liebeszauber: ZbNŽ VII 189 ff. (Otok); SEZb XIII 287.

[122] Zelenin, Magičeskaja funkcija, 713 ff.

[123] S. Tih. Đorđević in der Zs. Karadžić IV 195—205; SEZb LIII: Zle oči u verovanju Južnih Slovena.

[124] Milićević, ŽSS 332; L. Glück im GZM II 45 ff.

Erklärungsversuche dieser Zauberformel gibt es in Menge,[125] am überzeugendsten ist der von F. Grosser im AfRelW. XXIV (1926) 165: Aus den 25 Buchstaben lassen sich die Anfangsworte des Vaterunsers, PATERNOSTER, zweimal mit N als Mittelpunkt zusammenstellen. Es ergibt sich ein Kreuz, an dessen Spitzen sich die restlichen zwei A—O (Sinnbilder der Unendlichkeit und Ewigkeit) ansetzen lassen:

A
P
A
T
E
R
A P A T E R N O S T E R O
O
S
T
E
R
O

Die Formel scheint zur Zeit der Christenverfolgungen entstanden zu sein, ihr Zweck war ursprünglich wohl, das Kreuz und das Vaterunser, Symbole der Christenheit, zu verhüllen, — Abwehrkraft schreibt man auch dem Pentagramm, *Solomunovo slovo,* zu.

Ein wichtiger Bestandteil der Zauberhandlungen sind die sie begleitenden Zaubersprüche, wie sie besonders im Heilzauber verwendet werden. Sie wären einer eingehenden Spezialuntersuchung wert.[126]

Der Erfolg der Zauberhandlungen kann durch geeignete Wahl von Ort und Zeit sowie durch gewisse Enthaltungen gesteigert werden. Als günstige Zeiten gelten: Vor Sonnenaufgang, nach Sonnenuntergang, Mitternacht; Beginn des ersten Mondviertels (*mlada nedelja* »junge Woche«); Beginn neuer Zeitabschnitte (Weihnachten, Neujahr, Fastenbeginn, Georgstag, Johannestag). Besondere Kraft hat der Zauber auf einem Kreuzweg, an einem unbekannten Grabe oder auf einem erhöhten Standpunkt: Hausdach, Holzhaufen, Schemel.[127] Erhöht wird die magische Wirkung schließlich durch Enthaltungen wie Schweigen und vorheriges Fasten.

---

125 ZVfV XXV 1915, S. 245 ff.
126 Beispiele: Milićević, ŽSS 119; SEZb XIV 221 ff.; ib. XIX 217 ff.; ib. L 37 ff.
127 S. Schneeweis, Weihn. Skr. 139.

Mantik. Es entspricht dem analogisierenden Denken des einfachen Menschen, daß er aus Ereignissen in seiner Umgebung Schlüsse auf seine Zukunft zieht: von selbst ergeben sich die Omina, Vorzeichen. Doch führt er auch absichtlich einen Vorgang herbei, um ihn zum Zweck der Deutung zu verwerten: Orakel. Häufig ist das Orakel oder Omen an einen Bestandteil des vorauszusetzenden Opfers geknüpft: man nahm ursprünglich an, daß die durch das Opfer günstig gestimmte Gottheit durch besondere Zeichen auf den dargebrachten Gaben dem Menschen einen Blick in die Zukunft gewähren werde. Hierher gehören die Prophezeiungen aus dem Schulterknochen und der Milz des Weihnachtsschweins, aus dem Brustknochen der Gans, aus dem Barbara-Brei und den hineingesteckten Löffeln, aus den Festkuchen, aus den Weihnachtsäpfeln und -Nüssen, aus dem Verhalten des Herdfeuers und der Festkerze, aus der Asche usw. Naturverbundene Menschen interessiert vor allem das Wetter und die animalische und vegetative Fruchtbarkeit, ferner Krankheit und Tod. Ledige Mädchen suchen Antwort auf die für sie wichtigste Frage, ob, wann und was für einen Mann sie heiraten werden; durch Spiegel- und Brunnenschau, Zaunorakel, Horchen an fremden Häusern, Bohnenwerfen, auch aus Träumen, Tierstimmen und aus der ersten Begegnung ziehen sie diesbezügliche Schlüsse.[128] Um einen unbekannten Dieb auszuforschen, greifen manche zum Siebdrehen, andere rufen Verstorbene an *(dozivanje mrtvaca)*, ihnen im Traume zu erscheinen und den Dieb zu nennen.[129]

Aus dem Glauben an gute und feindliche Mächte und Kräfte ergibt sich eine große Zahl von Verboten und Unterlassungen, von denen eigentlich das ganze Leben von der Wiege bis zum Grabe und während des ganzen Kirchenjahres durchsetzt ist. Bemerkenswert ist das an gewisse Zeiten geknüpfte Verbot von Arbeiten, die mit Schlagen, Lärm und Staubentwicklung verbunden sind oder die mit scharfen Werkzeugen ausgeführt werden. Zelenin nimmt mit Recht an, daß es sich ursprünglich um solche Zeiten gehandelt hat, an denen man den Besuch der guten Seelen erwartete, die man nicht vertreiben oder verletzen wollte.

Wortverbote und Euphemismen beziehen sich auf den Teufel (s. oben S. 18), auf Krankheitsnamen und Krankheitsdämonen (S. 17), auf Tiere wie den Wolf (*kamenjak* zu *kamen* »Stein«, *nepomenik, divina, kurva*), auf den Bären, *teta* »Tante« (auch *medved* »Honigesser« ist eigentlich ein Euphemismus, ein dem lat. *ursus* entsprechendes Wort fehlt in den slavischen Sprachen), auf die Schlange (*okamenica; nespomenica* »die man nicht nennen soll«) u. a.[130]

Auch im Anfangs- und Analogieglauben wurzelt eine große Anzahl von Verboten.[131]

---

[128] Einzelheiten bei Schneeweis, Weihn. Skr. 134 ff.; SEZb I 134; Lilek in WMBH IV 479; ib. VI 624 ff.

[129] Einzelheiten bei Lilek in WMBH IV 460 ff.

[130] Viele Beispiele bei Maretić im Rad LX 141 ff.

[131] Schneeweis, Weihn. Skr. 142.

9. Sonstiger Volksglaube

Es ist im Rahmen dieser knappen Darstellung nicht möglich, auf alle Einzelheiten des skr. Volksglaubens einzugehen (Wichtiges findet der Leser mit Hilfe des Registers). Hier seien bloß noch die wichtigsten kosmogonischen und astralmythologischen Vorstellungen des skr. Landvolks skizziert.

Die Erde war ursprünglich eine vollkommen flache Scheibe; Gebirge und Täler entstanden erst dadurch, daß der liebe Gott diese Scheibe unter das Himmelsgewölbe zwängte. Tief unter der Erdoberfläche brennt Feuer, siebenmal stärker als das gewöhnliche; dort büßen die Sünder ihre Übeltaten. Die Erdscheibe ist rings von Wasser umgeben und wird von einem ungeheuren Fisch getragen, der sich selbst in den Schwanz beißt (vgl. den germanischen Glauben an die Midgardschlange). — Nach anderen ruht die Erde auf einer Säule, an die ein schwarzer Hund (Teufel) gefesselt ist; wenn er an der Säule rüttelt, entsteht ein Erdbeben.[132] Bei den Mohammedanern in Bosnien und Hercegovina ist die Vorstellung verbreitet, daß die Erdscheibe von einem riesigen Stier getragen werde, dessen Schütteln Erdbeben erregt und dessen Brüllen sie begleitet.[133] — Über der Erde wölbt sich der Himmel, in dem Gott thront, umgeben von den Engeln und den Seelen der Gerechten. — Die Sonne, *sunce*, ist eine glühende Scheibe, die vom Osten nach Westen über den Himmel rollt. In der Nacht kehrt sie unter dem die Erdscheibe tragenden Meer zurück und erwärmt hierbei das Wasser, das in Gestalt warmer Quellen aus der Erde tritt (Prilep). Die große Verehrung, die man ihr als der unerschöpflichen Quelle von Licht und Wärme und der Erweckerin des Lebens zollt, spricht aus verschiedenen Bräuchen: Aus der Begrüßung der Sonne bei verschiedenen Anlässen, aus Gebildbroten, die ihren Namen tragen, aus der Wertschätzung der Ostseite, aus der dreimaligen Drehung nach dem Sonnenlauf usw.[134] Man darf von der Sonne nicht sagen, daß sie »untergehe«, *zađe*, sondern daß sie zur Ruhe gehe, *da se smiri*.

Die wechselnden Phasen des Mondes werden aufmerksam beobachtet, da man ihnen mystischen Zusammenhang mit den irdischen Dingen (Gesundheit, Fruchtbarkeit, Wetter, Menstruation usw.) zuschreibt. Die Mondesfinsternis entsteht durch Bedrohung von seiten drachenartiger Ungetüme, die dunklen Flecke auf ihm rühren von den Bissen dieser Drachen her.[135] Über Zauber in der Neumondwoche (*mlada nedelja*) bei den Kroaten siehe ZbNŽ I 253: Koprivnica.

Bei der Geburt jedes Menschen leuchtet sein Stern, *zvezda*, auf, der mit ihm wächst und sein Schicksal beherrscht, bei seinem Tode aber als Sternschnuppe vom Himmel fällt: Fällt der Stern gegen Osten, dann geht die Seele des Verstorbenen ins Paradies ein, fliegt er gegen Westen, dann in die Hölle. Kometen, *repate*

---

[132] Zs. Karadžić I 209 ff.; SEZb XIV 332; ZbNŽ XVIII 190.
[133] GZM XIX 319; vgl. Negelein, Weltgeschichte des Aberglaubens I 258.
[134] Beispiele bei Schneeweis, Weihn. Skr. 196; Lilek in WMBH IV 448.
[135] Über Mondverehrung: WMBH IV 458.

zvezde »geschwänzte Sterne«, sind nach dem Volksglauben Mütter, denen alle Kinder gestorben sind, und die mit aufgelöstem Haar ihre Kinder suchen. Die Sterne soll man nicht zählen und auch nicht mit den Fingern auf sie zeigen, sonst bekommt man einen unheilbaren Ausschlag; wer beim Zählen seinen eigenen Stern mitzählt, der wird mit Blindheit oder Tod bestraft.[136]

Die Milchstraße heißt *kumova slama* »Stroh des Gevatters«. Nach einer weitverbreiteten ätiologischen Sage ist sie aus dem Stroh entstanden, das ein Kum auf dem Rückweg verstreut hat, als er seinem Kum heimlich Stroh stahl.[137]

Während des Gewitters wirft der hl. Elias seine Donnerkeile, *strelice*, gegen die Gewitterdrachen. Diese Keile dringen tief in die Erde ein, um nach 20—100 Jahren an der Oberfläche zu erscheinen. Sie gelten als heilkräftig. (In Wirklichkeit handelt es sich um prähistorische Steinwerkzeuge.) Im Regenbogen, *duga*, sieht das Volk einen Gewitterdrachen, der Wasser aus einem irdischen Gewässer trinkt, um es dann als Regen niederfallen zu lassen.[138] Sein Erscheinen läßt auf weiteren Regen schließen. Bei den Kroaten heißt er *boži pâs* »Gottes Gürtel« (vgl. alb. *šoka zojes* »Gürtel der Mutter Gottes«). Der Baum, an den er sich anlehnt, muß vertrocknen. Weit verbreitet ist der Glaube, daß derjenige Mensch Geschlechtswechsel erleide, der unter einem Regenbogen hindurchgeht.[139] Um Negotin heißt der Regenbogen *robov put* »Sklavenstraße«: In alter Zeit beschlossen Sklaven davonzulaufen. Nachdem sie aufgebrochen waren, erschien ihnen am Himmel der Weg in die Heimat.[140]

Über Tiere und Pflanzen im Volksglauben s. Lilek in den WMBH IV 440 ff.

10. Zusammenfassung

Die Frage nach dem Alter der einzelnen Elemente, aus denen sich der bunte Komplex des skr. Volksglaubens zusammensetzt, läßt sich ungefähr dahin beantworten:

Zur slavisch-heidnischen Schicht gehören: Der Seelenglaube und der daraus fließende Ahnenkult, der Glaube an wiederkehrende Tote, an Schicksalsgeister, Vilen, Krankheitsdämonen, der Glaube an Naturgeister (Vegetations-, Baum- und Wassergeister); der Glaube an magische Kräfte gewisser Menschen, Tiere, Pflanzen, Mineralien, Zahlen, der Glaube an die schützende Kraft des Kreises, an die Abwehrkraft des Feuers und Wassers, des Salzes, der Waffen, des

[136] ZbNŽ II 266: Insel Cres.
[137] Parallelen zu dieser Vorstellung im HDA VI 367, s. v. Milchstraße.
[138] GZM XIX 38: Bosnien.
[139] ZbNŽ IV 140: Bosnien und Hercegovina; ib. XIX 193: Samobor.
[140] Zs. Karadžić III 235.

Lärmens usw.; positiver und negativer Zauber und Zukunftsbefragung; Verehrung der Sonne und des Mondes (besonders des erneuten Mondes).

Unter dem Einfluß der Antike wurden neue Vorstellungen zugeführt und einheimische zum Teil verändert: Die Vilen, von Haus aus Totengeister aus frühzeitig verstorbenen Mädchen, haben den Charakter der antiken Berg-, Wald- und Wassernymphen angenommen.

Das Christentum brachte einen ausgedehnten Heiligenkult und den Glauben an Engel und Teufel. Letzterer hat unter dem Einfluß einheimischer Vorstellungen auch heidnische Züge angenommen (s. S. 19). Auch gewisse Heilige weisen christliche und heidnische Züge auf (Ilija als Gewitterheiliger; Aranđeo als Seelenführer, Sv. Petka u. a.). Eine christlich übertünchte Form der heidnischen Baumverehrung ist die Prozession zum *Zapis,* verbunden mit der Erneuerung des Kreuzes und mit einem Opfermahl. Erst nach der Einführung der christlichen Taufe kann die Vorstellung an *nekrštenci* und *limbe* entstanden sein (s. S. 6). Unter christlichem Einfluß dürfte die »wissende Frau«, die über Kenntnisse der Heilkräuter und Zaubersprüche verfügte, zur Hexe gestempelt worden sein. Das Christentum brachte dem Volke eine große Zahl neuer Abwehrmittel in Gestalt geweihter Sachen: Weihwasser, geweihte Kreuze, Brote, Kräuter, Gebetszettel, Heiligenbilder usw. Ein getarntes Kreuz birgt die Satorformel in sich.

Bedeutend ist auch der Einfluß der Nachbarvölker. Von den Deutschen stammt der *noćni jagar* »wilder Jäger«, von den Italienern die kroat. *štriga, mađionica,* die Personifikation der Fastenzeit *korizma,* der dalm. *orco* und *đigante.* Aus gr. λαμία die serb. *lamnja* »Gewitterdrache«; südserb. *talasum* »Ortsgeist« über türk. *têlsêm* aus gr. τέλεσμα; südserb. *stihii* aus gr. στοιχεῖον »Himmelskörper, Ortsgeist«; serb. *orisnice* »Schicksalsgeister« aus gr. ὁρίζω »ich begrenze, bestimme«. Auf orientalische Einflüsse weist die Vorstellung vom Gewitterdrachen und vom Weltstier hin.

Anderseits kehrt der serb. *vukodlak* in gr. βουρκόλακας, alb. *vurvolaku* und im türk. *vurkolak* wieder.

ZWEITER TEIL

DIE VOLKSTÜMLICHE SITTE

DIE HAUPTSTUFEN DES MENSCHENDASEINS

GEBURT UND TAUFE

1. Mutterhoffen

Das serbische Volkslied bezeichnet ein unfruchtbares Weib als einen Baum ohne Frucht, als einen Rosenstrauch ohne Rosen und bringt so die gesunde und und natürliche Anschauung zum Ausdruck, daß das Glück der Ehe in erster Linie vom Kindersegen abhänge. Aus alter und neuer Zeit liegen zahlreiche Belege vor, daß das Volk die Scheidung einer kinderlosen Ehe für selbstverständlich hält.[1] Vielfach führt sogar das Fehlen männlicher Kinder zur Ehescheidung; der sehnsüchtige Wunsch nach männlicher Nachkommenschaft wurzelt vor allem in dem Bestreben, den Ahnenkult fortzusetzen, zu dessen Ausübung nur der Mann fähig ist (s. auch in den Kapiteln »Fest des Hauspatrons«, »Blutrache«).

Die Sehnsucht nach männlichen Kindern hat eine Reihe von Zauberhandlungen hervorgerufen, die meist im Übertragungs- oder Analogieglauben begründet sind: So glaubt die Frau durch den Genuß eines frischen Hahnenkamms (Ls. Homolje), der Hoden des Gänserichs (Boljevac), einer Hahnensuppe, in der die Hoden eines Ebers gekocht worden sind (Bosnien und Hercegovina), zum Ziele zu kommen. Deutlich ist die Symbolik, wenn die Braut während der Trauung eine Eichel, eine Nuß oder einen Faßzapfen über dem Nabel trägt.

Ungemein groß ist die Zahl der Zauberhandlungen, um überhaupt Kindersegen zu erlangen. Hier seien bloß einige charakteristische Beispiele angeführt: Man legt ins Badewasser die Plazenta einer Wöchnerin (Ls. Levač) oder gewisse Kräuter wie *raskovnik* »Roßkümmel« (Lužnica). Anderswo trinkt die Frau: Abkochungen von *Gospina trava* »Johanniskraut«, Hypericum perforatum (Bosnien und Hercegovina); Saft der *modra kadulja* »Königssalbei«, Salvia hortensis; Wasser mit der pulverisierten Plazenta einer Häsin (Bosnien und Hercegovina); vom Weihwasser *molitva* (s. unten S. 42), das für eine Wöchnerin geholt wird (Lužnicatal); Wasser vom Mühlrad (Löffelrad) mit zugesetzten Kräutern wie *oman* »Alant«, inula helenium, *raskovnik* (Boljevac) oder Wasser, in das Funken gefallen sind (Serbien). Gute Wirkung erhofft sie sich von 7 Buchenknospen, genossen auf nüchternen Magen am Morgen des Georgstags (Bosnien und Hercegovina) oder vom Hindurchkriechen unter einer trächtigen Stute (Lužnicatal). Vielfach hängt die Frau ihr Hemd über Nacht auf einen fruchttragenden Baum; ein männ-

[1] Tih. Đorđević, Naš narodni život, Beograd 1923, S. 74 ff.

licher Baum (*orah* »Nußbaum«, *grab* »Weißbuche«) soll männlichen Kindersegen zur Folge haben. Findet sie am nächsten Morgen in dem Hemd einen Käfer, so ißt sie ihn (Parallelen hierzu bei Negelein, Weltgeschichte des Aberglaubens, I 326; Dähnhardt, Natursagen, III 477). Auch zu frommen Mitteln nehmen sie ihre Zuflucht: Baden in Weihwasser, Wallfahrten zum Marienbild in Čajnica (Bosnien und Hercegovina) und nach Maria Bistrica (Kroatien), Tragen von Kreuzlein, mitgebracht von der Wallfahrt nach Jerusalem (Lužnica), Votivgaben aus Wachs in Kindergestalt (Kloster Nimik bei Golubac), Umgürten mit einem Faden, den man vorher um eine alte Kirche gelegt hat)[2] usw. Befruchtende Kraft hat auch der Schlag mit dem Spieß, an dem das Weihnachtsschwein gebraten worden ist.

Um nach der Geburt eines Mädchens männliche Kinder zu haben, legen sie in Bosnien und Hercegovina die Plazenta in einen Männersocken und werfen ihn in fließendes Wasser oder wickeln das Neugeborene in die Unterhosen des Vaters ein oder sie wechseln den Gevatter; zu demselben Zweck schneiden sie die Nabelschnur nicht mit der Schere ab (*nožice* f.), sondern mit dem Messer (*nož* ist masc.!) — Wünschen sie Kinder anderen Geschlechts, z. B. Mädchen nach Knaben, dann wird die Nabelschnur des letzten Kindes in einem Loch im Türpfosten verschlossen (Boljevac).

Um einige Jahre Pause zwischen den Geburten zu erzielen, wendet man verschiedene Mittel an: Wieviel Finger die Braut während der Trauung zwischen Gürtel und Hemd hält, soviele Jahre wird die gewünschte Pause betragen (Mostar). Wer nach der Geburt das Weihwasser vom Popen holt, soll sich auf dem Heimweg so oft niedersetzen, wieviele Jahre Pause sein soll. In ähnlicher Absicht macht die Wöchnerin auf dem Heimweg vom ersten Kirchgang zwei bis drei Besuche (Ls. Levač).

Um überhaupt keine Kinder mehr zu haben, vergräbt die Wöchnerin ihre *Placenta* unter einer Silberpappel und spricht: »Bis die Pappel gebiert, soll auch ich gebären!« (Boljevac). Andere werfen die Plazenta auf einen unfruchtbaren Baum (Ls. Levač). Dieselbe Wirkung sucht man dadurch zu erreichen, daß man ein Pappelblatt in ein totes Ei steckt und dabei spricht: »Bis aus diesem Ei ein Hühnchen auskriecht, soll ich gebären« (Boljevac). Ein Analogiezauber ist das der Antike gebrauchtes Mittel: Hufteile und Schweifhaare des Maultieres verbrennen und die Asche in Wasser trinken.[3]

Um Unfruchtbarkeit anzuzaubern, legt man links und rechts vom Wege, den das Brautpaar kommen muß, Schloß und Schlüssel; nachher verschließt man das Schloß, wirft es ins Wasser, den Schlüssel aber steckt man zu sich und spricht: »Bis dieses Schloß mit diesem Schlüssel geöffnet wird, sollen jene Nachwuchs haben!« (Mostar).

---

[2] GEM VIII 91.

[3] Vgl. den Artikel des Verfassers im HDA s. v. Maultier. Zaubersprüche gegen Empfängnis s. ZbNŽ VII 193 ff., SEZb XIII 206.

Einen A b o r t u s, *vuplave* (Samobor) schreibt man dem Wirken feindlicher Dämonen zu. Um ihn freiwillig herbeizuführen, trinkt man abends und früh öfter saure Milch mit Dillblättern, *kopar* »Anethum graveolens« (Bosnien und Hercegovina).

Von der schwangeren Frau sagt man, sie sei *teška, trudna, debela, v drugom stanju; tegobna, na drug red* (Skopska Crna Gora); *glomazna, samodruga, trbuljata, trbušasta, poduvena, obremenjena* (Kosovo); *bremena* (Boljevac); *takvaja* (Lužnica); *kormata, trbata, šiškava, nije sama* (Homolje); *nemoćna* (Valjevska Kolubara); *djetinja* (Crna Gora); *zbabna* (Poljica); *bredja* (Dalmatien); *u tom dobu* (Moslim Bosnien und Hercegovina); *sdjetna, s bremenom, bremešna* (Bosnien und Hercegovina). Die unfruchtbare Frau heißt *bezdetka, štirica* (Lužnica) aus gr. στεῖρος »unfruchtbar« (nach Vasmer), *nerotka, štirkača* (Homolje); *štirka* (Bosnien und Hercegovina). Unfruchtbarkeit wird als Strafe Gottes aufgefaßt.

Das Verhalten der Eltern bei der Zeugung ist von großem Einfluß auf die Eigenschaften des Kindes — ist der Vater z. B. betrunken, so wird das Kind ein Trunkenbold — aber noch wichtiger ist das Verhalten der Mutter während der Schwangerschaft. Was sie ißt und trinkt, was sie spricht und tut, was sie hört und sieht, beeinflußt die körperlichen und geistigen Eigenschaften des Kindes. In diesem Glauben wurzelt eine große Anzahl von Verboten: Das Kind bekommt ein M u t t e r m a l *beleg* (aus dschagat. *bilgü* »Zeichen« mong. *bälgä* »Zeichen« s. Berneker EW 37, Vasmer REW I, 72) *mladež, madež* (Berneker, E. W. II 2: Herkunft dunkel); *znamenka, znak* (Kroatien), *voja* aus ital. *voglia* (Hvar), eigentlich »Verlangen«, vgl. fr. *envie; nisom* (Kosovo), *nišan* (Štip) (aus osman. *nišan* »Zeichen« s. Korsch im Archiv 9, 658 ff.), wenn sie eine Speise stiehlt oder wenn man ihr eine verlangte Speise verweigert: Wenn sie nachher ihren Körper berührt, bekommt das Kind an der analogen Stelle ein Muttermal, das an die gestohlene oder verweigerte Sache erinnert. Es entsteht ferner, wenn sie ein Tier mit Füßen stampft oder ins Feuer sieht oder bläst und dann ihren Körper berührt. Rote Flecken *(žaravo lice)* bekommt das Kind auch, wenn die Schwangere in einen Brand, in die Morgen- oder Abendröte schaut oder auf das Blut eines geschlachteten Tieres tritt. Böswillige Menschen zaubern ein Muttermal auch an, indem sie der Schwangeren glühende Kohlen nachwerfen und dann ihren eigenen Körper berühren (Bosnien und Hercegovina). Nach dem Volksglauben in Bosnien und Hercegovina ist ein kleines schwarzes Muttermal auf der rechten Wange glückbringend, weshalb manche Mütter ein Pfefferkorn stehlen und dann ihre rechte Wange berühren.

Die Schwangere darf kein Hasenfleisch e s s e n, auch keinen Hasen anschauen, sonst wird das Kind mit offenen Augen schlafen, keinen Fisch essen, sonst wird das Kind geifern und schwer sprechen lernen, kein wurmstichiges Obst, sonst werden Wunden des Kindes schwer heilen. Sie darf nicht aus einem Kürbis t r i n k e n, sonst bekommt das Kind einen Kropf. Trinken aus einem Gefäß mit Reifen hat eine schwere Geburt zur Folge. Trinkt sie aus einem Topf mit einem ausgebrochenen Stück, bekommt das Kind eine Hasenscharte. Letztere kann auch dadurch angezaubert werden, daß man hinter der Schwangeren mit einer Axt in die Türschwelle hackt (Bosnien und Hercegovina).

Eine Totgeburt kann eintreten, wenn sie auf ein Begräbnis geht (Šabac), wenn ihr eine Schlange, ein Frosch oder ein Hase über den Weg kommt (Hvar) oder wenn man ihr eine Speise verweigert (Skopska Crna Gora). Welche Speisen man ihr verweigert, die wird das Kind nicht essen können (Kosovo). Befürchtet die Schwangere eine Totgeburt, so soll sie unter einer trächtigen Kuh oder Stute hindurchkriechen, dann werden jene Tiere die Totgeburt haben, oder sie soll sich mit den Gedärmen einer erschlagenen Schlange beräuchern; manche tragen den Draht (*žica,* offenbar volksetymologisch zu *živeti,* »leben« gestellt) vom Hufeisen eines toten Pferdes bei sich und machen nach der Entbindung daraus ein kleines Amulett: Beil, Sichel, Pflugschar (Boljevac). Sie darf keinen Bären sehen, sonst wird das Kind schwer gehen lernen, keinen Fuchs, sonst wird es an Fieber leiden (Bosnien und Hercegovina). Sie darf keinen Krüppel, Blinden oder Tauben verspotten, sonst wird das Kind dasselbe Gebrechen haben. S c h i e l e n wird das Kind, wenn die Frau flucht oder unter einer Wäscheschnur hindurchgeht (Bosnien und Hercegovina) oder eine Garnhaspel anschaut. Sie darf nicht hören, wie ein Tier geschlachtet wird, auch selbst nicht schlachten, sonst wird das Kind röcheln. Z w i l l i n g e wird sie haben, wenn sie einen doppelten Regenbogen sieht (Vlasenica in Bosnien), wenn sie eine Doppelkirsche oder Fleisch von einem Zwillingstier ißt. Sie soll nichts verleihen, sonst wird das Kind nie zu Vermögen kommen. Sie soll keinen Strick überschreiten, sonst wird sich das Kind an der Nabelschnur erwürgen (Bar) oder die Mutter wird eine schwere Geburt haben (Kroatien). Das Kind wird ein Bruchleiden (*klini* pl.) haben, wenn die Mutter aus Versehen einen Nagel (*klin*) ins Feuer wirft (Slavonien). Aus gewissen Anzeichen sucht man Schlüsse auf das G e s c h l e c h t des erwarteten Kindes zu ziehen. Das männliche Kind ruht nach weitverbreiteter Volksmeinung auf der rechten, das weibliche auf der linken Seite. Fühlt sich die Frau an einem Tag mit weiblicher Endung Mutter, z. B. *sreda, subota, nedelja,* dann wird sie ein Mädchen zur Welt bringen, im andern Fall einen Knaben (Homolje, Prigorje). Ist die Schwangere rein im Gesicht und munter, dann hat sie Aussicht auf einen Jungen. Man stellt auch eigens Orakel an, um das Geschlecht des Kindes zu erfahren: In der Ls. Homolje geht sie frühmorgens um Wasser; begegnet sie auf dem Rückweg einem Menschen oder einem Tier männlichen Geschlechts, dann trägt sie einen Knaben, im andern Fall ein Mädchen. In Bosnien und Hercegovina versteckt man im Hause eine Axt (Attribut des Mannes) und eine Schere; setzt sich die Schwangere zuerst in die Nähe der Schere, so wird sie ein Mädchen gebären.

Da die Schwangere dem Neide böser Menschen (mit bösem Blick!) und feindlicher Dämonen ausgesetzt ist, so soll sie ihren Zustand vor möglichst vielen Menschen geheim halten und soll möglichst wenig das Haus verlassen, nach Sonnenuntergang überhaupt nicht. Wenn sie schon nachts ins Freie muß, soll sie sich ein Stückchen Brot unter die rechte Achsel legen und ein Licht mitnehmen. Besonders soll sie Wegkreuzungen vermeiden, wo sie leicht auf ein Übel treten kann (*nagaziti na zlo*). An gewissen Tagen gelten für Schwangere Arbeitsverbote, z. B. vom 13. bis 25. Dezember (*Mučni dani,* weil die hl. Maria in dieser Zeit Geburtswehen hatte) dürfen sie nicht spinnen und nähen (Serbien). Einige Arbeitsverbote wurzeln in der Auffassung von der Unreinheit der Schwangeren: Sie darf kein Getreide säen, das würde unrein; sie darf keinen Flachs raufen und nicht weben; dem Vieh darf sie kein Salz reichen (Bosnien). Sie darf niemandem einen Gegenstand direkt in die Hand geben, sondern muß ihn vor den Betreffenden hinlegen (Praputnik).[4]

Schon während der Schwangerschaft ist die Frau auf Erleichterung der Geburt bedacht: Abkochungen von Kürbiswurzeln und Rosenblüten, Räucherungen mit Federn, die die Henne verloren hat, da sie der Hahn geritten, Genuß von Erde vom Kreuzweg (= »*raskrsnica: da bi se lako raskrstila*« »damit sie leicht gebäre«), Trinken des Wassers durch ein Sieb (Analogiezauber: so leicht will sie gebären), Trinken von Wasser, in das man am Krstovdan (5. Jänner) aus der Kirche gestohlenes Basilienkraut oder ein Mutter-Gottes-Bild getaucht hat (Übertragungszauber), sind Mittel, die diesem Zwecke dienen sollen.

2. Die Niederkunft

Naht die schwere Stunde, dann zieht sich die Wöchnerin in eine Kammer, in den Stall oder eine Nebenhütte zurück oder man teilt eine Ecke der Stube durch aufgehängte Tücher ab. Die Wöchnerin heißt *porodilja, rodilja, rodulja; rodilica* (Boka); *babelnica* (Lobor); *lausa* (Leskovac), *leusa* (Svrljig); wohl aus griech. λεχώ, neugr. λοχοῦσα »Kindbetterin«. Man sagt auch, *ona leži u babin(j)ama; ona dobije* (Lužnica); *ona se obabila* (Čakovac); *mâja se omajila* (Dolac, Ls. Poljica); *v postel je došla, v dečini je posteli, v Rim je odišla, v slamu je vošla, resipala se* (Samobor). Eine ältere erfahrene Frau leistet ihr Hebammendienste, es ist die *baba, babica, primalja; baorica* (Čakovac). Der eigene Mann wohnt dem Geburtsakt meist bei, ledige Männer aber und Kinder müssen sogar vielfach das Haus auf einige Zeit verlassen (Crna Gora). Fast überall muß die Wöchnerin bei der Entbindung knieen, hocken oder stehen (antike Parallelen bei Samter, GHT 6 ff.), wobei sie sich mit den Händen an einer Schlinge festhält oder von dem Manne und der Hebamme gestützt wird. Die Hebamme fängt das Neugeborene auf, bei den Serben läßt man es vielfach auf die bloße Erde fallen (Kosovo, Homolje).[4a]

Um die Entbindung zu erleichtern, sucht man einerseits Nies- und Brechreiz zu erzeugen — man gibt ihr Öl oder Seifenwasser zu trinken (Bosnien und Hercegovina), legt ihr einen Strähn ihres Haares in den Mund (Leskovac), räuchert mit Kuhfladen (Lužnica), mit Teer, Zwiebel oder Paprika (allg.), mit Bärenhaaren

[4] Slav. Parallelen für diese Auffassung von der Unreinheit bei Bystroń, SOR 15 ff.
[4a] Vgl. Samter, GHT 1 ff.

(Homolje), wirft Salmiak ins Feuer (Hvar) — anderseits wendet man magische Mittel an, die meist im Analogieglauben des Volkes wurzeln: Man löst ihr die Haare, den Gürtel, ferner sämtliche Knoten an den Kleidern, zerreißt ihr oft das Hemd, öffnet alle Truhen und Kisten, steckt ihr ein Ei, ein Weberschiffchen oder einen Hasenfuß durch das Hemd hindurch, schlägt sie mit einem Stab, mit dem man einen Frosch von einer Schlange befreit hat, usw.[5] Ein Analogiezauber ist es wohl auch, wenn sie Wasser aus dem Munde ihres Mannes oder aus dessen rechtem Opanken trinkt oder wenn man ihr Wasser über den Busen schüttet. In Bosnien kocht man zehn Eier, bis sie bersten, das Wasser muß die Gebärende trinken.

Schwere Geburt führt man auf das Wirken feindlicher Dämonen zurück, die deshalb vertrieben werden müssen: durch Räuchern, durch Besprengen mit Weihwasser, durch Trinken desselben, durch Niederlegen von Wollkämmen, durch Zaubersprüche, Schießen und dergleichen. Als Geburtshelferin wird die hl. Anna angerufen, die Gottesgebärerin Maria, man gelobt Fasten und Almosen. In Dalmatien holt man den Mariengürtel (*Gospin pasac*) aus der Kirche und legt ihn der Gebärenden um. Gut ist es auch, wenn sie zwischen den Beinen hindurchkriecht (Homolje): Nachbildung der Geburt.

Naiv ist die Sitte, das Kind durch Ausschütten von Nüssen (Bosnien und Hercegovina) oder durch Schmeichelworte zu locken, z. B.: *Ajd, izlazi, spremila ti baba tanku košuljicu, crvene čarape i šarenu torbu!* »Komm heraus, die Baba hat dir ein dünnes Hemdchen, rote Strümpfe und eine bunte Tasche vorbereitet!« (Homolje). Vgl. das Locken der Plazenta bei den Russen (Zelenin, R. V. 292). Mechanische Mittel sind, das Blasen der Wöchnerin in eine Flasche, damit sie die Bauchmuskeln anstrengt, das Bähen durch untergestellte glühende Kohlen, durch heiße mit Öl überschüttete Steine oder heißes Wasser, Einreibungen mit Öl u. dgl.

Die Mohammedaner in Bosnien und Hercegovina lassen außerdem bei schweren Geburten das Tor der Moschee öffnen, geben Almosen, füttern herrenlose Hunde und legen der Wöchnerin die ersten vier Sätze der 84. Sure auf den Leib.

Reste der Couvade sind bezeugt aus dem nördlichen Dalmatien, aus Bosnien und Hercegovina und aus der Crna Gora.[6]

Bei den Serben muß man gleich nach der Geburt ein Gefäß voll frischen Wassers zum Popen tragen, der Weihwasser beimischt und ein Gebet (*molitva*) darüber liest, dann dem Kind einen provisorischen Namen mitgibt, gewöhnlich den Namen des betreffenden Kalenderheiligen. Mit diesem gesegneten Wasser werden nach der Rückkehr die Räume des Hauses und das Kind besprengt, die Wöchnerin muß davon trinken und davon durch 40 Tage dem Badewasser für sich und das Kind beimischen.

Um Boljevac bäckt ein Mädchen der hl. Maria zum Danke einen Opferkuchen, *kravaj*, auf den diese angeblich wartet, um dann weiterzugehen und einer anderen

[5] Par. im HDA III 132.

[6] Einzelheiten bei Mitrović, Kuvada. Bos. Vila 23, 1908, 121.

Wöchnerin zu helfen (christliche Form des heidnischen Opfers an die Schicksalsfrauen). Für das künftige Schicksal des Kindes ist es von Wichtigkeit, an welchem Tage und zu welcher Stunde es das Licht der Welt erblickt. Geschieht dies am Festtag eines großen Heiligen, so wird das Kind stark und gesund (Lobor). Montag und Freitag gelten als glückverheißend (Bosnien und Hercegovina), aber besonderes Glück steht einem Menschen bevor, der zu Mitternacht vor dem Ilindan (Elias) geboren wird; ein Hahn kräht in demselben Moment (Bosnien und Hercegovina). Wer an einem männlichen Tag geboren ist (*ponedeljak, utorak, četvrtak, petak*), gegen den haben die Hexen keine Macht. Wer am Morgen geboren wird, wird ein guter Bauer, zu Mittag ein Herr, abends ein Faulpelz, um Mitternacht ein Räuber. Kommt das Kind zu Ostern zur Welt, dann ist der baldige Tod der Eltern zu befürchten (Serbien). Nach kroat. Volksglauben vermag ein zwischen 11 bis 12 Uhr nachts geborener Mensch Geister zu sehen (Samobor). Bei der Geburt jedes Menschen leuchtet am Himmel ein neuer Stern auf, der mit dessen Tode erlischt.

Den kleinen Geschwistertn erzählt man, den Zuwachs habe der Vater im Walde gefunden oder aus dem Wasser gezogen, die Hebamme oder der Storch habe ihn gebracht (Kroatien).

3. Das Neugeborene

Die Nabelschnur, *pupak, pupčana vrvca,* wird von der Hebamme mit einem Seidenfaden abgebunden und dann abgeschnitten — oft auf einem Ochsenjoch oder einem Hartriegelklotz (Homolje), damit das Kind stark und gesund werde. Zu demselben Zweck schmiert man den Nabel mit Bärenfett (Bosnien und Hercegovina, Moh.), sonst gewöhnlich mit Wachs. Die Nabelschnur wird in ein Tüchlein gewickelt und aufgehoben; ist das Kind sieben Jahre alt, so muß es den Knoten aufbinden, damit es gescheit werde.[7] Nachher wird das Bündelchen unter der Haustürschwelle (Prigorje), unter einem Rosenstrauch (Dalm.) oder in einem Brachfeld vergraben. Das Gras, das daraus emporwächst, ist für das betreffende Kind heilkräftig (Otok). Kommt das Kind mit einer Glückshaube, *košuljica* »Hemdchen« zur Welt, so wird es viel Glück haben. Die Mohammedaner in Bosnien und Hercegovina nähen sie in ein Stückchen Leinwand ein und binden sie dem Kind unter den rechten Arm, dann ist es gefeit gegen Hieb und Schuß. In den meisten Landschaften aber fürchtet man, daß ein solches Kind später ein dämonisches Wesen offenbaren (s. Vuk Rj. s. v. *vidovit, (v)jedogonja, zduhač*), ja nach dem Tode zum Wiedergänger würde. Ein Mädchen mit einer Košuljica wird zur Hexe oder *mora* »Alp«, wenn die Hebamme nicht gleich hinausläuft und ruft:

[7] Parallelen zu diesem Brauch bei Biegeleisen, Matka i dziecko, S. 66, Lemberg 1927; Bystroń, SOR 58 ff.

Rodila se divčica u odilu bilon; nit je vila nit višćica, nego prava divčica! »Ein Mädchen in weißem Kleid ist uns geboren; es ist keine Vila und keine Hexe, sondern ein wahrhaftiges Mädchen!« (Ls. Poljica). Parallelen zum Glauben bezüglich der Glückshaube s. HDA s. v. Amniomantie.

Ins erste Bad des Neugeborenen legt man reinigende, Gesundheit fördernde und Übel abwehrende Dinge, Salz, Rotwein, Asche (wohl wegen des Feuers!), eine Silbermünze u. ä. Das erste Badewasser darf man nicht ins Freie schütten, sondern in den Herdraum, sonst geschieht dem Kind ein Unglück. Um Otok verwendet man dieses Wasser gegen Augenleiden. In der Folgezeit schüttet man dieses Wasser ins Freie an einen reinen Ort, wo niemand hintritt, oder auf einen fruchtbaren Zwetschkenbaum.[8] Einem Mädchen durchbohren sie ein Ohrläppchen und ziehen einen Seidenfaden durch, damit es am Leben bleibe (Crna Gora). Nach dem Bade wird das Kind in Windeln aus gebrauchter Wäsche oder aus dem Rock der Mutter eingewickelt und oft in einem Sieb neben die Mutter gelegt (*sito* »Sieb«, volksetymologisch angelehnt an *sit* »satt«). Um Otok ist es Sitte, das Neugeborene in einen Schafpelz einzuwickeln, damit es angeblich sanft werde, wie ein Lamm. (Diese Deutung scheint mir sekundär zu sein, denn aus der vergleichenden Betrachtung der Geburts-, Hochzeits- und Weihnachtsbräuche der slavischen Völker ergibt sich, daß der Pelz ursprünglich ein Symbol der Fülle und des Reichtums ist.)

Groß ist die Freude über die Geburt eines Knaben, durch Freudenschüsse wird das Ereignis der Nachbarschaft kundgemacht. Anderseits ist die Freude über ein Mädchen nicht sehr groß. »Warum schaust du finster, als ob dir ein Mädchen geboren worden sei?« fragt man beim Stamm Vasojevići einen traurigen Menschen.

Durch allerlei Anfangszauber sucht man die spätere Tüchtigkeit der Kinder zu sichern: einem Knaben gibt man auf kurze Zeit eine Axt in die Hand, in neuerer Zeit auch ein Buch oder eine Feder, einem Mädchen eine Spindel oder eine Nadel oder man zieht ihm einen Flachsfaden durch den Mund, damit es später gut spinnen lerne. Ein gutes Zeichen ist es, wenn sich das Kind gleich nach der Geburt entleert, ein schlechtes, wenn es an der Stirn eine blaue Ader hat oder wenn es auf das Gesicht fällt.

Zur Abwehr feindlicher Dämonen (*babice, lošotije, veštice, nekrštenci, mrak, mora* usw.) verwendet das Volk eine Menge von apotropäischen Dingen, die neben das Kind gelegt oder über ihm aufgehängt werden, z. B. ein Messer, Wollkämme mit aufgestecktem Knoblauch, eine Sichel, eine Spindel, einen Wolfszahn, Muscheln, einen Besen, einen Fingerring, Salz und Brot, ein Teerfaß oder ein teergetränktes Tuch, Weihrauch, einen roten Faden mit einer Silbermünze um den Hals, einen Spiegel, die Schürze der Hebamme, die Unterhosen des Mannes, in Dalmatien geweihte Efeukreuze, überhaupt geweihte Sachen. Erst nach der Taufe werden diese abwehrkräftigen Sachen weggetragen, ausgenommen Besen, Sichel

---

[8] Vgl. Schneeweis, FVLW 4 ff.; Zelenin, RV 299.

und Schürze. Zum Schutz des Kindes und der Mutter räuchert man mit Fetzen, Kuhmist, Teer, Schwefel, besonders am Freitag und Sonntag. Manche Mütter spucken dem Neugeborenen ins Gesicht (das tun auch die Frauen, die zu Besuch kommen). In der Nacht muß 40 Tage lang beständig Licht brennen. Der Abwehr dienen auch Zaubersprüche und magische Handlungen, so das Durchziehen des Neugeborenen durch die Herdkette (Weihung an die Hausgeister?), durch den Kesselbogen, durch den Gürtel der Hebamme, durch die Kieferknochen oder die Haut eines Wolfes, durch einen Reifen oder ein Wagenrad, ferner Abwiegen des Kindes auf der Wage, ohne das Ergebnis anzusehen. Vielfach schwingt die Hebamme das Kind dreimal gegen Osten; in der Ls. Homolje stellt sie sich dann auf die Türschwelle und fragt die Mutter: »Liebst Du die Sonne oder den Mond?«, worauf letztere antwortet: »Die Sonne!« — Damit das Kind immer gut schlafe, trägt man es bald nach der Geburt zum Schweinestall (Analogiezauber), später näht man ihm zur Abwehr gegen den bösen Blick (*urok*), der Schlaflosigkeit verursacht, silberne Münzen oder Amulette, darstellend Säbel, Schere, Mond, Kamm, Kreuz oder einen *uročni kamen* (Bosnien und Hercegovina), einen Wolfszahn oder Bärenhaar an die Kappe. Die Mohammedaner verwenden auch elliptische Metallplatten mit Koransprüchen. Ein schönes Exemplar einer *kapa od uroka* besitzt das ethnographische Museum in Zagreb aus der Durmitorgegend.

Solange das Kind nicht getauft ist, darf es nicht aus dem Haus, selbst die Windeln müssen vor Sonnenuntergang hereingeholt werden; unterläßt man das, so müssen sie vor Gebrauch über das Feuer gehalten oder durchräuchert werden. Manche beschmieren die Augenbrauen des Neugeborenen mit dessen erstem Kot (Lužnicatal).

Vor der Taufe gilt das Kind als unrein, *pogano*, man darf es nicht küssen; in dieser Zeit soll man nichts aus dem Hause verleihen.

Während der ersten Tage soll die Wöchnerin ihr Kind nicht stillen, da ihre Milch noch ungesund ist. Es tut dies eine Frau aus der Nachbarschaft, die schon geboren hat: Sie heißt *pomajka, poma,* und tritt dadurch zu dem Kinde in Milchverwandtschaft. Damit das Kind kein Linkser werde, muß man ihm beim ersten Stillen die rechte Brust bieten. Vielfach stillt man es zum erstenmal durch ein Loch im Brustbein einer Henne, das in der Zukunftsbefragung verwendet wird, damit das Kind die Fähigkeit erhalte, in die Zukunft zu schauen (Boljevac, Skopska Crna Gora). Durch Genuß von Zwiebel, Bohnen und Schnaps sucht die Mutter ihren Milchreichtum zu fördern. Das erste Kind nennen sie *prvenče,* das letzte *istresak* (zu *istresati* »ausschütteln«), ein frühgeborenes Kind *nedonošče,* ein posthumes *posmrče* (dieses hat Glück und langes Leben), ein uneheliches *kopile.* Knaben, die hintereinander zur Welt kommen, ohne durch Mädchen unterbrochen zu werden, heißen *posopci* (Sg. *posobac*), Mädchen *posopkinje.*

In den ersten drei Nächten erscheinen die drei Schicksalsfrauen (*suđenice, rođenice, orisnice*), welche das Lebensschicksal des Kindes bestimmen, das in der dritten Nacht endgültig festgelegt wird. Um sie günstig zu stimmen, wird die Stube gereinigt und beleuchtet, unter das Kind legt man eine Münze. In manchen

Landschaften werden die Schicksalsdämonen auch männlich gedacht: *usud, uris* (letzterer zu gr. ὁρίζω »ich begrenze, bestimme«). Der Schicksalsglaube der Südslaven ist ungemein stark, das geht auch aus vielen Sprichwörtern und Märchen hervor: vgl. das Vuk'sche Märchen Usud; GZM XX 451.

Vor der Taufe führt das Kind einen abwehrkräftigen Decknamen, z. B. *Čore, Turče, Cigančica, Bugarče, Vlašče* u. ä. Ungetauft verstorbene Kinder vergräbt man unter einen Obstbaum. Sie werden nach dem Volksglauben in Wesen verwandelt, halb Kind, halb Vogel, die mit lautem Kreischen und Pfeifen umherflattern. Sie suchen Kinder zu erwürgen und den Milchtieren, besonders den Schafen, die Milch zu rauben. Das Volk nennt sie *nekrštenci, svirci, nevidinčići,* weil man sie nicht sieht, um Pirot *navjje* (vgl. ukr. *mavki,* zu altsl. *navъ* »tot«). Man kann sie erlösen und in Engel verwandeln, wenn man ihnen zuruft: »Ich taufe Dich im Namen des Vaters, des Sohnes und des Hl. Geistes«. Diese *nekrštenci* treiben ihr Unwesen besonders in den Zwölfnächten, den *nekršteni dani.*[9] In Dalmatien glaubt man, daß ein ungetauftes Kind *u Limb* komme (aus ital. *limbo* »Vorhölle«). Ein *limba* verflucht seine Verwandten bis ins neunte Geschlecht. Auf der Insel Hvar heißen diese Wesen *macići,* in der Boka *macaruli, maciruli:* Letztere fliegen in der Nacht unter Schreien und Händeklatschen umher, auf ihrem Kopf brennt eine kleine Kerze (Irrlichter?). S. oben S. 6.

4. Die Wöchnerin

Wie das Neugeborene so ist auch die Mutter besonders in den ersten 40 Tagen der Bedrohung von seiten böser Dämonen ausgesetzt. Ihrem Schutze dienen im großen ganzen dieselben Abwehrmittel wie zum Schutze des Kindes, am häufigsten verwendet man Messer, Sichel, Feuerschaufel, Knoblauch, Salz, einen roten Faden um den Hals oder um die Hand, Beräucherungen, Licht u. ä. Dadurch daß man die Wiege mit grünen Hanfstengeln oder Mutter und Kind mit Kürbisstengeln umwindet oder um das Bett der Wöchnerin einen Strick legt, soll wohl ein magischer Kreis geschaffen werden, der böse Einflüsse fernhält, ebenso durch das Streuen von Mehl um Mutter und Kind.

Aus dem Glauben an die Unreinheit und den bösen Blick der Wöchnerin erklärt sich ihre Isolierung in örtlicher und zeitlicher Beziehung: durch 40 Tage darf sie nicht aus dem Haus, nach Sonnenuntergang nicht einmal unter die Dachtraufe, darf selbst niemand grüßen und auf Grüße der Besucher keine Antwort geben. Sie darf kein Wasser aus dem Brunnen schöpfen. Der Geschlechtsverkehr ist ihr in dieser Zeit ebenfalls verboten. In manchen Landschaften, besonders in den kroatischen, darf sie zwar schon nach 8—14 Tagen oder nach der Taufe des Kindes das Haus verlassen, das erstemal mit vorgehaltenem geöffnetem

[9] Vgl. Schneeweis, Weihn. Skr. 14 ff.

Messer (Čakovac), darf aber kein fremdes Feld betreten, denn das Getreide würde unrein (Lobor). In Otok ist sie beim Ausgehen durch ein eigenes Trachtenstück kenntlich gemacht, einen dunklen, gefälteten Rock, den sie erst nach der Aussegnung ablegen darf. Beim Stamm Kuči darf sie bis zur Taufe des Kindes keine Wäsche waschen, kein Essen bereiten und muß aus einer eigenen Schüssel essen. Nach der Entbindung liegt die Wöchnerin auf Stroh oder Heu, bis die Plazenta abgeht. Letztere heißt *posteljica, loža, stelja, posljedak.* Sie wird gewöhnlich bei Tage vergraben, häufig wird sie zu magischen Handlungen verwendet: Im Lužnicatal legt man davon dem Kind unter das Kopfkissen, damit es gut schlafe und nicht vom bösen Blick leide. Vielfach wird die Plazenta als Mittel zur Förderung des Kindersegens gebraucht. Um Šibenik zerschneiden sie sie, kochen sie und geben sie der Mutter ins Essen, damit sie viel Milch habe.[10]

Eine Reihe von magischen Handlungen, die größtenteils in den Bereich des Analogiezaubers gehören, soll der Wöchnerin die Milch und damit dem Kinde Gesundheit und Wachstum sichern.

Die erste Frau, die zu Besuch kommt, gibt ihr drei Schluck Wasser zu trinken und schüttet ihr den Rest über den Busen (Levač). In der Skopska Crna Gora muß sie Wasser trinken, gemischt aus drei Quellen. In das Weihwasser (*molitva*), das man vom Popen holt, soll man drei glühende Kohlen hineinwerfen (Serbien). Wenn sie zum ersten Mal aus dem Haus tritt, soll sie ihren Blick auf den Fluß oder das Meer richten, nicht auf das Gebirge (Bar—Antivari). Manche waten in fließendem Wasser, besprengen sich damit und rufen: *Ovako bilo hrane mom kao vode!* »Soviel Nahrung soll mein Kind haben, wieviel Wasser fließt.« Nachher ißt sie noch etwas Fleisch der Tauchente (Šabac). Um Boljevac schütten sie der Wöchnerin, die auf dem Heimweg von der kirchlichen Einsegnung zu Besuch kommt, auf der Türschwelle Wasser auf den rechten Fuß. Wenn die Milch ausbleibt, genießt sie die Pflanze *povratič* »Rainfarn«, *Tanacetum vulgare, »da bi se mleko povratilo«* damit die Milch zurückkehre (Serbien). Von der Muttermilch darf nichts ins Feuer tropfen, sonst vertrocknet ihr die Milch (Boljevac). Während die Mutter das Kind stillt, darf sie selbst nicht essen (Serbien; Prigorje) oder trinken (Samobor); in letzterem Falle würde das Kind ein Säufer.

Durch sieben Tage kommen verwandte und benachbarte Frauen *(povojničarke)* zu Besuch *(na babine)* und bringen Speisen, unter denen ein mit Salz bestreuter Kuchen nicht fehlen darf, Wein, Schnaps, Kinderwäsche und Geld als Geschenk, die *povojnica.* Abends kommen auch männliche Verwandte und Bekannte hinzu und verbringen unter Plaudern und Singen die Nacht, besonders die dritte und die siebente (*čuvaju babine* »sie behüten das Wochenbett«). *Nije sedmu noć dočuvan* sagt man von einem halbverrückten Menschen.

In vielen Landschaften (z. B. Levač und Temnič) findet später an einem Sonn- oder Feiertag noch ein zweiter Besuch, *povojnica* genannt, statt, zu dem außer

---

[10] GZM XII 358.

dem Kum »Taufpaten« fast nur Frauen geladen werden, die wiederum Geschenke bringen und Glück wünschen. Das Wort *povojnica* hat also verschiedene Bedeutungen: 1. der mit Salz bestreute Kuchen für die Wöchnerin; 2. alle mitgebrachten Geschenke; 3. der Kindbettschmaus. In manchen Ls. (Leskovac, Lužnicatal) fällt dieser Besuch auf den Tauftag (s. u. S. 50).

Bei den Kroaten heißen die entsprechenden Besuche *male babine* (in den ersten drei Tagen) und *velike babine* (an einem Sonn- oder Feiertag). Außer den üblichen Geschenken legen sie ein Ei neben das Kind (Varoš; Otok: Angeblich deshalb, damit es weiß werde wie ein Ei). — Von einem Kind, dem man keine Geschenke gebracht hat, glaubt man, daß es sich später werde nicht leicht verheiraten können. Wenn ein Sohn lange ledig bleibt, sucht die Mutter das Versäumte nachzuholen: sie legt sich mit ihm ins Bett und bestellt Besucherinnen, welche die *povojnica* bringen (Šumadija, Skopska Crna Gora).

40 Tage nach der Entbindung findet der erste Kirchgang und die Aussegnung der Wöchnerin statt. Bei den Serben liest der Geistliche aus diesem Anlaß ein Gebet, indem er das Epitrachil über sie legt (Skopska Crna Gora: *golema molitva*).

Bei den Kroaten muß die Wöchnerin mit dem Rosenkranz und einer brennenden Kerze in der Hand bei der Kirchentür niederknieen; der Priester segnet sie und führt sie zum Marienaltar, wo sie ein Gebet verrichtet. Die Zeremonie heißt *uvod* »Einführung« (Otok, Prigorje, Poljica) oder *opelavajne,* zu *opeljati* »einführen«. Der Termin ist verschieden: 2 bis 3 Wochen (Lobor, Samobor, Koprivnica, steir. Slovenen) nach der Entbindung, 6 Wochen (Prigorje, Poljica), bei Knaben 7 Wochen (Čakovac). Ist die Wöchnerin durch Krankheit verhindert, in die Kirche zu gehen, so kommt der Geistliche ins Haus; stirbt sie vor der Aussegnung, dann wird ihr Sarg von vier Frauen von der Kirchentür vorgetragen (Samobor).

5. Taufe

Die Taufe, bei den Serben und Kroaten *krštenje* (Skopska Crna Gora: *kršćevanje;* Prigorje: *kršenje*) genannt, findet gewöhnlich 8 bis 10 Tage (in der Crna Gora früher 40 Tage) nach der Geburt statt, bei den Kroaten auch früher. Bei sehr schwachen Kindern greift man zur Nottaufe (*nužno* oder *malo krštenje, silni krst*). Die Serben taufen ein Kind, das in der Fastenzeit geboren ist, nur an einem Fasttag, ein in der Fleischzeit geborenes nur an einem Fleischtag *(mrsak)*; deshalb taufen sie es sofort am letzten Tag vor Fastenbeginn (*na poklade*), aber auch am Vortag des Christtags, des Ostersonntags und der Slava (Boljevac), sonst muß bei letzterer das Schneiden des Festkuchens unterbleiben (Kosovo). Als Taufpate, *kršteni kum* (nach Berneker, E. W. I. 662 Kurzform aus **kumpatr-*, dieses aus lat. *compater*), fungiert der *venčani kum* »Beistand bei der Trauung« (siehe unter Hochzeit), falls er gestorben ist, dessen Sohn, bzw. Tochter. Er wird nur gewechselt, wenn sich die Kinder nicht halten.

Während bei den Serben in der Regel nur der Kum (bzw. die Kuma) gerufen wird, herrscht bei den Kroaten in diesem Punkte große Verschiedenheit: Man ruft entweder Kum und Kuma (Lobor: Mann und Frau oder Bruder und Schwester) oder für einen Knaben einen Kum, für ein Mädchen eine Kuma (Varoš); in der Ls. Poljica hat ein Knabe Gevatter und Gevatterin, ein Mädchen nur eine Gevatterin. — Allgemein ist der Glaube, daß die Eigenschaften des Paten von größtem Einfluß auf das Kind sind, deshalb darf er keine körperlichen Gebrechen und Charakterfehler haben. Er genießt bei der Familie das größte Ansehen; im Banat heißt es vielfach: *Bog, pa kum* »Gott, dann der Kum«. Er gilt mehr als jeder Verwandte, mit ihm in Streit zu geraten oder gar von ihm verflucht zu werden, wäre ein großes Unglück; deshalb nimmt man ihn nicht gern aus der Verwandtschaft, Nachbarschaft oder aus demselben Stamm. *Kumi se kaj najdalje moreš* »Hol dir den Kum aus möglichst weiter Ferne!« heißt es in Samobor. — In der Crna Gora kam es früher, wenn die Blutrache versöhnt wurde, zum *kumstvo zbog nevolje* »Notgevatterschaft«: Der Bruder oder Vater des Ermordeten taufte von der Zeit an die Kinder des Mörders, er wurde *kum po Bogu i sv. Jovanu* (s. auch im Kap. »Blutrache«).

Die Einladung des Paten zur Taufe erfolgt durch den Vater oder einen männlichen Verwandten unter Überreichung eines Trunkes, der *zdravica*.

Wenn sich in einer Familie die Kinder nicht halten, trägt die Hebamme das Neugeborene in der Wiege oder in einem leeren Bienenkorb vor Sonnenaufgang ins Freie, legt es auf einen Gehweg und versteckt sich in der Nähe. Dem ersten Vorübergehenden, der das Kind aufhebt, ruft sie zu: *E, nek je sa srećom, kume!* »Glück auf, Kum!« oder: *Ti si moja sreća! Uzmi, uzmi! Neka ti je srećna i laka ruka!* »Du bist mein Glück! Nimm, nimm! Deine Hand sei glücklich und leicht!« Wäre der Betreffende auch ein nackter Zigeuner, so würde er trotzdem Taufpate (Homolje, Boljevac, Kosovo, Crna Gora, Dalm.). Um Boljevac erhält ein solches Kind den Namen *Najdan* (zu *naći* »finden«), *Vuk, Živojko.* Dieser Brauch ist aus dem starken Glauben an das Glück der ersten Begegnung entstanden (skr. *sreća* »Glück« zu *sretnem* »ich begegne«); vgl. hierzu die Bräuche mit dem ersten Besucher am Christtag, dem *polaženik* (S. 122). — Aus demselben Grunde wie die Serben überlassen auch andere slavische Völker die Wahl des Kums dem Zufall.[11]

Schon vor der Taufe schickt der Kum eine Wachskerze, etwas Basilienkraut und ein Stück Leinwand ins Haus (Boljevac). Bei den Serben geht der Kum direkt zur Kirche und wartet dort. Für den T a u f g a n g , auf welchem das Kind gewöhnlich von der Hebamme getragen wird — bei den Kroaten trägt es am Heimweg die *kuma* (Abb. 4) — gelten verschiedene auf das Wohl des Kindes abzielende Vorschriften und Verbote: Das Kind soll beim Hin- und Rückweg schweigend über die Schwelle getragen werden (Bar), man darf kein altes Weib begegnen, lieber

[11] Zelenin, R. V. 294: r. *božji kumy*; Bystroń, SOR 126 ff., wo Lit.

umkehren (Kroatien); führt der Weg über eine Brücke, muß die Kuma dreimal ins Wasser spucken (Koprivnica); wer das Kind trägt, darf sich nicht umsehen, darf nichts Häßliches sehen (Čakovac); man muß trachten, rasch zur Kirche zu kommen (Praputnik). Bei der am liebsten am Vormittag vollzogenen Taufe wird das Kind in mitgebrachtem warmem Wasser gebadet, der Kum nennt den Namen (manchmal so, daß ihn die anderen nicht hören: Skopska Crna Gora, Homolje), der Geistliche vollzieht die Taufe und erhält dafür ein Geldgeschenk. In katholischen Gegenden achtet man streng darauf, daß die Paten das Glaubensbekenntnis — Gebet *virovanje* — genau und ohne Auslassungen wiederholen (Poljica, Varoš), sonst wird das Kind später zum *vukodlak* oder zur Hexe. Während der Taufe befaßt sich die draußen wartende Mutter (sie ist unrein!) mit allerlei Anfangszauber: Sie schnitzt Holz, damit das Söhnchen ein tüchtiger Meister werde, zählt Geld, damit er ein guter Kaufmann werde; ist es ein Mädchen, dann dreht sie ein Hölzchen, damit es gut spinnen lerne, sticht mit der Nadel durch die Schürze usw. (Homolje). Nach der Taufe wird das Kind in die vom Kum beigestellte Leinwand eingewickelt, manchmal in das alte Hemd des Vaters, damit es angeblich lange lebe (Skopska Crna Gora, Boljevac). In der Vojvodina übergibt der Kum einen Geldbetrag, *korožma,* auf Kinderwäsche. Vor der Kirche oder in einem nahen Gasthaus nehmen sie einen kleinen Imbiß ein. — Reiche Väter bestellen den Geistlichen natürlich auch ins Haus, damit er die Taufe hier vollziehe.

In einigen Gebräuchen, die nach der Rückkehr zu Hause geübt werden, erkennen wir Reste uralter Rezeptionsriten: Wenn in Varoš das Kind zuerst zum Ofen oder zum Rauchfang getragen wird, so entspricht das den gr. ἀμφιδρόμια;[12] bevor man das Kind ins Bett legt, legt man es auf die Erde, im Lužnicatal bei der Beschenkung nach dem Taufschmaus auf die Schwelle, was wiederum der weitverbreiteten *humi positio infantum* enstpricht.[13]

Ein T a u f s c h m a u s , *kravaj, gozba, krstitke,* vereinigt an demselben Tag, selten später, die Familienmitglieder, die Paten und nächsten Verwandten. In manchen Landschaften fällt der Taufschmaus mit dem großen Besuchtag der verwandten und bekannten Frauen zusammen, so um Leskovac und im Lužnicatal: Das Fest heißt nach dem Kuchen *kr(a)vaj,* die Besucherinnen *krvajarke* (Leskovac) oder *kravajanke* (Lužnica).

Den Höhepunkt des Festes bildet die feierliche Beschenkung des Kindes durch den Kum (Geld, Kleider) und die Gäste, darauf die Beschenkung der Gäste (Strümpfe, Handtücher) durch die Wöchnerin und umgekehrt (Geld). Um Leskovac wird das Kind nach der Bescherung an die Sonne getragen und gegen Osten gewendet. Zum Schluß wird der Kum, der am reichsten beschenkt worden ist, noch eine Strecke Weges meist mit Gesang begleitet.

In der Ls. Homolje hält der Kum den Taufnamen des Kindes oft mehrere Monate lang geheim, es wird bloß mit dem ihm nach der Geburt beigelegten Deck-

---

[12] Parallelen bei Bystroń, SOR 99, wo Lit.
[13] Parallelen bei Bystroń, SOR 96.

namen gerufen. Die Verkündigung des Namens, *kazivanje imena,* findet dort im Rahmen eines eigenen Festes statt, zu dem alle Verwandten mit dem Wunsch: *Sretno ti prinovče!* »Viel Glück zum Zuwachs!« erscheinen. In die umgewendete mitgebrachte Kindermütze sammelt der Kum von den Gästen Geldgeschenke für das Kind ein, dann hebt er ein volles Glas und spricht: *Ovu čašu Božjeg pića oću da pijem u zdravlje mog kumčeta! Da ga Bog poživi na mnogo leta i godina; daj Gospode Bože!* »Dieses Glas göttlichen Getränks will ich auf die Gesundheit meines Patenkindes trinken! Gott lasse es viele Jahre leben, das gebe Gott!« Dann folgen Glückwünsche von seiten der anderen Gäste, ein fröhliches von Liedern begleitetes Mahl und gegenseitige Bescherung der Gäste und der Mutter. — Im Lužnicatal gebraucht man aus Furcht vor Beschreiung den Taufnamen des Kindes erst acht Tage nach der Taufe.

Was die Wahl des Namens betrifft, so wählt man am liebsten den Namen des Kalenderheiligen des Geburtstags oder den des Großvaters, wobei man aber darauf achtet, daß nicht zwei gleiche Namen im Hause erscheinen, denn einer der beiden Träger würde dann nicht lange leben. Bei den Kroaten legt man dem Kind gern den Namen des Kums bzw. der Kuma bei (Koprivnica).

Langes Leben soll der Name *Živko, Živka,* (zu *živeti* »leben«) verbürgen. *Kako ti je Živko?* »Wie geht es Deinem Ž.?« fragt man allgemein, wenn man sich nach dem Befinden eines männlichen Kindes erkundigt. Der Name *Stanko, Stanka, Stojan, Stojana* (volksetymologisch angelehnt an *stati, stanem* »stehen bleiben«) wird gewählt, wenn man Kinder anderen Geschlechts oder gar keinen Zuwachs mehr wünscht. Wenn sich die Kinder nicht halten, greift man zu dem abwehrkräftigen Namen *Vuk* »Wolf«; deshalb erhielt auch Vuk Karadžić diesen Namen. Der Dämonenabwehr dienen auch viele türkische Decknamen: *Turčin, Mustafa, Murat, Osman* usw., besonders in der Crna Gora. Ihre Abwehrkraft erklärt sich daraus, daß man die Türken für unrein hält. Beim Stamm Kuči ändert man den Namen, wenn in derselben Sippe ein Träger desselben Namens zugrunde gegangen ist; man hält offenbar diesen Namen nicht für glückbringend.

6. Pflege des Kindes

Auch nach der Taufe muß das Kind vor den Einflüssen neidischer Dämonen und besonders vor dem Urok »bösen Blick« durch die oben genannten Abwehrmittel behütet werden. Die Besucher dürfen das Kind nicht bewundern, sondern müssen es *gad* »Ekel« nennen, ein wenig anspucken und sagen: *Ne bilo mu uroka* »Es soll nicht beschrieen werden!« oder *Zle te oči nevidele* »böser Blick soll Dich nicht treffen«. Geht die Mutter mit ihm zu Besuch, soll sie ihm nach der Heimkehr das Gesicht abwaschen. Die Windeln dürfen nicht auf einen Dornstrauch gehängt werden, sonst wird das Kind zornig, sie dürfen auch nicht über Nacht draußen bleiben. Das Badewasser darf nicht an einen unreinen Ort geschüttet werden. Ist ein Toter im Dorf, soll man dem Kind Eisen oder Nägel in das Badewasser legen; geht ein Leichenzug vorüber, soll man es aufwecken. Es soll nicht in den Mond schauen, er könnte es trinken; zur Abwehr näht man ihm ein mondförmiges Amulett an die Mütze (Konavlje). Über ein Kind darf man nicht hinwegschreiten oder springen, sonst wird dessen Wachstum gehemmt; ist es unabsichtlich geschehen, dann muß man wieder zurückspringen. In der Ls. Stig bestreicht die Mutter die Stirn des Kindes mit Sauerteig, damit es rasch wachse; über die Rolle des Sauerteigs s. Verfasser, FVLW 38.

Das Kind wird ziemlich lange gewickelt *(povija se)*, gewöhnlich bis es sitzen kann. Nach dem ersten Lachen, vielfach auch schon nach 40 Tagen, läßt man ihm eine Hand draußen. Die serbische Mutter formt dem Kind im Bade Kopf, Mund und Nase, besonders letztere, damit sie nicht zu platt und breit werde.

Die W i e g e , *kolijevka, bešika,*° *zipka* (Dalmatien, Kroatien) ist gewöhnlich eine Elle bis 1 m lang, 25 cm tief und trägt an beiden Enden je einen Bogen, *obod*, verbunden durch ein Längsholz. Über den Bogen am Kopfende breitet man ein Schattentuch. Im Freien trägt die Frau die Wiege auf dem Rücken (horizontal), die vier an den Ecken befestigten Bänder werden über der Brust gekreuzt. Während sie auf dem Felde arbeitet, hängt die Wiege zwischen zwei Pfählen oder an einem Baum. Neben dieser tragbaren Form kennt man noch eine mittels Stricke an der Stubendecke befestigte quadratische Hängewiege aus Flechtwerk oder Brettern. Sie heißt im Lužnicatal *salandžak* (fehlt bei Vuk, Rj.). In der Ls. Poreč verwendet man eine schachtelförmige Wiege, *lubnica* (zu *lub* »Rinde«), im s. ö. Serbien (nicht über Kragujevac nördlich und östlich hinausgehend) überwiegt die *ljuljka*, eine Hängewiege, bestehend aus einer viereckigen Wolldecke mit Stricken an den Ecken. Eine serbische Mutter, die beim Verlassen des Hauses das Kleinkind auf dem Rücken trägt, zeigt die Abb. 5.

Wenn sich die Kinder nicht halten, trägt man die Wiege auf den Friedhof und zerbricht sie dort (Višegrad in Bosnien). Das erste Hemdchen, *košuljica*, muß aus alter Leinwand hergestellt sein, auch die erste Kappe soll aus drei alten Lappen (am liebsten roten) zusammengenäht sein, offenbar deshalb, weil neue Sachen Neid erregen. Jedesmal wenn die Mutter dem Kind später ein neues Hemd anzieht, läßt sie vorher eine glühende Kohle hindurchfallen mit den Worten: »Das sollst Du zerreißen und das nächste lebend und gesund anziehen!« (Šumadija). Die Kroaten bereiten schon dem Neugeborenen eine gehäkelte Kappe, *heklana kapica*, und ein Röckchen, *reklečec*, vor (Samobor), bei den Serben bekommt es erst, wenn es laufen kann, eine *haljinica, aljinče*, oft noch viel später. Richtige Hosen, *čakšire*, und eine Art Rock *gunjče*, bekommt der Knabe hier erst mit 7—8 Jahren. Um Otok legen sie schon nach 6 Monaten den Kindern einen Gürtel, tkanica, an u. zw. der Mann dem Knaben, die Frau dem Mädchen.

Jede Mutter stillt ihr Kind selbst, ausgenommen reiche Mohammedanerinnen, welche eine *dojka* »Amme« halten, die aber gute Eigenschaften haben muß, da ihr Charakter das Kind beeinflußt. *Ko da te ciganka zadojila* »als ob dich eine Zigeunerin gestillt hätte« ruft man in Bosnien und Hercegovina ungezogenen

Kindern zu. Das Kind bleibt *sisanče* »Säugling« — mindestens bis es Zähne bekommt, aber in der Regel durch 1½ bis 3 Fasten (wie bei den Russen: Zelenin, RV 302). Vielfach wird das Stillen auf 3—4 Jahre ausgedehnt, da man dadurch die nächste Schwangerschaft hinauszuschieben glaubt. Sobald sie sich aber schwanger fühlen, setzen sie das Kind gleich ab, *odbijaju*, da sonst eines der Kin der schwach würde. Um dem abzusetzenden Kinde die Mutterbrust zu verekeln, beschmiert man die Brustwarze mit Paprika, Teer, Ruß oder legt ein Stück Bürste oder Hasenfell auf. Oft wird das Kind auf einige Zeit zu Verwandten geschickt. In der Kragujevačka Jasenica ist mit dem Entwöhnen des Kindes ein interessanter Übergangsbrauch verbunden: Die Mutter stillt es zum letzten Mal durch einen ringförmigen Kuchen, den dann das Kind aufißt. Um Šabac bekommt das Kind einen kleinen Kuchen, angemacht mit der Milch seiner Mutter. Ist das Kind einmal entwöhnt, so darf es nachher auf keinen Fall mehr an die Brust genommen werden, sonst erhält es einen bösen Blick und stiftet Unheil (im Lužnicatal heißt ein solcher Mensch *povrtnjak*), ein Mädchen wird zu einer gefährlichen Hexe.[14] Wenn das Kind sitzen kann, bekommt es Griesbrei und *popara* »Brot, gesotten und abgeschmalzen«, später auch Brot und gekochte Bohnen. Vor einem Jahr soll man ihm kein Ei zu essen geben, sonst wird es stottern (Bar) oder sterben (Gruža).

Die Serben und Kroaten verfügen über einen reichen Schatz von schönen Wiegenliedern, mit denen die Mutter ihr Kind in den Schlaf singt.[15] Damit das Kind gut schlafe, legt man ihm einen Vorsocken in die Wiege: Wie ruhig der liegt, so ruhig soll das Kind liegen (Lužnica). In der Ls. Prigorje legt man die Windeln ein wenig auf den Schweinstall, in der Ls. Homolje trägt man das Kind bald nach der Geburt zum Schweinstall (Analogiezauber). Schlaflosigkeit und lang andauerndes Schreien des Kindes hält man für die Folge der Beschreiung oder der Einwirkung böser Dämonen. Als wirksames Gegenmittel wendet man Räucherungen an, Bäder, denen man heilkräftige Kräuter zusetzt, Durchziehen durch die Herdkette oder durch den Kranz vom Johannistag, Zaubersprüche, in denen den Dämonen mit Feuer, Wasser und Rauch gedroht wird.[16] Um Leskovac tragen sie das schreiende Kind an eine Wegkreuzung, räuchern mit Hundshaaren und sprechen: »Wie sich hier die Leute zerstreuen, so soll sich das Weinen zerstreuen.« Andere legen dort das Kind unter einen jungen Baum, biegen einen Ast herunter und befestigen ein Sieb daran, durch das sie Wasser auf das Kind schütten. Im Lužnicatal legt die Mutter in das Badewasser drei Holzstücklein vom Zaun eines Bauern, der *Stankov* oder *Stojanov* heißt (zu *stati, stanem* »stehen bleiben«), die sie dann dem Kind unter das Kopfkissen steckt und abends unter Zaubersprüchen

---

[14] Parallelen zu diesem Glauben bei Bystroń, SOR 135.

[15] Beispiele: Vuk Karadžić, NP I, 1891, S. 200—203; SEZb XIV 119 ff.: Boljevac: Wunderschön ist das Lied S. 120, Nr. 2: Dođi sane iz gorice; in den meisten Liedern wird der personifizierte Schlaf herbeigerufen. — ZbNŽ II 417: Otok; Hangi 212 ff.

[16] Beispiele für letztere: SEZb XIV 123 ff., 128 f. (Boljevac): Hier droht man der šumina mati »Waldmutter« oder gorska majka, welche die Krankheit gorska bolest verursacht, die sich in Schreien und Bettnässen äußert.

auf einen Kreuzweg wirft. Die Krankheit *strava* »Schreck«, die man sich durch den Dämon gleichen Namens verursacht denkt, vertreibt die Mutter dadurch, daß sie das Kind dreimal umwandelt, dabei mit der Feuerschaufel auf den eisernen Tiegel schlägt und ruft: *Beži strava! Goni te majčina sprava!* »Fliehe Strava! Das Gerät der Mutter verfolgt Dich!« (Pocerina). Im Lužnicatal, wo dieselbe Krankheit *strah* heißt, hält die Mutter das Kind gegen die Lampe, so daß dessen Schatten gegen die Wand fällt; eine zweite Frau bedroht mit der Axt diesen Schatten und antwortet auf dieFrage der Mutter: »Was tust Du?« — »Ich zerhaue den Strah.« Das Aufschrecken des Kindes aus dem Schlaf führt man in der Ls. Homolje auf die Bedrohung von seiten nächtlicher Dämonen, *noćničine* genannt, zurück, die man sich als Weiber mit langen Haaren und Nägeln vorstellt. Man vertreibt sie durch Zaubersprüche.[17] Um Otok setzt man ein Kind, das nicht aufhören will zu schreien, auf eine Brotschaufel und schiebt es hinter dem Brot auf einige Zeit in den Backofen. Weit verbreitet ist der Glaube, daß die Vilen das Kind gern stehlen und dafür einen Wechselbalg, *podmeče,* zurücklassen (Otok).

Namen gewisser Tiere dürfen vor dem Kind nicht erwähnt werden, z. B. Frosch, Hase, Schlange, Rabe, Uhu, Kuckuck, denn sie bringen dem Kind Unglück und Krankheiten. Wenn man z. B. den Frosch *žaba* nennt, bekommt das Kind die Krankheit *žabice* »geschwollene Drüsen«.[18] Das Kind soll nicht mit dem Feuer spielen, sonst wird es zum Bettnässer.

Auf die einzelnen Kinderkrankheiten kann hier nicht näher eingegangen werden, es sei bloß noch erwähnt, daß man in Dalmatien bei Augenleiden der hl. Lucija (volksetymologisch angelehnt an *lux, lucis*) zwei Kerzen opfert, bei Zahnleiden der hl. Polonija, bei Bauchgrimmen dem hl. Roko (Rochus).

Der erste Z a h n wird mit einer Silbermünze gerieben, damit er weiß werde. Den ersten ausgerissenen Zahn soll man über das Dach werfen und rufen: »Krähe, da hast du einen beinernen Zahn, gib mir einen eisernen!« Andere werfen den Zahn über das Haus mit den Worten: »Alles Übel mit dir!« Um Boljevac steckt man ihn in ein Stück Brot und gibt es dem Hund zu fressen, damit die Zähne so fest werden wie die des Hundes. Wenn das Kind s t e h e n kann, wird es in den Stehschemel, *stalac, stalak, stojača* (Herc.), *dubak,* hineingestellt oder in den *tronožac,* einen dreifußartigen Gängelwagen, in dem es dann g eh e n lernt. Wenn das Kind zu gehen beginnt, bäckt die Mutter einen Kuchen *postupaonica, postupača* (zu *postupati* »gehen, schreiten«) und versammelt die Kinder des Hauses und der Nachbarschaft, die schon laufen können. Der Kuchen wird über dem Kopf des Kindes gebrochen, die anderen nehmen je ein Stück und laufen auseinander (Analogiezauber). Wenn es schwer gehen lernt, suchen sie ihm durch magische Mittel zu Hilfe zu kommen. Ein Bettler muß es mit seinem Stabe berühren und dreimal sagen: *ajde* »geh!« (Konavlje). Anderswo geben sie dem Kind eine Hartriegelrute, *dren,* in die Hand, zeigen ihm einen eigens gebackenen Kuchen

---

[17] Z. B. SEZb XIX 108.

[18] Vgl. Maretić im Rad 60, S. 142.

und sprechen: *Baci leskove, uzmi drenove* »wirf die Haselstauden(beine) weg und nimm Hartriegel(beine) an!«[19]

Das Kind verzehrt dann den Kuchen, der über seinem Kopf gebrochen worden ist (Boljevac). Ein ähnlicher Analogiezauber wird am Kosovo polje (Amselfeld) geübt: Zu Beginn des ersten Mondviertels stellen sie das Kind auf eine Brotschaufel und ziehen diese dreimal um das Haus; die das Kind halten, sprechen: *Baci leskove, uzmi drenove!*

Weit verbreitet ist eine ätiologische Sage, die erklärt, warum die neugeborenen Tiere gleich laufen können, das Menschenkind aber so spät. Ursprünglich konnten auch die jungen Tiere ein Jahr lang nicht gehen. Als die Muttertiere den lieben Gott deshalb um Abhilfe baten, versammelte er die trächtigen Tiere, damit sie vor ihm gebären. Ein Lamm, das zuerst zur Welt kam, warf Gott über einen Turm, doch es fiel auf die Beine und kam zum Mutterschaf gelaufen, das inzwischen ruhig gewartet hatte. Dasselbe tat er mit allen anderen neugeborenen Tieren. Jedes lief nach dem Fall zu seiner geduldig wartenden Mutter. Als aber Gott zum Schluß auch das Menschenkind in die Höhe warf, lief die Mutter voll Angst auf die andere Seite des Turmes und fing das Kind in der Schürze auf. Da wurde Gott zornig und rief: *Tri godine ga tako nosila, pa ti onda na noge stalo!* »Drei Jahre sollst du es so tragen, dann soll es sich erst auf die Beine stellen!« (Ls. Homolje).

Bei einem Kind, das nicht rechtzeitig s p r e c h e n lernt, sucht man durch magische Mittel nachzuhelfen. Um Samobor gibt man ihm ein Stück Bettlerbrot *bogečki kruh* zu essen, in Serbien stiehlt man dem Zigeuner ein Stück Brot aus dem Brotsack. Die Mohammedaner in Bosnien und Hercegovina geben einem solchen Kind viel Wasser zu trinken, wobei sie offenbar an das Flüstern und Murmeln des Baches denken. Vielfach läßt man sie aus einer Herdenglocke (Boljevac) oder Altarglocke (Otok) Wasser trinken. Auch der stets klappernde Rührnagel, *čekalo,* in der Mühle wird häufig verwendet: Am Kosovo polje (Amselfeld) tragen sie das Kind in die Mühle und lassen es mit der Stirn dreimal diesen Rührnagel berühren, wobei sie sprechen: *Kao što tropa ovo čekalo, tako i ti da počneš da tropaš, da govoriš!* »Wie dieser Rührnagel plaudert, so sollst auch du anfangen zu plaudern, zu sprechen«. Anderswo rühren sie mit dem *čekalo* Teig zu einem Kuchen an oder legen einen *kačamak* »Maisbrei« darauf, den das Kind dann essen muß. In Konavlje tragen sie in der Christnacht beim ersten Hahnenschrei das Kind in einem Sack um das Haus und sprechen: *Propjevaj pjevče a progovori nijemče!* »Hahn, beginne zu krähen, und Stummer, beginne zu sprechen!« Je nachdem das Kind zuerst *tata* oder *mama* spricht, wird das Geschlecht des nächsten Kindes sein.

Als S p i e l z e u g gibt man den Kindern gern Maiskolben, dann aus Kürbisrinde verfertigte Gegenstände, flicht ihnen Hürden und setzt Schafe (= weiße Bohnen) und Schweine (= Kieselsteinchen) hinein. Größere Kinder verfertigen

[19] Vgl. ähnliche Bräuche bei der Geburt von Haustieren (Abschnitt C).

Pfeifen aus Weidenrinde, Blasrohre aus Holunderzweigen, spielen Ball usw., Mädchen spielen natürlich am liebsten mit Puppen und Tuchresten. Vom 5. Jahre an werden die Kinder schon zur Arbeit herangezogen. Sie helfen Gänse und Vieh hüten, Mädchen lernen vom 6. Jahre an spinnen und stricken, später weben und sticken.

7. Die erste Haarschur

Das erste Schneiden der Haare wird besonders bei den Serben — in Kroatien bloß in einigen Landschaften (Turopolje, oberes Kupatal) — im Rahmen eines Festes abgehalten, zu dem sich der Kum, Verwandte und Freunde mit Geschenken einfinden. Es heißt *šišanje, striženje, strižba, strig* (Kosovo), im Lužnicatal auch *pletenje* »Flechten« oder selten *nastriguvanje*. Wohl deshalb, weil die ungeraden Zahlen als glückbringend gelten (abg. *lichъ* »überflüssig, in Menge vorhanden«, russ. лиховьрё »Überfluß«, слишком »zu viel«), findet dieses Fest vor Beendigung des 1. oder 3. Lebensjahres statt, seltener des 5. oder 7.

Die wichtigste Zeremonie besteht darin, daß der Kum dem Knaben kreuzweise (über der Stirn, rückwärts, in der Mitte, links und rechts) unter einem Glückwunsch (Boljevac: *U ime Boga i Svetog Jovana, šišam* [z. B.] *Milorada* »Im Namen Gottes und des hl. Johannes schere ich den M.«; *neka je srećan, dugovečan i blagosloven!* »er sei glücklich, langlebig und gesegnet!«) einige Haare herausschneidet, dem Kind eine neue Kappe aufsetzt und es zugleich mit den übrigen Gästen beschenkt. Die Haare werden auf den Tisch gelegt (Skopska Crna Gora: auf ein Tuch über einen Laib Brot; Kosovo: in ein Sieb, in dem ein mit Weizenkörnern bestreutes weißes Tüchlein liegt; Svrljig: in die Kappe des Kindes, jeder Gast wirft eine Münze hinein), später von der Mutter aufgehoben (Lužnica: zugleich mit Basilienkraut, *zdravac* und *pelin*). Während des nun folgenden Festmahls verteilt die Mutter Geschenke an die Gäste. An demselben Tage oder später schert man dem Kind die übrigen Haare, die man oft auf einen Rosenstrauch legt. Im Lužnicatal heißt die ganze Zeremonie auch *pletenje* »Flechten«, weil für den Knaben ein Kranz aus Buchsbaumzweigen geflochten und ihm zugleich mit der Kappe aufgesetzt wird. Der Brauch ist nicht bloß auf die Christen beschränkt, auch die Mohammedaner üben ihn, heute allerdings nur mehr in der Hercegovina, wo man ihn *šišano* oder *vodeno kumstvo* nennt. Moslims gehen hier auch zu Christen als »Haarschur- oder Wasserkum« und umgekehrt. Das an drei Stellen (über dem rechten Ohr, in der Mitte, über dem linken Ohr) abgeschnittene Haar läßt man in eine untergehaltene Schüssel voll Wasser fallen, in welche die Anwesenden Geldstücke werfen.

Lilek[20] berichtet aus Bosnien und Hercegovina, daß hier die feierliche Haarschur vielfach vorgenommen wird, um ein kränkliches Kind gesund zu machen. Zum

[20] GZM XI 711.

Kum wird ähnlich wie in den obigen Fällen ein Mann gewählt, den man früh an einer Wegkreuzung als ersten begegnet. Dieser geht mit, schert das Kind (»Sowie das Haar abfällt, soll auch die Krankheit abfallen«), beschenkt es und gibt ihm einen anderen Namen. (Einzelheiten und Literatur bei Tih. Đorđević: Dlaca u verovanjima i običajima našega naroda, Belgrad 1941.)

Was die Verbreitung und das Alter der feierlichen ersten Haarschur betrifft, begegnet sie heute noch bei fast allen slavischen Völkern (Bystroń, SOR 121; Valvasor II 323); die ältesten Belege stammen zwar erst aus dem X. bis XII. Jh., also schon aus christlicher Zeit,[21] aber altgriechiche, altindische und germanische Parallelen des Brauchs machen es wahrscheinlich, daß ihn bereits die heidnischen Slaven übten. Bezüglich der Deutung vermutet Niederle hygienische Motive — zu frühes Haarschneiden sei dem Kinde schädlich, Potkański und Bystroń sehen darin einen Rezeptionsritus — Aufnahme in die Familie, während Samter[22] der Ansicht ist, daß das Haar bei der Geburt, Mannbarkeit, Ehe und Freilassung als besonders wertvolle Opfergabe zur Versöhnung von Geistern hingegeben wurde; Zelenin[23] vermutet, daß es sich wie bei der Beschneidung um Übertragung eines ursprünglichen Mannbarkeitsritus auf ein jüngeres Alter handle. Das Zeremoniell der altrussischen Fürstenschur sei von der byzantinischen τριχοκουρία beeinflußt.

Zur Beschneidung, *sunet**, welcher die Knaben im Alter von 6 bis 8 Jahren unterzogen werden, rufen die Serbokroaten mohammedanischer Religion ebenfalls einen Freund als Kum, der das Kind hält und beschenkt. Die echten Türken haben hierbei keinen Kum, auch der Koran schreibt keinen vor. Den Namen erhält das Kind schon bei der Geburt, am häufigsten begegnen: Jusuf, Alia, Mujo, Mustafa; weibliche: Mejra, Anče, Fate, Kade, Bega.

8. Schlußbemerkungen zu den Kindsbräuchen

Was das Alter der skr. Kindsbräuche betrifft, so reichen auf Grund vergleichsweiser Betrachtung bis in die idg., bzw. urslavische Zeit zurück: Die im Analogieglauben wurzelnden Verbote für die Schwangere und die Mittel zur Erleichterung der Geburt, das Legen des Kindes auf die Erde, die Hebamme, die Isolierung der als unrein geltenden Wöchnerin und des Neugeborenen, die Wertschätzung männlicher Kinder, die in dem Wunsch nach Fortführung des Ahnenkults begründet ist, die Namengebung, Abwehrmaßnahmen gegen Dämonen und bösen Blick, Anfangszauber, um dem Kind Glück und Gesundheit zu sichern, Opfer an die Schicksalsgeister, die feierliche erste Haarschur.

---

[21] Bei Niederle, ŽSS I/1, S. 59 ff.
[22] GHT 182 f.
[23] R. V. 305.

Christlich ist die an Stelle der heidnischen Reinigungs- und Namengebungsriten getretene kirchliche Taufe, die Namengebung nach den Kalenderheiligen, der Taufpate, die kirchliche Aussegnung der Wöchnerin, der Ersatz der Schicksalsfrauen durch die hl. Maria.

Die Terminologie weist neben dem slav. Erbgut (*roditi, porodilja, rođenica, suđenica, baba, povojnica, kolijevka, ljuljka* usw.) viele fremde Elemente auf. Aus dem Lateinischen stammen: *kum* aus lat. compater (s. Berneker, EW I 662). - Aus dem Deutschen: *krstiti* »taufen« aus altd. *kristen* »zum Christen machen« (Berneker, EW. 634). — Aus dem Griechischen: *štirica* aus gr. στεῖρος »unfruchtbar«; *lausa* »Wöchnerin« aus ngr. λοχοῦσα (altgr. λεχώ); *uris* »Schicksalsdämon«, *orisnica* »Schicksalsfrau« aus gr. ὁρίζω »ich begrenze, bestimme«. — Aus dem Italienischen sind nach Dalmatien gedrungen: *voja* »Muttermal« aus it. *voglia* »Verlangen«; *limba »Dämon aus einem ungetauft gestorbenen* Kind« aus it. *limbo* »Vorhölle«. — Aus dem Türkischen: *beleg* »Muttermal«, zurückgehend auf mong. *bälgä* »Zeichen« (s. oben S. 39 u. Berneker, EW I 55); *bešika* »Wiege«, *sunet* »Beschneidung«.

VERLOBUNG UND HOCHZEIT

An die einzelnen Phasen der skr. Hochzeit (Werbung, Verlobung, Heimführung der Braut) ist eine große Zahl von altertümlichen Bräuchen geknüpft, die zum größten Teil bis in die urslavische und indogermanische Zeit zurückgehen. Es sind teils Übergangsriten, welche das Ausscheiden der Braut aus ihrem väterlichen Familienverband und ihre Aufnahme in die neue Gemeinschaft begleiten, teils magische Handlungen, welche schädliche Einflüsse feindlicher und neidischer Wesen abwehren (Abwehrzauber) oder welche Glück und Fruchtbarkeit herbeiführen sollen (Fruchtbarkeitszauber). Gegenüber dem reichen Bestande der altererbten slavischen Hochzeitsriten sind die fremden Beeinflussungen, so durch die Antike (Kränze), durch das Christentum (kirchliche Trauung) und durch Nachbarvölker, welche auf die Terminologie eingewirkt haben, gering zu nennen.

1. Werbung und Verlobung

Am Lande sucht man die jungen Leute ziemlich früh zu verheiraten, Burschen zwischen dem 18. bis 25., Mädchen vom 16. Lebensjahre an.

Die Wahl des Mädchens besorgen in den meisten Fällen die Eltern, wobei sie weniger auf Schönheit als auf Gesundheit, Tüchtigkeit und schöne Ausstattung sehen. Auch legen sie Wert darauf, mit einer angesehenen und wohlhabenden Familie verschwägert zu werden. In diesem Bestreben wurzeln die Kinderverlobungen, die früher häufig waren, heute aber nur noch vereinzelt in der Crna Gora und Hercegovina sowie bei den Mohammedanern in Bosnien und Hercegovina vorkommen.

Früher sah man streng darauf, daß jüngere Geschwister nicht vor den älteren heirateten, heute nimmt man es in dieser Beziehung wenigstens bei den Söhnen nicht mehr so genau.

Als Haupthindernisse der Ehe gelten:

1. Blutsverwandtschaft bis zum neunten Grade, mütterliche Verwandtschaft bis zum vierten Grade. In der Crna Gora war früher die Zugehörigkeit zu demselben *bratstvo* ein strenges Ehehindernis.
2. Gevatterschaft.
3. Wahlbruderschaft.

Um Boljevac fürchtet man, daß die Brautleute, die an demselben Tage geboren sind, gleichzeitig erkranken werden, deshalb vermeidet man solche Ehen.

Die beliebteste Jahreszeit für die Abhaltung von Hochzeiten ist der Herbst, wohl deshalb, weil da Küche und Keller am reichsten sind. Im Lužnicatal pflegt man die Hochzeiten fast nur im Fasching zu veranstalten, in der Landschaft Debar nur an einem Tage jährlich, am Petrov-dan (29. Juni), da an diesem Tage fast alle in der Fremde arbeitenden Bewohner dieser Landschaft heimkehren.

Die jungen Leute haben reichlich Gelegenheit, einander beim Tanz, bei Kirchfesten, bei Spinnabenden und bei gemeinsamen Arbeiten *(moba)* kennen zu lernen, außerdem finden in manchen Gegenden regelrechte Heiratsmärkte statt, so im Lužnicatal am Samstag vor Weihnachten, am Palmsonntag und am Großfrauentag (15. August), in Bela Palanka bei Pirot am 1. Jänner: *viđenje* »Brautschau«. Auch in der Vojvodina kennt man solche Märkte, so am hl. Rosenkranzfest; in Sombor heißt er *devojački vašar* (osman. *vačar* »Markt« aus mittelpers. *vâčar*, s. Horn Npers. Etym. 38).[24] In manchen Gegenden geht der Vater oder der Sohn auf Brautschau (*na gledanje; na zagled; na ugled; na ogled; na zgledžuvanje* [Lužnica]). Ist der Vater entschlossen, seinen Sohn mit einem bestimmten Mädchen, das letzterer manchmal gar nicht kennt, zu verheiraten, dann wird an die Werbung geschritten. Um sicher zu gehen, läßt man der öffentlichen Werbung oft eine Vorwerbung vorangehen. Ein Verwandter oder ein Vermittler, *navodadžija, navadžija, (s)provodadžija, pezevenk*° »Kuppler« (Südserbien), *strojnik* m., *strojničica* f., (Südserbien, Crna Gora), *misidžija* (Prizren; aus gr. μεσσίτης »Vermittler«), aus derselben Quelle *missita* »Heiratsvermittler« (im Statut von Dubrovnik), *govordžija* (um Leskovac), verschaffen sich vorher die Zusage und geben wohl auch eine goldene oder silberne Münze als Pfand.

Bezüglich der nun folgenden Hauptwerbung, *velika prošnja,* und Verlobung herrscht eine bunte Verschiedenheit. Eine scharfe Grenze zwischen diesen beiden Akten ist in den meisten Fällen gar nicht zu ziehen. Da schon bei der Hauptwerbung Pfänder zur Bekräftigung des Eheversprechens gegeben werden,

---

[24] Ivanić, Bunjevci i Šokci, Beograd 1899, S. 196 ff.

so kommt sie bereits einer Verlobung gleich, was sich auch in der Terminologie ausdrückt.

Die Werbung, *prošnja, proševina, prosidba; armas,* zu griech. ἁρμόζειν,[25] eigentlich »Verlobung« (Đevđelija), *snuboci* (Kroatien, Slavonien), *ugovor* (Imotski), *obećanje* »Versprechen« (Insel Krk) besorgt gewöhnlich der Vater oder ein naher Verwandter als *prosac* (zu *prositi* »bitten, werben«), *snubok* (Samobor), *ugledač* (Slavonien). Man geht gewöhnlich abends werben, und zwar an glückhaften Tagen (Donnerstag, Samstag, Montag), ja nicht an einem Freitag oder Dienstag. Der Werber und seine Begleiter verschleiern oft den Zweck ihres Kommens und rücken erst nach langen Wechselreden mit der Farbe heraus. Sie geben sich als Kaufleute aus (Hercegovina), als Jäger, die ein Wild verfolgen (Samobor: *jagar* heißt hier der Werber), als Hirten, die ein verlorenes Schaf suchen, usw. Nachdem sie die Werbung vorgebracht haben, bieten sie das mitgebrachte Unterpfand, *obeležje, beleg, amanet*° (Bosnien und Hercegovina), *kapara* »Angeld«, *prid* (um Leskovac) an. Dieses besteht aus einem A p f e l , *jabuka,* oft mit hineingesteckten Münzen, oder aus einem R i n g , *prsten, burma* (ohne Stein), *veza, vitica,* beide um Sinj,[26] oder aus einer M ü n z e. Vielfach werden die genannten Geschenke kombiniert; um Trebinje und am Popovo Polje z. B. übergibt man Apfel, Ring und Geld. Auf der Insel Lastovo dient ein seidenes Taschentuch, *cvjetak,* als Pfand, auf der Insel Krk eine Schachtel, *škatula,* mit Schmuck. Sagt das Mädchen zu, was sie durch Annahme der Geschenke ausdrückt, dann übergibt sie ihrerseits als Gegenpfand, *boščaluk,* ein gesticktes Tüchlein oder Hemd, eingewickelt in eine *bošča* »Wickeltuch«. Die Mohammedaner in Bosnien und Hercegovina tragen, wenn ihnen die Werbung genehm ist, süßen Kaffee auf, im anderen Falle bitteren.[27] Oft wird die Zusage dadurch ausgedrückt, daß die Braut oder der Brautvater aus dem dargereichten Schnapsgefäß, *čutura, buklija,* trinkt. So kommt es, daß das Wort *buklija* auch die Bedeutung »Verlobung« (Otok) oder »Verlobungsapfel«[28] annehmen kann.[29] Um Rožaj wird das Glas, aus dem die Braut getrunken hat, die *zlatna čaša,* aufgehoben. In der Ls. Prigorje bekundet das Mädchen ihr Einverständnis durch Handschlag, *palora*[30] (aus ital. *parola*). Vielfach übergibt man dem Mädchen bei der Werbung bloß Geld, während man ihr Apfel und Ring erst später im Rahmen eines kleinen Festes gibt, das somit einer Verlobung entspricht.

Die Werbung bzw. Verlobung führt verschiedene Namen: *jabuka, ugovor, zaruk, prošnja; jabučno* (Levač); *prsten* (Slavonien: am Sonntag vor der Hochzeit; Serbien; Bosnien; Bunjevci und Šokci: auch *rukovanje* genannt; Paštrovići: auch *vjeridba* genannt, 8 Tage nach der Werbung), *prstenovanje* (Bosnien; Gacko;

[25] Miklosich, Die Fremdwörter in den slav. Sprachen, Wien 1867.
[26] Vuk Rj.
[27] ZbNŽ III 142.
[28] ZbNŽ XI 113: Slavonien.
[29] Rj. Akad.
[30] ZbNŽ XIII 48.

Risan; Crna Gora; Hlebine in Kroatien: erst kurz vor der Hochzeit), *kitica* »Strauß« (Boljevac: auch *jabučno*); *svila* »Seide« (Crna Gora und Boka: anstatt des Ringes schickt man 2—3 Wochen vor der Hochzeit Seide zum Sticken, Leinwand und Dukaten). Für Werbung und Verlobung begegnen auch die Bezeichnungen *mala prošnja, velika prošnja* (Gacko), *mala rakija, velika rakija* (Kosovo: man bringt einen Krug Schnaps, mit darangebundener Münze mit), *veliki zapojki* (Slavonien), *mali beleg, veliki beleg* (Peć, Prizren), *mali nišan, veliki nišan* (um Pirot), für Verlobung *vjeridba, snuboci* (letzteres um Lobor, Samobor).

Die Besprechung bezüglich der Hochzeitsgeschenke und der einzuladenden Gäste erfolgt schon bei der Werbung (z. B. Kragujevačka Jasenica, Cavtat, Boka) bzw. Verlobung oder erst später bei einem eigens veranstalteten Festmahl, *ugovor, zgovor* (Crna Gora), *uglava* (Paštrovići), *reč* (ehemalige Militärgrenze), *dokončak* (Prigorje), *mir* (um Jajce).

Nach Annahme des Pfandes gilt das Mädchen als verlobt, *isprošena, prstenovana, vezana, zaručena; prošenica* (Levač); *ona je u zaruka, isprosita, zaručita* (Retkovci in Slavonien). Der Verlobte heißt *zaručnik.*

Vielfach kommt der Abschluß des Eheversprechens symbolisch dadurch zum Ausdruck, daß die beiden Väter ein Brot brechen (Crna Gora — nach dem *prstenovanje*; Skopska Crna Gora; Lužnica: *prekidanje prida,* Brechen des Kuchens nach Übergabe des Kaufpreises an den Brautvater) oder gemeinsam ein Gefäß voll Wein oder Schnaps austrinken. Auch bei den bosnischen Mohammedanern übergeben die Werber Ring, Geld und Schmuck als *biljeg* oder *amanet* und erhalten als Gegenpfand den *boščaluk.*

Da die Ehe in der Regel den Charakter der Kaufehe trägt (über Raubehe s. unten), wird die Höhe der Summe, die der Vater des Bräutigams vor der Heimführung zu erlegen hat, schon bei der Werbung oder Verlobung bestimmt. Dieses Geld wird heute nicht mehr als Kaufpreis für das Mädchen empfunden, sondern als Entschädigung für die der Braut mitgegebene Ausstattung. Die Höhe der Summe ist sehr verschieden, in Bosnien betrug sie vor dem ersten Weltkriege 100 bis 200 Kronen, in der Crna Gora bis 15 Gold-Lire, in Altserbien zur Türkenzeit 900—200 Piaster. In Serbien hatte schon Karađorđe einen Dukaten als Höchstpreis festgesetzt. Eine Mitgift erhält die Braut nur, wenn sie keine Brüder hat, doch dringt in neuerer Zeit die Sitte, eine Mitgift, *miraz, pridar* (Prigorje) zu geben, von Westen und von der Stadt her ein. Vereinzelt kommt es auch vor, daß der Bursche den Kaufpreis im Hause des künftigen Schwiegervaters abdient.[31]

Der Einfluß der Kirche auf die Werbung und Verlobung läßt sich in mehrfacher Beziehung feststellen: um blutige Händel zwischen mehreren Werbern zu vermeiden, wurde bei den Katholiken Bosniens die Verordnung ausgegeben, daß jeder Werber vorher beim Geistlichen einen Erlaubnisschein, *cedulja,* beheben müsse, der den Vermerk trägt, daß das Mädchen noch frei sei, und der nur den einen Überbringer zur Werbung berechtigt. Überall müssen die Braut-

[31] WMBH VII 229.

leute vor der Trauung dreimal aufgeboten werden, *oglas, navještaj, navješćenje, oziv* (Kroatien), *oklicanje* (Prigorje, Samobor). Vorher gehen sie zum Geistlichen zur Prüfung, *na ispit, na zapis, na prepit* (Leskovac), *na upisivanje* (Otok in Slavonien). Häufig steckt der Priester bei dieser Gegelenheit dem Mädchen in der Kirche den Ring auf, so daß die Verlobung, *prstenovanje,* dadurch an Bedeutung gewinnt.

Probeehen. Sehr urzeitlich muten Fälle an, wo die Braut schon nach der Verlobung in das Haus des Bräutigams übersiedelt (Bosanska Krajina nach der *jabuka*) oder wenigstens der eheliche Verkehr als erlaubt gilt (Ls. Homolje: nach Annahme des Pfandes). In Norddalmatien besteht die Sitte, daß das Mädchen am Tanzplatz geworben und vom Burschen und dessen Eltern oft schon an demselben Tage in deren Haus geführt wird; die Hochzeit findet später statt, meist erst, wenn sich Kindersegen einstellt. Kommt es nicht zur Ehe, dann erhält das Mädchen eine Geldentschädigung für den *najam* »Vermietung«.[32]

Mit der Werbung bzw. Verlobung ist eine Reihe von Bräuchen verbunden, die zum Teil in den Bereich des Analogiezaubers fallen, zum Teil in der Furcht vor feindlichen und neidischen Mächten wurzeln. In die erste Gruppe gehört die Sitte, auf den Werber oder den Bräutigam beim Auszug zur Werbung eine Klette oder Katze zu werfen (Boljevac): so fest soll wohl die geplante Verbindung werden. Dämonenabwehr hingegen bezweckt der Brauch, dem ausziehenden Werber Wasser nachzuschütten (Đevđelija) und vor der verschlossenen Tür des Brauthauses zu schießen. Abwehrkraft haben die Pfaufedern an den Mützen der Werber (Morlaken). Täuschung der Dämonen beabsichtigt meiner Meinung nach die Einleitung der Werber, sie seien Jäger, Hirten oder Kaufleute. Wenn sich der Werber beim Eintritt ins Brauthaus nicht umschauen darf, sondern die Tür mit dem Rücken zuschlagen muß, so ist dies wohl ursprünglich in der Furcht vor nachdrängenden Dämonen begründet.

Bemerkenswert ist der bei den Orthodoxen in Bosnien bezeugte Brauch, nach welchem die Braut vor der Annahme des Verlobungsapfels vom Brautführer[33] oder von zwei Frauen[34] dreimal in der Richtung des Sonnenlaufs gedreht wird. In der Ls. Poljica dreht der Vater des Bräutigams das Mädchen, bevor er ihm den Ring aufsteckt, *prstenovanje,* dreimal *na oposun.*[35] Schon im Statut von Poljica heißt es an der Stelle, wo vom Brautraub die Rede ist: *obrnuta na oposun.* A. V. Solovjev deutet den Ausdruck als **naoposlъnь* und stellt ihn zu russ. *posolonь »ut sol currit«.*[36] Dreimalige Umdrehung der Braut bei der Verlobung ist auch aus Kroatien bezeugt.[37] Wendische Parallelen hierzu bei Schneeweis, FVLW 43.

---

32 A. Mitrović, Ženidba i udadba u sjevernoj Dalmaciji. Beograd 1906.
33 Lilek in der ZöV VI, 1900, 57.
34 Krauss, SB 368.
35 ZbNŽ X 69.
36 Prilozi II, Beograd 1922, 265. Siehe auch Stojković im ZbNŽ XX VII 25—42.
37 ZbNŽ I 132: Stupnik.

2. Hochzeit

Vorbereitungen zur Hochzeit. In früheren Zeiten fand die Hochzeit erst lange nach der Werbung statt, oft verstrichen einige Jahre, da bei der großen Zahl der Zadruga-Mitglieder, von denen jedes beschenkt werden mußte, die sorgfältige Herstellung der Hochzeitsgeschenke (gestickte Hemden, Tücher, Strümpfe usw.) sehr viel Zeit und Mühe erforderte. Heute sind die Fristen in den südlichen Landschaften, wo sich das patriarchalische Leben länger erhalten hat, noch ziemlich lang, in den nördlichen und westlichen Gegenden aber verhältnismäßig kürzer. Auch die Dauer der Hochzeitsfeierlichkeiten, die früher meist acht Tage lang währten, ist heute auf 1—3 Tage zurückgegangen, teilweise unter dem Druck behördlicher Verbote. Um der Verschwendung des Volksvermögens zu steuern, wurde auch die Zahl der Hochzeitsgäste — früher bis 100 — durch gesetzliche Verordnungen bedeutend eingeschränkt.

Die wichtigsten üblichen Phasen der eigentlichen Hochzeit sind: Die Einladung der Hochzeiter, Versammlung derselben, Abmarsch vom Hause des Bräutigams zwecks Abholung der Braut, Abmarsch zum Hause des Bräutigams, Aufnahme der Braut daselbst, Festmahl, Beilager, Hochzeitsmorgen mit feierlicher Einholung des Wassers, Geschenkverteilung und Abschied der Gäste. In diese uralte Festfolge hat sich die kirchliche Trauung als jüngeres Element verschieden eingefügt: Während man in den östlichen (serbischen) Landschaften aus dem Brauthause in die Kirche und von da in das Haus des Bräutigams zieht, kehrt man im Westen (Kroatien, Slavonien, Dalmatien) nach der Trauung gewöhnlich zu einem Mahl in das Brauthaus zurück, von wo dann die Braut in das neue Heim geführt wird. Hier und da treffen sich beide Parteien erst in der Kirche und trennen sich nach der Trauung wieder, erst nachmittags erfolgt die Heimholung der Braut (Hlebine in Kroatien, Otok in Slavonien, Konavli).

Ganz urtümlich mutet die Sitte an, die Trauung erst nach der Heimführung der Braut ins neue Heim zu vollziehen (Stamm Vasojevići; Debar; Đevđelija: am Tage der Heimführung; Gacko: gleich nach der Ankunft im neuen Heim).

An alle einzelnen Phasen der Hochzeit ist eine große Zahl von Zauberhandlungen, Trinksprüchen, Liedern und Tänzen geknüpft.

Die Hochzeit heißt allgemein *svadba*, der Bräutigam *mladoženja, oženja* (um Čakovac), *momak, đuveg(l)ija**, *mladenec* (Drauland), *mladenac* (Kroatische Küste), *fant* (Istrien, Krain), *vojno* »Soldat« (ehemalige Militärgrenze), die Braut *nevesta*, eigentlich »die Unbekannte, Fremde«,[38] *nevestica* (Insel Krk), *neva* (Kotari in Dalm.), *nêka* (Poljica), *mlada* »die Junge«, *mladica, mladenka, snaša* »Schwiegertochter«, *jauklija**, das Brautpaar *mladenci, mladež* (Skopska Crna Gora), *mladići* (Slavonien), *mladenići* (Lobor).

---

[38] Brückner: Słownik Etym. 362.

Zu den bei jeder Hochzeit notwendigen Würdenträgern gehören: der *kum*[39] »Pate, Beistand«, *stari svat* »Hochzeitsältester«, *djever* »Brautführer«, *čauš*° »Spaßmacher«. Den Hochzeitszug führt der *barjaktar*° »Fähnrich« und der *prvijenac,* auch *vojvoda* »Herzog« (Crna Gora, Boka, Bosnien und Hercegovina, Kragujevačka Jasenica) oder *dolibaša*° genannt. Der *vojvoda* kann auch entfallen. Bei großen Hochzeiten kann der Bräutigam und jeder dieser Würdenträger noch einen Gehilfen haben, *prikumak* oder *kumovski momak, momak starosvatski, momak deverski, lijevi dever.* Manche Würden können auch doppelt oder dreifach besetzt sein; außerdem wirken Hochzeiter ohne Amt mit, *pustosvati,* singende Mädchen *pevice* (Boljevac), *vinčarice* »Kranzeljungfern« (Slavonien) und Musikanten. Als Musikinstrumente dienen in Südserbien Flöte und Trommel, sonst die Violine und die Tamburica, die den altertümlichen Dudelsack verdrängen. Als *kum* fungiert der Taufpate des Bräutigams. Er heißt *debeli kum* »dicker Pate«, *prvi kum,* im Gegensatz zum *kum* der Braut, der eine untergeordnete Rolle spielt. *Kum* und *stari svat,* gewöhnlich ist das der Onkel des Bräutigams, fungieren als Trauzeugen, sie genießen das höchste Ansehen und nehmen bei der Tafel die ersten Plätze ein. Letzterer, der eigentliche Festordner, heißt auch (*svatski*) *starešina* (Kroatien), *starojko* (Leskovac, Kosovo, Kragujevačka Jasenica), *starojćo* (Lužnicatal). Er muß es verstehen, schöne und lange Trinksprüche zu halten. Bei den Bunjevci und in der Lika heißt der gewählte Kommandant der Hochzeiter *staćol* (vgl. *nastačilo* bei den Istrianern: Valvasor II 331; Stojković im ZbNŽ XXVII 82).

Der *dever, djever* — es können zwei oder auch mehrere sein, doch nur der *desni* oder *ručni* djever ist der eigentliche Würdenträger — übernimmt als Stellvertreter des Bräutigams die Braut und beschützt sie während der ganzen Hochzeit. Man nimmt dazu gewöhnlich den Bruder oder besten Freund, *pobratim,* des Bräutigams. In manchen Landschaften, z. B. Homolje sowie um Boljevac kann auch ein Mädchen als *dever* fungieren.[40]

Die Rolle des Spaßmachers fällt dem *čauš*° (*čajo, čavo;* bei Fortis, Reise in Dalm. 113, *ciajus*) zu,[41] auch *veseljak* »Lustigmacher«, *lažlja* »Lügner«, *buklijaš* »Buklija-Träger« genannt (Abb. 5a). Schon durch seine äußere Ausstattung (im Lužnicatal z. B. geschwärztes Gesicht, Pelz, hölzerner Säbel, Kappe mit verschiedenem Aufputz wie Fuchsschwanz, Hasenohren, Schildkrötenschalen usw., durch die er als Führer des Zuges ursprünglich, wie ich glaube, Dämonen abwehren wollte) sucht er komisch zu wirken. In Slavonien führt er mitunter einen Hahn (apotropäisches Tier!) an einer Schnur und tränkt ihn ab und zu mit Wein. Seine Aufgabe ist es unter anderem, in humoristischer Weise die von den Gästen beigesteuerten Speisen und Getränke, sowie die von der Braut zu verteilenden Geschenke auszurufen. In manchen Gegenden, z. B. auf der Insel Krk und in der Boka, macht der *vojvoda* die lustige Person. Der Fahnenträger, *barjaktar*° (zu osm.-pers. *bajrak*

---

[39] Nach Berneker EW 662 Kurzform aus °kumpatr-, dieses aus lat. compater.

[40] SEZb XIX 146.

[41] Nach Berneker, EW 138, aus osm. čauš, čavuš »Polizeidiener, Befehlshaber der Palastwache«. Nach Lokotsch, EW 33: Stamm čau »schreien, rufen«.

»Fahne«, Berneker EW 39) heißt auch *zastavnik* (Kroatien), *fendrik* (aus d. *Fähnrich*) (Prigorje), *odobaša** »Befehlshaber« (um Prizren). Die Fahne selbst besteht gewöhnlich aus bunten Schleifen und Tüchern (um Leskovac weiß, um Gacko ist sie rot, mit weißem Rand und mit weißem Kreuz in der Mitte), in neuerer Zeit auch aus dem Dreifarb; an der Spitze der Fahnenstange steckt ein Apfel oder eine Apfelsine. In den Küstengebieten wird häufig eine Kirchenfahne verwendet. Auf der Insel Krk heißt die Fahne *bandera.*

Die Braut wird während der Hochzeit von einer oder mehreren Anstandsfrauen bzw. Mädchen begleitet und beraten. Diese heißt *(j)enga**, *enđa**, *jenđija**, *jenđula**, *enđebula**, *kuma, djeveruša,* um Prizren *momkovica,* um Cavtat *počasna babica,* um Kotari (Dalmatien) *svatnica,* in Kroatien *posnaša* (dialekt. Formen wie *podneša, pocneš, podsnešala, podsnehalja, posmikalja, vunjevca*), um Lobor *krancfrajla,* um Čakovac *kitičarica* (zu *kitica* Blumenstrauß), in Vrhgorac *kamara* (aus ital. *comare* »Patin«).

Was die Wahl des Hochzeitstages betrifft, so werden Dienstag und Freitag als Unglückstage vermieden; am beliebtesten ist der Sonntag (oder Feiertag) und Donnerstag, in manchen Gegenden der Montag (um Bar) und Mittwoch (Poljica, Insel Krk, Kath. in Bosnien und Hercegovina). Die Hochzeit soll in die Zeit des zunehmenden Mondes fallen (Analogieglaube).

Die Einladung zur Hochzeit erfolgt einige Tage vorher meist durch den Bräutigam oder einen nahen Verwandten, der den Einladenden einen Trunk aus der *zdravica* darbietet, einem mit Wein oder Schnaps gefüllten Krug (bzw. Flasche), an dem ein weißes Tüchlein, mitunter auch eine alte Silbermünze angebunden ist. In der Vojvodina reitet auf festlich geschmücktem Roß der *buklijaš,* so genannt nach der *buklija,* einer mächtigen Weinflasche, an die ihm jeder Eingeladene nach dem Zustimmungstrunke ein Hand- oder Taschentuch bindet (Bild im GEM V 116). Auf der Insel Lastovo trägt der Hochzeitslader, *buzdovan-noša* genannt, einen geschmückten *buzdovan* »Art Morgenstern, Keule«, um Koprivnica (Kroatien) einen geschmückten Stab wie bei den Deutschen. — In manchen Gegenden Kroatiens und Slavoniens heißt der Hochzeitlader *pozovič.*

Einige Tage vor der Hochzeit werden die Hochzeitskuchen gebacken, was vielfach mit magischen Zeremonien verbunden ist. Um Đevđelija z. B. beginnt ein Knabe mit dem Mehlsieben, die Frauen singen und tanzen, schwärzen einander die Gesichter u. ä.[42]

Auf dem Kosovo polje (Amselfeld) muß ein Mädchen in Männerkleidung das Mehl sieben und den Teig anmachen, in der Ls. Debar ein Mädchen, dem noch Vater und Mutter leben. Bei den Paštrovići[43] singen die Frauen beim Teigmischen bestimmte Lieder (vgl. auch Vuk, Srpske Narodne Pesme, I, S. 6). Aus der vergleichsweisen Betrachtung hierhergehöriger Parallelen[44] ergibt sich, daß die ge-

[42] SEZb XL, S. 155 ff.
[43] Bos. Vila VI 297.
[44] Seligmann, Die Zauberkraft des Auges und das Berufen, Hamburg 1922, S. 391.

nannten Zeremonien in der Furcht wurzeln, der Teig könnte von bösen Augen behext werden und nicht aufgehen. Fruchtbarkeit der Braut soll dadurch gewährleistet werden, daß eine schwangere Frau den Teig anmacht.[45]

Das Brautbad fällt gewöhnlich auf den Vorabend des Hochzeitstages. Es soll die Braut nicht bloß von allem ihr anhaftenden Unheil reinigen, sondern auch gegen bösen Zauber schützen. In Slavonien wirft sie deshalb drei glühende Kohlen *protiv uroka* »gegen Beschreiung« ins Badewasser.[46] In Galičnik holt die Braut am Vorabend der Hochzeit in Begleitung eines Mädchens, dem noch beide Eltern leben, Wasser von drei Quellen und wirft drei verschiedene Blüten (darunter auch Basilienkraut) und eine alte Münze hinein.[47] In den Städten am Kosovo besteht (unter türkischem Einfluß) der Brauch *boja* »Farbe«: Benachbarte Frauen versammeln sich einige Tage vor der Hochzeit im Hause der Braut und färben ihr die Haupthaare und Augenbrauen (Nušić, Kosovo 129). Apotropäische Elemente sind in manchen Gegenden auch mit dem zeremoniellen Rasieren des Bräutigams verbunden: So muß in Đevđelija ein Knabe mit dem Rasieren beginnen; zum Schluß schütten sie dem Bräutigam Wein auf Gesicht und Hände, Wasser auf die Füße und zerschlagen das Glas. In der Ls. Debar sitzt der Bräutigam während des Rasierens auf Stroh, unter das man Farnkraut und Basilienkraut gelegt hat, das Wasser reicht ein Mädchen, dem Vater und Mutter leben, die Haare werden sorgfältig gesammelt.[48]

Die Heimführung der Braut. Am Vorabend des Hochzeitstages versammeln sich die *svatovi* im Hause des Bräutigams und reiten oder gehen von hier aus, wenn die Braut weit wohnt, noch in der Nacht (im Lužnicatal immer in der Nacht), sonst erst am nächsten Morgen zum Hause der Braut. In den Gebirgsgegenden mit schmalen Wegen ziehen sie einzeln hintereinander, in der Ebene auch paarweise oder fahren im Wagen. Allen voran zieht der Fahnenträger und ein Hochzeiter *prvijenac, čauš**; *poklonič* (in Kroatien), der alle Begegnenden zum Trinken aus einer Flasche auffordert. Zwei Hochzeiter reiten als *muštulugdžije** voran und melden die Ankunft des Zuges (Debar: *mušćuldžije**; südliche Morava: *mjuždedžije**; Homolje: *vesnici*; Lužnica: *utičnjaci*).

Das Brauthaus ist gewöhnlich verschlossen, ursprünglich wohl deshalb, damit den nachdrängenden Dämonen der Eintritt verwehrt werde. Erst nachdem die Hochzeiter ein Ziel herabgeschossen haben, z. B. einen an einem nahen Baum aufgehängten Kürbis[49] oder ein Glas, und nach längerem Dialog und Bezahlung einer Ablösung wird die Tür aufgetan. Täuschung der Dämonen bezweckt das Vorführen einer falschen Braut (Kroatien, Istrien, Dalmatien, Kath. in der Hercegovina). Denselben Zweck hat meiner Meinung nach die häufige Aus-

[45] SEZb XVII 70: Ls. Levač.
[46] ZbNŽ XXV 325.
[47] Jastrebov 449.
[48] Jastrebov 451.
[49] Vuk, Srpske narodne pesme II 467: Kraljević Marko schoß einen Apfel von der Kula (Wohnturm), erst dann wurde das Mädchen übergeben.

rede der Hochzeiter, sie seien gekommen, um ein in das Haus geflohenes Wild oder ein verlorenes Schaf zu suchen. Nach der gegenseitigen Begrüßung findet eine von Liedern und Trinksprüchen begleitete Mahlzeit statt, zu welcher gewöhnlich der Brautvater Speisen und Getränke beistellen muß. Die beiden *stari svati* führen dabei den Vorsitz.

Die Braut wird gewöhnlich gegen ein Lösegeld von ihrem Bruder dem *djever* übergeben (der Bräutigam geht meist selbst nicht mit, sondern begibt sich mit seinem *kum* zur Kirche), der ihr einen Ring aufsteckt. Dieses *prstenovanje* kommt einer Verlobung unmittelbar vor der Trauung gleich. Durch das Brechen eines Kuchens (südl. Morava und Kosovo: der *dever* bricht ihn über dem Kopfe der Braut; Ls. Debar: die beiden Väter brechen den Kuchen; Levač: beide Väter brechen die *prijateljska pogača;* Njeguši: Kuchenbrechen durch den *stari svat*) soll symbolisch der Abschluß des neuen Verwandtschaftsverhältnisses ausgedrückt werden. Als Trennungsritus — die Braut scheidet aus ihrem Familienverbande und somit aus dem Schutze ihrer Hausgötter aus — ist die dreimalige Umwandlung des Herdes aufzufassen, die in Gegenden, wo der Herd als Kamin an die Wand gerückt ist, als dreimalige Drehung der Braut weiterlebt. Der *dever* dreht die Braut *na oposun,*[50] *na oposlo.*[51] Im Gluhi Do z. B. wird sie bloß einmal gedreht,[52] in Hlebine[53] drehen sich beim Abschied der Braut alle dreimal im Kolotanz. In der Ls. Lužnica wird die Braut dreimal um den Tisch geführt, dann küßt sie das Brot. Wenn die slavonische Braut in der Küche einen Topf Milch mit dem Fuße umstoßen muß, so ist das ohne Zweifel als Herdopfer aufzufassen. Die serbische Braut bezeigt dem väterlichen Herde dadurch ihre Verehrung, daß sie die Erde neben ihm küßt.

Beim Abschied pflegen die Eltern ihre scheidende Tochter, die sie weinend um Verzeihung bittet, zu segnen.[54] In Slavonien[55] stehen die Brautleute, während ihnen der *kapetan* den Segen spricht, auf einem Heubündel, trinken dann zum Zeichen der beginnenden Lebensgemeinschaft aus einem Glas, *piju blagoslov,* der *kapetan* trinkt aus und wirft das leere Glas nach rückwärts. Ein ähnlicher Brauch ist aus Otok in Slavonien[56] bezeugt, wo die Brautleute sowohl beim Abschied vom Brauthaus als auch bei der Ankunft im neuen Heim auf ein neben den Tisch gelegtes Heubündel treten und vom *čauš* gesegnet werden, der ihnen besonders reichen Kindersegen wünscht. Da Heu bei den Ikaven *sino* heißt und an *sin* »Sohn« anklingt, gehört dieser Brauch meiner Meinung nach in den Bereich des

---

50 ZbNŽ X 69: Poljica.
51 Ib. III 283: Konavli.
52 Ib. I 66.
53 Ib. I 190.
54 Dobra molitva: Vrčević, Tri glavne srpske svečanosti 189; Bos. Vila VI 375; Medaković, Život i običaji Crnogoraca, Novi Sad 1860, 47: auch der stari svat des Brauthauses spricht einen solchen Segen.
55 ZbNŽ XI 119: Retkovci.
56 ZbNŽ II 448, 451.

Wortähnlichkeitszaubers. (Vgl. *sito* »Sieb« und *sit* »satt«.) Für diese Deutung spricht der Bericht aus Prigorje,[57] wo es von den Brautleuten heißt: *Obuvadu seni vu čižme, da su muškâ deca* (= »sie legen Heu in die Stiefel, damit männliche Kinder entstehen«). In der Ls. Prigorje essen alle vor dem Abschied von einem Brei, *ljubljena kaša.*[58]

Wenn es nicht schon an einem der vorhergehenden Tage geschehen ist, wird am Hochzeitstage die Ausstattung der Braut, *prćija,* aus gr. προίξ, spätgr. προίκιον = »Geschenk, Mitgift«, *komora, roba, oprema, škrinja, kovčeg, sanduk, ladica, ruho* überführt. Um die Sachen zu bewerten und zu zählen, gehen deshalb oft verwandte Frauen des Bräutigams mit (Lastovo: *stimadurica*), denn wenn die junge Frau ohne Kinder stirbt, muß die Ausstattung an ihre Verwandten zurückgestellt werden. Wer die Ausstattung bei der Hochzeit abholt, muß den Knaben des Hauses ein Lösegeld entrichten. In der Crna Gora und Hercegovina pflegt die Brautmutter in Begleitung männlicher Verwandter die Ausstattung, *roba,* einige Tage nach der Hochzeit anläßlich ihres ersten Besuches, *pohode,* zu überbringen.

Vor dem Abmarsch werden die Hochzeiter von den Mädchen mit weißen Tüchern oder Schleifen, in den westlichen Gegenden mit Rosmarinzweigen geschmückt. Der Braut ist es im allgemeinen verboten, sich nach ihren zurückbleibenden und ihr nachrufenden Angehörigen umzusehen, sonst würden ihre Kinder angeblich ihren Brüdern ähnlich sehen, doch darf sie in manchen Gegenden ihrem Vaterhause durch Verbeugung ihre Verehrung bezeugen. Beim Verlassen des Hauses soll sie nicht mit dem Fuße an die Schwelle stoßen. Bemerkenswert ist der vom Kosovo bezeugte Brauch, wo der Bräutigam von einem Hartriegelpflock aus, der wohl Gesundheit und Kraft verleihen soll, das Pferd besteigt. Dieser Pflock wird dann, um Schadenzauber zu verhindern, ganz in die Erde geschlagen.

Beim Abschied streut die Braut häufig Obst und Süßigkeiten unter die Zuschauer, ursprünglich wohl deshalb, damit ihr diese sowie böse Dämonen nicht neidisch und feindlich gesinnt sind. Vgl. hierzu die καταχύσματα der alten Griechen.[59] Da die Dämonen vor Feuer und Wasser fliehen, finden wir beides als Abwehrmittel verwendet: Bei der Abfahrt zündet die Braut eine Schachtel Zünder an und wirft sie hinter sich.[60] Häufig schüttet man der Braut, die sich nicht umsehen darf, Wasser nach oder zerschlägt neben ihr ein Gefäß voll Wasser. Um Đevđelija verbeugt sich die Braut vor dem Hause dreimal gegen Osten (Sonnenverehrung), dasselbe tut sie vor dem neuen Heim. Dämonen halten sich nach dem Volksglauben gern an Brücken auf, auch Schadenzauber befürchtet man daselbst, deshalb muß die Braut aufstehen und darf sich nicht umsehen (Varoš in Slavonien). Ein böse Geister abwehrendes Tier ist der Hahn, den der Bräutigam vor sich auf dem Sattel hält (Homolje), oder den der *Čauš* zugleich mit einer Hacke dem Zuge voranträgt[61] oder an einer Schnur führt (Slavonien).

---

[57] ZbNŽ XIII 64.
[58] ZbNŽ XIII 65: Plešivica.
[59] Samter, GHT 1.
[60] ZbNŽ XXV 325: Varoš in Slavonien.

Der Brauch, den Hochzeitszug durch ein über den Weg gespanntes Seil aufzuhalten und erst nach Erlegung eines Lösegeldes passieren zu lassen, kommt im Bereich der ehemaligen Militärgrenze vor.[62] Daß dieser Brauch ursprünglich das Zurückhalten nachdrängender Dämonen bezweckte, zeigen uns slavische und germanische Parallelen: Das vorgespannte Band ist oft rot, die Aufhaltenden sind oft maskiert.

Die Trauung, *venčanje* (zu *venac* »Kranz«), *zdavanje* (Križevci in Kroatien) findet in der Kirche statt, doch kann sie, wenn die Kirche sehr weit ist, auch zu Hause abgehalten werden. Um Prizren umkreist das Brautpaar im letzteren Falle an Stelle des Kirchentisches einen alten Baum oder ein Weinfaß. In der Skopska Crna Gora legt man auf ein Faß Brot und Salz und stellt ein Gefäß voll Wein hin. Bei den Orthodoxen besteht die Trauung, zu der der Bräutigam in manchen Gegenden direkt zur Kirche kommt (Crna Gora, Boka, Bosnien und Hercegovina), in der Hauptsache aus folgenden Zeremonien: Der Geistliche steckt den Brautleuten die Ringe an, befragt sie, ob sie einander heiraten wollen, bindet ihnen die rechten Hände mit einem weißen Tüchlein, *prevez,* legt noch ein Tüchlein darüber, setzt ihnen die von der Kirche beigestellten Brautkronen auf, *krune, venčilo, venci,* dann umwandeln Priester, Brautleute und die beiden Zeugen (*kum* und *stari svat*), letztere mit je einer brennenden Kerze in der Hand, den Tisch (Abb. 6). In Südserbien legt man den Brautleuten ein Tuch über die Köpfe (Štip: *pokrov*; Đevđelija: *bojndruk** »Joch«). Bei der katholischen Trauung, welcher Beichte und Kommunion der Brautleute vorangeht, entfallen die Brautkronen und die Umwandlung des Tisches, über die verschlungenen Hände des Brautpaares legt der Priester die Stola (Abb. 7).

Da das Brautpaar während der Trauung der Beschreiung am meisten ausgesetzt ist, sind besondere Abwehrmaßnahmen erforderlich. Schon in der Kleidung der Braut tritt die Abwehridee stark hervor. So verschieden die Brauttracht auch in den einzelnen Landschaften ist, die rote Farbe ist (oder war wenigstens in früheren Zeiten) überall vorherrschend. Das gilt vor allem von der Farbe des Brautschleiers *prevez, duvak*, (h)avlija*, šlâr* (Prigorje). (Vgl. das römische *flammeum.*) Was den Schleier selbst betrifft, so war man früher geneigt, ihn als einen Rest des Brautraubs aufzufassen, heute aber hält man ihn allgemein für ein Mittel, einerseits die Braut vor dem bösen Blick der Neider zu schützen, andererseits ihre Umgebung vor den Einwirkungen ihrer Augen zu bewahren, denn auch die stolzen und freudigen Augen der Braut können schädlich wirken.[63] Nicht nur der Schleier ist meistens rot, auch der Mantel, der Gürtel, die Haar- und Kranzbänder, die Schuhe. Rot ist die Farbe des Blutes und spielt überall eine sehr wichtige Rolle bei der Geisterabwehr.[64] In Südserbien pflegt man die

---

61 Piprek 132: Kath. in Donja Tuzla.
62 Piprek 129.
63 Sartori, SB I 79, wo Lit.
64 Samter, GHT 148.

Kleider der Braut und auch des Bräutigams schon früher zu wiegen. Abwehrkraft besitzen die Spiegel und Pfauenfedern (das Auge der Pfauenfeder wirkt gegen böse Augen) im Kopfputz der Braut. Häufig steckt sie etwas Knoblauch, Zwiebel oder Salz, in Prizren[65] eine mit Quecksilber gefüllte Nuß zu sich. Um Đevđelija schickt die Braut vor der Hochzeit das Kopftuch *kavrak*, das in früheren Zeiten rot war, in die Kirche, damit es der Pop während des Gottesdienstes bei sich trage, auch einen Gegenstand des Bräutigams schickt sie zu demselben Zwecke mit.[66] Die Braut soll möglichst wenig sprechen; wenn sie es tut, soll sie ein Taschentuch vor den Mund halten (Serbien). Außerdem werden während der Trauung Bräuche geübt, die im Analogieglauben wurzeln: Die Kleider des Brautpaares dürfen keine Knoten aufweisen, denn sie hätten Hinderungen beim ehelichen Verkehr und Erschwerung der Geburt zur Folge. Damit die Braut männliche Kinder habe, steckt sie einen Faßspund, eine Nuß oder eine Eichel in den Gürtel. Sie darf keine Nadel (*igla*, fem.!) bei sich tragen, sonst hätte sie bloß weibliche Kinder. Damit ihre Kinder reich werden, trägt sie während der Trauung eine Silbermünze unter der Zunge (Ls. Levač), damit sie rot und gesund werden, einen Apfel im Busen (um Boljevac) oder eine Hagebutte hinter dem Ohr (um Otok). Leicht gebären wird sie, wenn sie zwischen Hemd und Körper eine Münze hindurchfallen läßt (Prigorje). Wünscht sie keine Kinder, dann trägt sie magische Mittel bei sich, wie Graberde, Totenknochen, Fäden vom Totentuch, Schlangenhaut, Flügel einer Fledermaus u. ä. Wieviele Jahre sie keine Kinder haben will, soviel Knoten macht sie in einen Faden, den sie am Hochzeitstage vor Sonnenaufgang gesponnen hat.[67]

Während der Ehe wird der Teil der Brautleute die Oberhand behalten, der dem anderen während der Trauung auf den Fuß tritt oder seine Hand nach oben dreht und die des andern drückt.

Die Braut soll beim Betreten und Verlassen der Kirche nicht auf die Schwelle treten, damit ihr nicht etwa böser Zauber schade. Es kommt z. B. vor, daß die verlassene Geliebte aus Rache drei Nägel in die Kirchenschwelle schlägt, um Ehezwist zu erregen (Kroat. Küste).

Nach der Trauung kehren die Verwandten der Braut, wenn sie überhaupt mitgegangen sind, nach Hause zurück, und die Braut wird in das neue Heim geführt (Abb. 8). In den katholischen Gegenden und zum Teil in der Vojvodina (GEM. V. 121) herrscht die Sitte vor, daß die Braut nochmals nach Hause geleitet wird, um dann von hier aus an demselben oder am nächsten Tage ins Haus des Bräutigams zu übersiedeln. In manchen Landschaften (z. B. Konavli, um Hlebine in Kroatien, um Otok in Slavonien) trennen sich beide Parteien nach der Trauung, die Braut kehrt in ihr Vaterhaus zurück, der Bräutigam in das seinige, die Braut

---

[65] Jastrebov 373, 404.
[66] SEZb XL 155.
[67] ZbNŽ XI 128: Slavonien.

wird am Nachmittag abgeholt. Die kirchliche Trauung ist hier also deutlich als sekundäres Einschiebsel zu erkennen.

Nach altem Brauch hatte der Bräutigam die ankommende Braut zu Hause zu erwarten. Daraus erklärt es sich, daß er heute noch in vielen Gegenden nach der Trauung nach Hause eilt und wartet.

Die übrigen Hochzeiter folgen später nach, wobei sie, um eventuellem Schadenzauber zu entgehen, den früheren Weg vermeiden. Aus demselben Grunde fährt man womöglich nicht durch das Hoftor ein, sondern über den umgelegten Zaun. Dem Zuge sind zwei Boten, *muštulugdžije**, *utičnjaci* vorausgeeilt, die für die frohe Kunde ein Geschenk erhalten und dann den Hochzeitern entgegenreiten.

Keine Phase der Hochzeit ist mit so vielen Bräuchen ausgestattet wie die Aufnahme der Braut in das neue Heim: Opfer an die Ahnengeister sollen diese günstig stimmen, allerlei Anfangs- und Analogiezauber soll Glück, Gesundheit, Eintracht und Kindersegen herbeiführen, verschiedene Abwehrmaßnahmen sollen die bösen Geister vertreiben und fernhalten.

Der Abwehr feindlicher Dämonen dient das Schließen der Tür (wie bei der Abholung der Braut), die erst nach längeren Dialogen geöffnet wird. Geisterabwehr bezweckt auch der Trog voll Wasser, der gewöhnlich vor der Haustür steht, und in den die Eintretenden je eine Münze werfen müssen. In der Hercegovina muß die Braut ein Gefäß voll Wasser umstoßen,[68] um Đevđelija eine Flasche Wasser ausschütten. Vielfach zerschlägt man ein Gefäß voll Wasser neben ihr (Ls. Levač) oder besprengt sie mit Weihwasser (Kath. in Bosnien und Hercegovina). Dämonenabwehr liegt meiner Meinung nach dem *ovivanje* genannten Brauch zu Grunde: Die Schwiegermutter steigt auf den Brautwagen und schwenkt eine brennende Kerze dreimal um den Kopf der Braut.[69] Auf der Insel Krk muß sie beim Eintritt ins Haus mit einem Besen kehren, um Samobor lehnt ein Besen an der Tür, ein bereits der Antike geläufiges Abwehrmittel. Er soll das Ausfegen der Geister andeuten, wie es z. B. nach Totengedenkfesten üblich war und heute noch bei vielen Völkern geübt wird.[70] Weit verbreitet ist die Sitte, daß die aus dem Haus tretende Schwiegermutter der Braut ein Sieb voll Getreide reicht. Die Braut muß ein wenig sieben, Körner streuen, von denen die Ledigen essen sollen, damit sie bald heiraten, und zum Schluß das Sieb auf das Dach werfen. Dieses Körnerwerfen, das in den Geburts-, Hochzeits- und Weihnachtsgebräuchen vieler Völker wiederkehrt, ist nichts andres als eine Gabe an die Geister, die man dadurch zum Verlassen des Ortes bewegen will. Denselben Sinn hat nach Samter ursprünglich auch das Bewerfen der Braut mit Körnern oder Süßigkeiten; Dieterich und Winternitz dagegen sehen darin eine symbolische Befruchtung. In vielen Gegenden (besonders Bosnien und Hercegovina, Crna Gora, Dalmatien, Kroatien) wirft die Braut einen Apfel mit eingesteckten Münzen

---

[68] Bos. Vila V 335.

[69] SEZb XVI 223: Lužnica; vgl. hierzu die bei Hinduhochzeiten übliche Sitte, Lichter um die Braut zu schwenken: Sartori, S. u. B. I 83.

[70] Samter, GHT 34.

über das Dach, manchmal auch einen Kuchen (ehemalige Militärgrenze) oder ein Stück Brot (Đevđelija). Daß diese Opfergaben auf das Dach geworfen werden, hat seinen Grund darin, daß man daselbst die unheilbringenden Geister vermutet. (Analogien bei Samter, GHT 54 ff.; die Römer z. B. warfen nach Plinius zur Erleichterung der Geburt eine Lanze über das Dach.) In derselben Anschauung wurzelt der Brauch, daß die Braut eine Feuerzange oder Feuerschaufel über das Haus wirft (Bosanska Krajina). Im Tal der südlichen Morava kriechen die Hochzeiter nach der Ankunft im neuen Heim auf das Dach und drohen, daß sie es abdecken werden; nur durch Versprechungen lassen sie sich bewegen, wieder herabzusteigen.[71] In der Ls. Lužnica steigt der *vojvoda,* nachdem er einen Schuß abgefeuert hat, auf das Dach und bindet an den Rauchfang Knoblauch, Paprika und ein Stück eines alten Siebes an, schreit und schießt wieder. Aus dem Glauben an die Geister auf dem Dache erklärt sich meiner Meinung nach leicht die Sitte, das vom Dach zurückgefallene Sieb zu zertreten: die Geister haben die Gabe, die sie versöhnen soll, nicht angenommen, deshalb wird das unheilkündende Sieb zerstampft; so soll auch das Unglück zunichte werden (Analogieglaube).

Auch das Eisen muß vor dem neuen Heim seine apotropäische Wirkung bewähren: Die Braut steigt vom Pferd oder Wagen auf einen Pflug.[72] Unter dem Teppich vor der Tür liegt häufig eine Axt oder ein Messer. Vielfach gibt man der Braut Wollkämme oder eine Sichel in die Hand. (Der letztgenannte Brauch wird heute nicht mehr verstanden und als Arbeitsprüfung aufgefaßt.)

Daß die Braut nach ihrem Eintreffen vom Bräutigam geschlagen wird, besonders bei den Mohammedanern in Bosnien und Hercegovina, läßt sich ebenfalls als Dämonenvertreibung deuten. Dafür spricht der Umstand, daß sie oft mit einem angekohlten Holzscheit[73] oder mit der Herdkette (um Prizren) geschlagen wird.

Durch das in manchen Gegenden übliche Umreiten des Hauses durch den Bräutigam soll ein magischer Kreis entstehen, der die darin Befindlichen gegen böse Einflüsse schützt. In Serbien pflegt die Braut dreimal um die Schwiegermutter zu reiten, in der Ls. Žumberak dreimal um das vor dem Hause tanzende Kolo. Um Otok fährt der Wagen mit der Braut dreimal um den Getreidespeicher (ursprünglich vielleicht um die Brauthütte). Möglicherweise gehört auch die aus der Ls. Homolje bezeugte Sitte hierher, wo der Bräutigam die auf einem dreibeinigen Sessel sitzende Braut dreimal herumdreht. Am Popovo Polje schwingt er sie dreimal *na oposlen.*

Um die Braut vor den schädlichen Einflüssen der Beschreiung zu bewahren, muß sie sich oft gleich in eine Kammer oder Hütte zurückziehen (z. B. in der Crna Gora, in Gacko, Lastovo, Leskovac, Debar, Đevđelija).

---

[71] Jastrebov 424.
[72] SEZb I 213: Podgorina.
[73] Piprek 135: obere Militärgrenze.

In allen skr. Landschaften besteht der Brauch, der ankommenden Braut einen kleinen Knaben zu reichen, den sie dreimal drehen, dann liebkosen und beschenken muß. Es ist ein deutlicher Analogiezauber, der männliche Nachkommenschaft verbürgen soll. Der Knabe heißt *nakon(j)če* (zu *konj* »Pferd«, auf das man ihn hinaufreicht), *nakolenče* (Kroatien; zu *koleno* »Knie«, da sie ihn, wo nicht geritten wird, im Schoß hält), *uskutnjače* (Lužnica; zu *skut* »Kleidersaum«), *povijenče* »Wickelkind« (Kath. in Kotor Varoš), *pajstorče* (Skopska Crna Gora). In manchen Gegenden (Homolje, um Boljevac, um Leskovac) reicht man den Knaben zuerst dem Bräutigam. Hie und da setzt sich die Braut mit dem Knaben dem Schwiegervater (Slavonien) oder der Schwiegermutter (z. B. Levač, Krag. Jasenica) auf den Schoß (Aufnahmeritus). Nach Valvasor[74] legten die Istrianer der Braut ein männliches Kind in den Schoß, sie tat, als ob sie es stillen würde.

Die Verwendung des Siebes bei der Begrüßung ist vor allem darin begründet, daß man den Namen des Siebes *sito* volksetymologisch zu *sit* »satt« stellt. Um Boljevac z. B. rühren die Gäste während des Hochzeitsessens Mehl in einem Sieb und rufen dabei: *»Sit«*. (Parallelen zu den Bräuchen mit dem Sieb bei den slavischen Völkern s. bei M. Stojković, Sito i rešeto u narodnom vjerovanju [ZbNŽ XXVII 43—53] und bei Schneeweis, Die Weihnachtsbräuche der Serbokroaten, Wien 1925, S. 107 ff.)

In einigen Gegenden legt man der Braut eine *uzda* »Zaum« auf den Kopf, wodurch wohl ihre Unterordnung symbolisiert werden soll.

In Serbien begegnet nicht selten die Sitte, daß die Schwiegermutter die Braut mittels eines Gürtels ins Haus zieht (vgl. den Adoptionsbrauch im Abschnitt C, Punkt 5).

Hinter der Tür erwartet vielfach der Bräutigam die Braut, die unter seinem ausgestreckten Arm hindurchschreitet, der mitunter zum Schlage niederfällt. Dadurch soll wohl die Obergewalt und der Schutz des Mannes symbolisiert werden, vielleicht spielt aber auch die Abwehr nachdrängender Dämonen mit.

Die Sitte, die eintretende Braut mit einem Pelz oder mit Wolle zu bedecken, ist daraus zu erklären, daß der Pelz bei allen slavischen Völkern als Symbol der Fülle und des Reichtums gilt.

Einige Bräuche wurzeln in dem Glauben, daß von einem guten Anfang das Glück der Ehe günstig beeinflußt werden könne (Anfangszauber). Fast überall gibt die Hausmutter der Braut etwas Honig oder Zucker zu essen, damit sie stets süße Reden führe und verträglich sei. In Dalmatien beschmiert die Braut die Tür mit Honig (vgl. die römische Sitte, nach welcher die Braut die Türpfosten mit Öl salbte[75]); im Lužnicatal malt sie damit vier Kreuze an die Türecken. Die Istrianer des 17. Jahrhunderts pflegten der Braut einen mit Honig bestrichenen Kuchen, *jebača* genannt, in den Mund zu stoßen.[76]

---

[74] II 333.
[75] Samter, Familienfeste der Griechen und Römer, 80.
[76] Valvasor II 333.

Da man der rechten Seite glückbringende Kraft zuschreibt, muß die Braut überall mit dem rechten Fuße absteigen und ins Haus treten. Die geschenkten Tücher legt man über die rechte Schulter.

Der weitverbreitete, früher als Rest des Brautraubes gedeutete Brauch, daß der Bräutigam oder der Schwiegervater (Đevđelija) die Braut über die Schwelle hebt, erklärt sich aus der Vorstellung, daß Geister darunter hausen, was wiederum auf die ehemalige Sitte zurückgeht, die Toten unter der Schwelle zu begraben.[77] Nach der volkstümlichen Deutung hebt man die Braut deshalb über die Schwelle, weil man sie vor darunter gelegten Zaubermitteln behüten will. (Eine darunter gelegte Nadel, *igla* (fem.), hat nur weibliche Kinder zur Folge: Ls. Prigorje.) Tatsächlich gräbt man oft, um vor Zauber sicher zu sein, unter der Schwelle nach (Pitomača in Slavonien).

Opfer. Die Braut stellt sich bei der Aufnahme in die neue Herdgemeinschaft unter den Schutz der neuen Hausgeister (Ahnenseelen) und sucht sie deshalb durch Darbringung von Opfern günstig zu stimmen. Deshalb küßt sie die Schwelle und legt daselbst einige Münzen nieder. Fast überall trägt sie Brot und Wein (bzw. Wasser) ins Haus, umwandelt dreimal den Herd und setzt die genannten Opfergaben daneben nieder. Vielfach muß sie das Herdfeuer schüren und den Funkensegen sprechen, der in ähnlicher Form bei der skr. Weihnachtsfeier wiederkehrt.[78] In Slavonien sprechen die Umstehenden, während die Braut das Feuer schürt: »Die Stuten sollen Füllen werfen, die Kühe Kälber, die Schafe Lämmer, die Schweine Ferkel usw.« Einer ruft noch: »Die Frauen sollen männliche Kinder gebären«.[79] Die Herdopfer und der Ritus des Feuerschürens sollen ihr den Schutz der neuen Hausgötter sichern. So schürt auch das bulgarische Mädchen das Herdfeuer, wenn sie ins Haus des geliebten Burschen übergelaufen ist.[80] In der Ls. Levač streut die Braut Salz in die Töpfe. In Bosnien und Hercegovina pflegt sie ein Geldstück neben den Herd zu legen. Auch durch Küssen des Herdsteines bezeigt sie oft ihre Verehrung. In den Gegenden, wo das offene Herdfeuer verschwindet, umwandelt die Braut den Tisch und legt dort ihre Opfergaben nieder. Erst dann begrüßt sie ihre neuen Verwandten, und zwar die älteren mit dem Handkuß, die jüngeren mit Wangenkuß.

Nach der Begrüßung, seltener erst am nächsten Morgen, erfolgt das Umkämmen der Braut und das Aufstecken des Frauen-Kopfputzes, der landschaftlich variiert. Hier und da ist dieses Umkämmen mit einem Haaropfer verbunden (so um Prizren, wo die vor die Ohren gekämmten Haare, *zuljufi*, abgeschnitten werden).[81]

---

[77] Vgl. V. Čajkanović, Sahranivanje pod pragom, SEZb 31, S. 127 ff.; Samter, GHT 140; Winternitz, Altind. Hochzeitsrituell, Denkschriften der Wiener Akad., phil.-hist. Kl. 1892, S. 72.

[78] S. Schneeweis, op. cit. S. 197 ff.

[79] ZbNŽ XI 123; Kukuljević, Arkiv za povjestnicu jugoslavensku II 356.

[80] Krauss, SB 271.

[81] Jastrebov 381.

Beim Festmahl, *pir* (zu *pi-* »trinken«), *pilav, gozba,* an dem nur Verwandte des Bräutigams teilnehmen, essen nach alter Sitte (besonders Bosnien und Hercegovina, Crna Gora) Männer und Frauen getrennt, die Braut darf sich nicht setzen, sondern muß in der Ecke stehen: *dvoriti.* In den westlichen Landschaften (Dalmatien, Kroatien, Slavonien) sitzen Männer und Frauen vermischt, auch die Braut darf sitzen. Trinksprüche, *zdravice, napitnice* (besonders schöne in der Lika[82]), Lieder, Tänze, dramatische Scherze[83] würzen das Mahl. Aufgabe des Spaßmachers ist es unter anderem, die von den Hochzeitsgästen gespendeten Beiträge, *čast, prinos* (gebratene Schweine, Hammel, Geflügel, Kuchen, Wein, Schnaps) in humoristischer Weise auszurufen. Der Festkuchen ist bisweilen mit einem grünen Zweig geschmückt (z. B. Konavli, Otok). Manchmal legt man Symbole der Fruchtbarkeit darauf (Čakovac: Äpfel, Getreide, Haselnüsse) oder mischt gewisse Zutaten in den Teig: In der Ls. Homolje z. B. gibt man in die *šarena proja* Basilienkraut, Haselnußkerne, Dornen, kleine Flußsteinchen, Blätter u. ä.; die Mädchen legen den Kuchen gemeinsam unter den Backdeckel und holen ihn gemeinsam hervor.[84] Neben den Bezeichnungen *kolač, hleb, kravaj* begegnen noch Namen wie *svaća* (Debar), *košičnjak* (Lužnica), *sabornik* (Boljevac, um Pirot, Jagodina).[85] Gerne veranstaltet man Wettrennen, *trka,* zu Fuß oder zu Pferde, der Sieger erhält von der Braut ein gesticktes Hemd oder ein Tüchlein als Kampfpreis.

Überall besteht die Sitte, die Braut nach ihrer Ankunft oder am nächsten Morgen zum Brunnen oder fließenden Wasser zu führen, dem sie durch Opfer ihre Verehrung erweist (Geld, Apfel mit Münzen; Weinlibation; Đevđelija: sie wirft Geld ins Wasser und »kauft so das Waser ab«; Poljica: sie läßt Brot, Fleisch, Obst und Geld am Ufer liegen; von den Istrianern des 17. Jahrhunderts berichtet Valvasor,[86] daß sie am nächsten Morgen zum Wasser zog, der *starešina* warf Brot, Käse, Wein ins Wasser).

Der Brauch läßt sich in alter und neuer Zeit bei vielen Völkern nachweisen, das Opfer gilt ursprünglich den Schutzgöttern des Bezirkes.[87] Von dem eingebrachten Wasser, dem man auch magische Kraft zuschreibt (Kotor Varoš: *mlada voda*) muß die Braut allen Gästen auf die Hände schütten, dafür erhält sie ein Geldgeschenk, *poljevačina* »Gießgeld«.

Alle Würdenträger und Verwandten werden von der Braut mit Geschenken bedacht, z. B. mit gestickten Hemden, Strümpfen, Tüchern u. ä. Als Gegenleistung geben sie der Braut Geldgeschenke. Münzen steckt man hierbei in den herumgereichten Apfel (*puštanje jabuke:* Kosovo).

---

[82] ZbNŽ XIII 157 ff.

[83] Siehe ZbNŽ XI 119: Slavonien; ib. XXI 209: Rösselreiten in Lobor; ib. XVIII 190: Samobor.

[84] SEZb XIX 148.

[85] Gute Beschreibung des letzten von S. Trojanović (SEZb XVII 69).

[86] II 333.

[87] Samter, Familienfeste der Griechen und Römer, 26; Dieterich, Mutter Erde[3], 64.

Eine große Anzahl alter Bräuche ist mit dem Beilager verbunden, *svođenje mladenaca* (Serbien), *slaganje,* durch welches die Ehe physisch und rechtlich zum Abschluß gelangt. Schon indogermanisch ist die Beschreitung des Ehebettes vor Zeugen. Als solche fungieren bei den Serbokroaten gewöhnlich der *kum,* der den Bräutigam in die Kammer oder besondere Hütte hineinführt, und die Anstandsfrau, welche die Braut berät. Fast überall pflegt der *kum* die Decke über das Paar zu schlagen, eine auch bei den Germanen bezeugte Sitte. Abwehr feindlicher Dämonen bezweckt das Schießen, Lärmen, Ringen, Zerschlagen von Töpfen oder Gläsern, Musik und Gesang vor der Brautkammer. Diese selbst wird vorher ausgeräuchert und mit Weihwasser besprengt. Um Petrovac (Bosnien) beginnt die Jugend auf dem Dach herumzuschlagen, lärmt und heult um das Schlafgemach. In der Ls. Debar, wo alle Hochzeiten am Petrov-dan (29. Juni) stattfinden, streut man schon fünf Tage vorher Farnkraut in die Schlafkammer.[88] Farnkraut ist ein geläufiges Abwehrmittel gegen Zauber und Behexung, besondere Kraft hat es zur Zeit der Sommersonnenwende.[89] Der Brautkranz wird vielfach mit einem Messer oder Säbel abgenommen. Nach Valvasor[90] pflegte der Bräutigam in der Bela Krajina (Weißkrain) im 17. Jh. den Säbel mit dem Brautkranz in die Zimmerdecke zu stoßen. Nach Fortis[91] schlug um Šibenik der *stari svat* der Braut mit einem Säbel den Kranz ab. (Abschlagen des Kranzes mit dem Säbel ist bei den Magyaren schon seit dem 13. Jh. bezeugt: Viski, VU 130.) In Retkovci (Slavonien) geht der *kapetan* (Beistand) mit einem *buzdovan** (Keule) zuerst in die Kammer, haut damit herum und spricht, wenn das Brautpaar zugedeckt ist, einen Segen: »Aus zwei werden drei! 1, 2, 3, 4, 5, 6, 7, 8, 9, 10, 11, 12 Söhne!« In der Ls. Homolje schauen die Brautleute in einen Spiegel, den die Braut dann zu sich steckt, und verneigen sich dreimal gegen Osten. Täuschung der Dämonen bezweckt wohl das in manchen Gegenden (z. B. um Varoš in Slavonien, Prizren) gebotene Schweigen des Brautpaares.

Dem Wunsch, männliche Kinder zu bekommen, verleiht man durch allerlei Analogiezauber Ausdruck: Ein Knabe muß den Bräutigam ausziehen helfen (Čakovec), man wälzt ein männliches Kind auf dem Brautlager, man segnet das auf Heu (*sino,* volksetymologisch zu *sin* »Sohn« gestellt) stehende Paar. Das gemeinsame Verzehren eines Apfels, Kuchens oder einer gebratenen Henne auf dem Bett (Kroatien, Dalmatien) soll den Beginn der Lebensgemeinschaft symbolisieren. Auch Zucker gibt man ihnen häufig zu essen. Im Lužnicatal streut die *kumica* Salz auf das Knie des Bräutigams, das Brautpaar muß davon lecken.[92] Der Brauch ist vielleicht in der doppelten Bedeutung des Wortes *koleno* »Knie, Generation« begründet und wäre dann ein Fruchtbarkeitszauber (vgl. Meringer in Wörter und Sachen XI [1928]).

[88] Jastrebov 431.
[89] Hovorka-Kronfeld, Vergleichende Volksmedizin I 132.
[90] Op. cit. II 304.
[91] Reise in Dalmatien, S. 120.
[92] SEZb XVI 231.

Aus Furcht vor neidischen Dämonen wird der Vollzug der Ehe oft hinausgeschoben (Tobiasnächte), besonders in der Crna Gora, Boka und Hercegovina, wo die Braut zwei bis drei Nächte mit den *djeveri* oder mit der Schwiegermutter schläft. Enthaltung in der ersten Nacht ist auch aus anderen Landschaften bezeugt (Debar, Skopska Crna Gora, südl. Moravatal, Levač, um Stupnik in Kroatien). Im Zagorje der Gemeinde Risan ging früher der Bursche nach der Hochzeit hinauf in die Hochweiden, erst nach drei Monaten folgte ihm die Braut.[93] Das Schlafen der *djeveri* mit der Braut kann aber auch ein Rest der ursprünglichen Promiscuität sein, nach der die Braut allen gehörte, bevor sie in den Besitz des Bräutigams überging. Dafür spricht der ukrainische Brauch, demzufolge bei Impotenz des Neuvermählten der *družko* die Defloration vollzieht.[94] Nach Niederle[95] hatten die Männer eines Dorfes in der heidnisch-slavischen Zeit offenbar Organisationen, welche kommunistische Beziehungen zu den Mädchen hatten, bis diese individuelle Ehen eingingen. Die übrigen hatten noch ein Recht auf die Braut. Bei den alten Slaven hatten die Mädchen geschlechtliche Freiheit (Reste noch heute in manchen russischen Landschaften[96]).

In den Dörfern Serbiens und Mazedoniens sucht die Schwiegermutter am nächsten Tage ängstlich das Zeichen der Jungfräulichkeit, das blutige Hemd wird vielfach zur Besichtigung ausgestellt (z. B. Skopska Crna Gora) und als heilkräftig aufgehoben. Um Đevđelija dürfen es die Männer nicht sehen. Ist der Befund günstig, dann schmückt sich die untersuchende Frau, es herrscht große Freude, und die Brauteltern werden durch Zusendung von rotem Schnaps verständigt (Đevđelija). Bei ungünstigem Ergebnis streut man Kehricht vor das Brauthaus (Lužnica) oder überreicht dem Vater der Braut ein Gefäß voll Wein mit einem Loch im Boden, durch das der Wein nach der Überreichung herausrinnt (Boljevac, Banat). In Bela Palanka bei Pirot schicken sie in diesem Falle den Brauteltern Schnaps mit Asche darin und eine Torba (Brotsack) mit den Federn, Füßen und dem Kopf eines Huhns.[97] Noch strenger verfährt man in der Ls. Maleš (Mazedonien), wo man die Braut verkehrt auf einen Esel setzt und in ihr Vaterhaus zurückschickt. Voran reitet ein Mann mit einer Stange, an die eine laut schreiende schwarze Henne angebunden ist.

Am Morgen nach dem Beilager hat die Braut zeitlich aufzustehen und sich von der Schwiegermutter in die häuslichen Arbeiten einführen zu lassen, wie Feuermachen, Wasserholen, Kleiderreinigen usw. Brot backen darf sie erst nach dem ersten Kirchenbesuch (Unreinheit!), in früheren Zeiten durfte sie dies ein ganzes Jahr lang nicht tun (Kragujevačka Jasenica).

Die Hochzeitsgäste, besonders der *kum* und der *stari svat*, werden beim Abschied, *opraštanje, ispratnja*, feierlich mit Fahne und Musik ein Stück begleitet.

---

93 Rovinskij II 2, S. 342.
94 Zelenin, RV 310; vgl. auch ib. S. 342.
95 ŽSS I 1, S. 119.
96 Zelenin, RV 339.
97 ZS Delo VI 1895, S. 447.

In der Ls. Homolje schenken die scheidenden Gäste von den auf die Hörner der gebratenen Hammel gesteckten Äpfeln zwei dem Brautpaar, die übrigen werfen sie über das Dach der Schlafhütte. In Bosnien werden die letzten Gäste im Scherz hinausgeschaufelt, um Boljevac mit dem Besen hinausgefegt. Mit einer feierlichen Abschiedszeremonie schließt das Hochzeitsmahl um Prizren und Péc: Man legt einen Kuchen auf den Tisch, setzt auf jenen einen Teller mit Honig und zwei Gläschen Wein. Nachdem der Kum den Brautleuten die Ringe dreimal gewechselt hat, gießen diese die Gläser aus, brechen den Kuchen, von dem jeder Anwesende ein Stück bekommt, in den Honig taucht und verzehrt.[98]

Je nach den Mitteln wird dem Hochzeitstag noch eine Nachhochzeit, *mala svadba*, angehängt, für die manchmal der Kum und Stari svat aufkommen. Oft werden die Vorräte durch Heischegänge durch das Dorf wieder ergänzt.

Bemerkenswert ist die schöne serbische Sitte, daß die Braut ihre neuen Verwandten nicht mit ihren gewöhnlichen Namen ruft, sondern jedem von ihnen einen poetischen Kosenamen beilegt.[99] Solche männliche Namen sind: *golub* »Tauber«, *dever, pisar* »Schreiber«, *soko* »Falke«, *paun* »Pfau«, *zlatan* »Goldener«, *zlatoje* u. ä.; weibliche: *seka, seja* »Schwester«, *cveće* »Blüte«, *srce* »Herz«, *dika* »Stolz«, *crnooka* »Schwarzäugige«, *jabuka* »Apfel«, *golubica* »Taube«, *grlica* »Turteltaube«. Den Schwiegervater nennt sie *babo*, bašo*, tajo, ćaća, ćaja*, die Schwiegermutter *maja, majo, mate*, ihren Mann »Gold«, »Herz«, »Seele«, darf ihn aber auch mit dem Taufnamen rufen und umgekehrt. Sie selbst nennt man *snaša, snajka* »Schwiegertochter«, *mlada, nevjesta, novina*.

Einige Tage nach der Hochzeit pflegen die Eltern der Braut ihre Tochter zu besuchen; die *pohođani, pohodnici* oder *pohodari* (Peć) kommen *u pohode*, in der Crna Gora und Hercegovina bringen sie bei dieser Gelegenheit deren Ausstattung mit. Die Brautleute erwidern diesen Besuch nach einigen Tagen oder Wochen, oft erst anläßlich des Hauspatronfestes, der *slava*, zu Weihnachten oder zu Fastnacht: Sie gehen *u prviče* (Boka: *u prvijenče, u prvine*; Levač: *povratak*; Čakovec: *povrati*; Đevđelija: *puvrnič*). Beim Stamm Vasojevići bleibt die Braut einen Monat lang bei ihrer Familie, *da roduje*. Im Lužnicatal kommen zuerst die Eltern *u gosje*, die Braut *vrne gosje*. In den nordwestlichen Gebieten pflegt das Brautpaar zuerst zu Besuch zu gehen (Insel Cres: *na užancu*),[100] die Brauteltern kommen dann *na čast* »Ehrung« (z. B. Prigorje, Otok). In der Ls. Temnić fängt der Schwiegersohn, wenn er *u povratke* kommt, im Hofe des Schwiegervaters eine Henne oder Gans, die dann geschlachtet (Opfer!) und gemeinsam verzehrt wird.[101]

Einige Tage nach der Hochzeit, meistens am nächsten Sonntag, muß die Braut den Gottesdienst besuchen. Daß diesem Besuch (*vpelavanje:* Križevci, so heißt auch der erste Kirchenbesuch der Wöchnerin!) lustrative Bedeutung zukommt, ersehen wir daraus, daß sie vorher nicht Brot backen darf, denn sie gilt wie die

[98] Jastrebov 413.
[99] Siehe Vuk, Rj. s. v. zlatoje.
[100] ZbNŽ XXIII 275.
[101] SEZb XVII 73.

Wöchnerin als unrein. In der Ls. Poljica wird sie von den Hochzeitern begleitet, sie spendet Almosen für die Seelenruhe der Toten; der *diver* wirft nachher einen Apfel über die Kirche.

Hochzeiten von Mädchen mit unehelichen Kindern verlaufen sehr still; die Braut trägt keinen Kranz, sondern ein Kopftuch wie die Frauen. Eine schwangere Braut ist oft argem Spott ausgesetzt. In der Ls. Poljica z. B. bereitet man ihr eine Katzenmusik, hängt den Kopf eines alten Esels oder einen toten Hund vor ihre Tür.

Hochzeiten zwischen Witwer und Witwen werden still und einfach begangen, ist aber nur ein Teil verwitwet, dann kann die Hochzeit auch in großem Stil begangen werden. Doch kommt es sehr selten vor, daß ein Bursche eine Witwe heiratet. In der Crna Gora legt man der Witwe bei ihrer zweiten Vermählung den Kranz auf die Schulter, bei der dritten auf den Gürtel.[102] Um Boljevac begießt man am Hochzeitstag eines Witwers das Grab der ersten Frau.

Brautraub und Fluchtehe. Solange die Balkanslaven unter türkischer Herrschaft lebten, blühte die Sitte des Mädchenraubes, *otmica; vlačenje, umicanje* (Dalmatien); als sie aber selbständig geworden waren, wurde sie durch strenge Gesetze eingedämmt, so schon unter Karađorđe und Miloš Obrenović. Heute wird die Entführung gegen den Willen des Mädchens vom Gesetze streng bestraft und auch von der Volksmeinung verurteilt. Anders verhält es sich aber mit der Entführung mit Wissen und Willen des Mädchens (*krađa*, »Diebstahl«, »Raub«, *uskakanje* »Flucht«), das zu diesem Mittel greift, wenn ihr die Eltern die Ehe mit einem geliebten Burschen nicht gestatten, sondern sie mit einem andern verheiraten wollen. In diesem Falle entführt sie der Geliebte selbst in das Haus seines Vaters oder es besorgen dies seine Verwandten und Freunde. Von hier aus beginnen die Verhandlungen zur Herbeiführung der Versöhnung, *mir, namir, pomirenje, mirba* (Skopska Crna Gora), die nach Erlegung des Kaufgeldes fast immer zustandekommt. Die Hochzeit ist dann sehr einfach wie eine Witwenhochzeit, ohne teure Geschenke. Ihre Eltern geben ihr die Ausstattung heraus, nachdem sie um Verzeihung gebeten worden sind, und kommen zu Besuch.

Um den großen Kosten einer regelrechten Hochzeit zu entgehen, verabreden heutzutage die Eltern beider Parteien oft einen Scheinraub, *prividna krađa*. Ein Mädchen, das sich freiwillig entführen läßt oder selbst zum Burschen entläuft, heißt *begunica, begaljka* (Skopska Crna Gora), *dobeglica, pribeglica, odbeglica, samodošlica.* Ihre Stellung im Hause ist nicht beneidenswert, es wird ihr häufig vorgeworfen, daß sie eine Zugelaufene sei. Das kommt in vielen Volksliedern zum Ausdruck, z. B.:

Teško zemlji, kuda vojska prođe,
I devojki, koja sama dođe.
Prvog jutra biće prekorena:
Da si arna, nebi sama došla.

---

[102] Rovinskij II 304.

Weh dem Lande, durch das ein Heer zieht,
Und dem Mädchen, das von selbst kommt.
Am ersten Morgen wird sie gescholten werden:
Wärest du etwas wert, dann wärst du nicht von selbst gekommen.
(Jastrebov 160.)

Über die zahlreichen Hochzeitslieder liegt noch keine zusammenfassende Darstellung vor. Sie werden zugleich mit den übrigen Schöpfungen der skr. Volksopesie von Prof. A. Schmaus im Rahmen des Grundrisses für slav. Philologie und Kulturgeschichte behandelt werden. Hier sei bloß erwähnt, daß in den in volkskundlicher Beziehung rezenten Gebieten alle Phasen der Hochzeit (z. B. Teigmischen, Kämmen der Braut, Ankunft der Hochzeiter, Vorführen der Braut usw.) ihre speziellen Lieder aufweisen. Bemerkenswert sind die Abschiedslieder der Braut im Stil der Totenklagen,[103] das Singen obszöner Lieder, ursprünglich wohl in apotropäischer Absicht,[104] spezielle Lieder beim Mädchenraub,[105] Lieder für jeden einzelnen Hochzeitsteilnehmer im Stil der Koledalieder,[106] Lieder mit dem Motiv der himmlischen Hochzeit,[107] Begleitung der Lieder mit dem Drehen der *tevsija* (aus osman. tepsi »Schüssel«).[108]

Hochzeitsbräuche der Mohammedaner in Bosnien-Hercegovina. Dem *ašikovanje*° »Liebeswerben« folgt die eigentliche Werbung, welche meist von Frauen durchgeführt wird. Das Mädchen erhält bei der Werbung einen Ring, Dukaten oder Schmuck und gibt einen *boščaluk*° als Unterpfand, *amanet*°. Bei der Heimführung der Braut fungieren als Würdenträger: *stari svat, djever, čauš*° und die *jenđija*° »Brautführerin«. Ist die Braut aus demselben Ort, dann wird sie zu Fuß abgeholt, mehrere Frauen und Mädchen, *svatice*, gehen mit. Die Braut wird in den vom Bräutigam mitgebrachten *zavitak* »Umhüllung« (bestehend aus *feredža, peča* usw.) gehüllt, ein roter Schleier, *duvak*, bedeckt Kopf und Gesicht. Vor dem neuen Heim reicht man ihr einen Knaben, *nakonjče*. Mit dem Koran unter dem rechten und einer *pogača* »Aschkuchen« (aus ital. *focaccia*) unter dem linken Arm schreitet sie unter dem ausgestreckten Arm des Bräutigams, der ihr einen leichten Schlag auf den Kopf gibt, über die Schwelle. Drinnen wird die Braut enthüllt, die *pogača* gebrochen und gemeinsam verzehrt. Die Trauung, mit Unrecht *venčanje* genannt, denn sie wird ohne Kränze vollzogen, findet im Hause des Bräutigams oder beim Kadi, bzw. Hodža (Priester) statt. Außerhalb des Hauses wird die Braut durch einen Stellvertreter, *vekil*°, vertreten. Vor zwei Zeugen, *šahidi*°, werden die Brautleute gefragt, ob sie freiwillig in die Ehe eintreten, dann wird die Summe festgelegt, die der Bräutigam für den Fall der Scheidung ausbezahlen muß. Slavisch ist wiederum der

---

103 SEZb VII 192, Kosovo: »Lele mene, majko moja ...« usw.
104 SEZb VII 211.
105 SEZb VII 479: Skopska Crna Gora.
106 ZbNŽ II 446: Otok.
107 SEZb VII 25: Levač; Jastrebov 404.
108 GZM XIX 278: Gacko.

Brauch des *prstenovanje* »Ringansteckens«, durchgeführt vom *djever*, gewöhnlich bei der Abholung: Die Braut holt den von ihm in ein Wassergefäß geworfenen Ring heraus, und er steckt ihn ihr an. Hierauf wird sie von ihm mit Münzen und Bonbons überschüttet. Orientalisch ist die Sitte, der Braut vor oder nach ihrer Heimführung Hände und Füße mit im Wasser aufgelöstem Henastaub zu beschmieren (*kna* über türk. *kyna* aus arab. *hinna' »Pulver aus den Blättern der* Lawsonia inermis oder der Wurzel von Alcannis tinctoria Tausch., mit dem sich die Frauen des Orients Haare und Nägel rot oder gelb färben«. Lokotsch EW S. 69). Diese Farbe ist den Mohammedanern heilig, sie hat apotropäische Bedeutung. Das Beilager, *gjerdek**, findet gewöhnlich Freitag abends im Neumond statt.

Die Vergleichung der skr. Hochzeitsbräuche mit denen der anderen slavischen und indogermanischen Völker ergibt, daß eine große Zahl von Elementen bis in die indogermanische Zeit zurückreicht: So der Brautkauf neben dem Brautraub, die Verhüllung der Braut, die Handergreifung, der Ring, das Körnerwerfen, das Heben der Braut über die Schwelle, der Schoßknabe, die Umwandlung des Feuers, Herdopfer, die Änderung der Haartracht, die Beschreitung des Ehebettes vor Zeugen (Schrader, RL, s. v. Heirat).

Außer diesen ältesten Grundelementen finden sich gewisse Bestandteile bei allen slavischen Völkern: Das Versperren der Haustür, das Verstecken der Braut, der Apfel (mit Münzen) als Geschenk, Austausch der Ringe (vielleicht schon in heidnischer Zeit aus der Antike übernommen), Kränze (römischen Ursprungs), der verzierte Festkuchen, das symbolische Schlagen der Braut, Reste der Promiskuität (Schlafen mit dem Brautführer), Ausgelassenheit (erotische Scherze), Lustration nach der Hochzeit, Brotbrechen über dem Kopf des Brautpaares, Bewillkommnung durch Honig und Salz, Arbeitsbeginn (Anfangszauber), Vorherrschen der roten Farbe (Apotropaion!), geschlechtliche Enthaltsamkeit. Lieder, Tänze, Musik, Trinksprüche und dramatische Scherze haben sicher schon in urslavischer Zeit die verschiedenen Phasen der Hochzeit begleitet.

Urslavisch sind die Bezeichnungen: *svadba* »Hochzeit« (zu *svat*); skr. *veselje* »Fröhlichkeit, Hochzeit«, Walde, Vgl. Wb I 307: idg. **u̯es-*»schmausen, aufgeräumt sein«; skr. *brak* »Hochzeit, Verheiratung« (aus dem Kirchenslavischen) zu *berǫ* »nehmen«; skr. *zarúčiti* »verloben« (zu *ruka* »Hand«) hat alte Entsprechungen im russ. *zaručenje*. Skr. *nevjesta* (südl.) hat Entsprechungen in allen Slavinen; das Wort bedeutet eigentlich »Unbekannte, Fremde« (vgl. magy. *idegen* »einheiratender Schwiegersohn«, eigentlich »Fremder«); Archiv 28, 269: vgl. alb. *re* »die Neue«; Trubeckoj: *neu̯isthā, Superl. zu*neu̯os »die Jüngste« (volksetymologisch angelehnt an *ne-vĕd). Vgl. r. dial. čužénin »Bräutigam«. Skr. *djever* »Brautführer, Schwager«, russ. *dever'*, ukr. *diver*, bulg. *dĕver*, slov. *dever*, tsch. *deveř*, p. *dziewierz*, nach Berneker EW I, 198 urverwandt mit ai. *dēvá*, arm. *taigr*, gr. δαήρ, lat. *levir*, ahd. *zeihhur*, lit. *dieveris*, le. *devers*.

Die kirchliche Trauung, *venčanje*, geht auf byzantinischen Einfluß zurück. In Byzanz selbst war die Ehe bis ins 6. Jahrhundert eine vollkommen weltliche Sache, erst unter Justinian nahm sie den Charakter eines Sakramentes an. Wie wenig Wert das Volk im alten Serbien auf die kirchliche Trauung legte, ersehen wir daraus, daß sich der Erzbischof Sava 1220 veranlaßt sah, die Verheirateten zu versammeln und ihnen den kirchlichen Segen zu erteilen. Ausdrücklich muß das Gesetzbuch Dušans, Punkt 3 verordnen:

»Und keine Hochzeit darf ohne kirchliche Trauung stattfinden; geschieht dies aber trotzdem, ohne daß die Kirche ihren Segen erteilt und gebeten wird, dann ist die Ehe zu trennen.« Über den Einfluß der Kirche auf die Werbung und Verlobung siehe S. 61.

Weiterhin wurden die skr. Hochzeitsbräuche von den benachbarten Kulturen her beienflußt, am stärksten von der deutschen und türkischen, schwächer von der italienischen. Der deutsche Einfluß hat vor allem Kroatien, Slavonien und die Vojvodina erfaßt. Deutsch sind die Bezeichnungen *jagar* »Werber« (Samobor), *krancfrajla, fendrik, šlar* (Prigorje) »Schleier«, *cimer* »Hutschmuck des Bräutigams« aus mhd. *zimier,* »Helmschmuck, ritterlicher Waffenschmuck« (Hlebine in Kroatien), dieses über ital. *cimiero, cimiere* »Helmschmuck« aus mlat. *cimerium, cimeria,* von lat. *cyma,* gr. κῦμα, Berneker EW 129.

Deutsch ist ferner der geschmückte Stab des Hochzeitsladers, die Teilnahme der männlichen und weiblichen Gäste sowie des Brautpaars an derselben Tafel (im Osten und Süden ißt man nach Geschlechtern getrennt, die Braut darf nicht sitzen!), die Teilnahme der Angehörigen der Braut am Festmahl im neuen Heim, Rundtanz der Braut mit jedem Hochzeiter.

Der Einfluß der Türken spiegelt sich deutlich in der Terminologie der serbischen Bräuche: *pezevenk* »Werber« aus türk. *pezevenk* »Kuppler«; *nišan* »Verlobung«, *jauklija,* f. »Braut«[109] aus türk. *javukly* »Bräutigam, Braut«; *đuvegija, duveglija* »Bräutigam« aus türk. *güvegi, göjegü*[110], *čauš* aus osm. *čavuš, čauš* »Ausrufer, Verkünder eines fürstlichen Befehls«,[111] *odobaša* »Fähnrich« (um Prizren) aus türk. *odobašy* (*oda* »Regiment«, *bašy* »Befehlshaber«),[112] *barjaktar* »Fahnenträger« zu osm. (pers.) *bajrak* »Fahne« und türk. *dar* »haben«,[112] *jenga, enđija* aus türk. *(j)ende* »Frau des Bruders«[113]; *enđebula* »Anstandsfrau« aus türk. *enge + bula* »Frau des Oheims mütterlicherseits, Muhme«[112] *muštulugdžija, mjuždedžija* »Herold« zu türk. *muštùluk* »frohe Botschaft, Geschenk für die frohe Botschaft«[114]; *perišáni* m. pl. »Kopfputz der Braut«, durch türk. Vermittlung aus pers. *perišan(i)* »eine Art Kopfputz«[112]; *(h)avlija* »Schleier« aus türk. *havly* »Handtuch«[112]; *dùvak* »Schleier, mit dem die Braut bedeckt ist, wenn sie in das Haus des Bräutigams geführt wird«[112]; *amanet* aus arab. *emanet* »Pfand« über

---

109 Vuk, NP I 275.
110 Rj. Akad.
111 Lokotsch, EW, S. 33: Stamm čau »schreien, rufen«.
112 Mündliche Mitteilung Prof. Rypkas (Prag).
113 Rj. Akad.
114 Lokotsch EW 123: türk. müžde aus pers. mužda »frohe Botschaft«.

türk. *amanet* (Vokalharmonie)[112]; *miraz* »Mitgift« aus türk.-arab. *miras* »Erbschaft«.[115]

Mit der Annahme des Islams haben die slavischen Moslims in Bosnien und Hercegovina auch das türkische Hochzeitsritual angenommen, haben aber noch einige alte slavische Elemente beibehalten, so das Herdopfer, den Ausdruck *venčanje* für Trauung (trotzdem sie ohne Kränze vollzogen wird), das Ringanstecken, das Überschütten der Braut mit Münzen u. ä.

Aus dem *Griech.* stammen: *armas* »Verlobung« aus gr. ἁρμόζω »ich füge zusammen«; *prćija* »Ausstattung« aus spätgr. προίκιον »Mitgift«; aus griech. μεσσίτης »Heiratsvermittler« stammt s. *misidžija* (mit türk. Formans *-džija!*) und dalm. *missita.*

Italienischer Herkunft sind die Ausdrücke *dota* »Morgengabe des Mannes«, *kontradota* »Mitgift der Braut« (Lika, Norddalmatien) aus ital. *dote,* f. und der im Prigorje gebrauchte Ausdruck *palora* »Verlobung« aus ital. *parola,* »Wort, Versprechen«; *fant* »Bräutigam« (Kajkavcen) aus ital. *fante* »Bursche«; *kumpar* »Pate« (Istrien, Krk) aus ital. *compare* »Gevatter«[116]; *komara, kamara* (Vrhgorac-Imotski) aus ital. *comare* »Patin«; *stimadurica* (Lastovo) zu ital. *stimare* »schätzen«; *kapara* »Angeld« aus it. *caparra.*

TOD UND BEGRÄBNIS

Die an Tod und Begräbnis geknüpften Anschauungen und Bräuche der Serbokroaten weisen viele Züge höchster Altertümlichkeit auf, die sich bis in die indogermanische Zeit zurückverfolgen lassen. Das gilt vornehmlich von der Totenklage, von den verschiedenen Grabbeigaben und den hochinteressanten Formen des Seelenkults. Die Speisung der Toten wurde von der katholischen Kirche bei den Kroaten bis auf wenige Reste ausgemerzt — Gebete und Seelenmessen treten an ihre Stelle — bei den Serben aber hat sie sich dank der Duldsamkeit der orthodoxen Kirche bis heute frisch und unverwischt erhalten.

1. Vorbedeutungen

Obwohl die Todesstunde nach dem Volksglauben jedem Menschen schon bei seiner Geburt bestimmt wird, achtet man doch ängstlich auf drohende und Tod kündende Vorzeichen in der belebten und unbelebten Natur.

[115] Lokotsch, EW 118.
[116] Rj. Akad.

a) Wenn im Hause plötzlich ein Ameisenhaufen erscheint, wenn ein Maulwurf oder ein Schwein unter der Türschwelle wühlt, sieht man darin ein Symbol eines bevorstehenden frischen Grabes.

b) Gewisse Tiere haben die Gabe des zweiten Gesichts, sie sehen den ins Haus des Kranken kommenden Tod: Lautes Heulen der Hunde, Krähen des Hahns unter dem Fenster oder auf dem Hauspfeiler, lautes Schreien der Katzen, Brüllen der Kühe in der Nacht künden einen Todesfall, ebenso das Schreien der Eule, des Kauzes, das Krächzen des Raben am Hausfirst und das Rufen des Kuckucks über dem Hause. Als Todesbote gilt auch eine um das Haus hüpfende Kröte, eine Sau, die nur männliche (Tod des Hausvaters!) oder nur weibliche Junge hat (Tod der Hausmutter!), ein vor dem Haus vorüberlaufender Hase, ein vorüberfliegender Totenkopf-Schwärmer, *mrtoglavac* (Slavonien).

c) Träume: Ausfallen von Zähnen, Bartausfall, Herausfallen eines Hausecks, Hausbau ohne Fenster, Reiten auf einem schwarzen Pferd usw.

d) Ungewöhnliche Ereignisse, wie das Knarren des Hausbalkens, das Bersten eines Spiegels oder Trinkglases, das Krähen einer Henne u. ä. zeigen einen bevorstehenden Todesfall an. Auf Vorzeichen achtet man besonders an großen Jahres- und Familienfesten: Wessen Kopf am Weihnachtsabend ohne Schatten bleibt, der wird im Laufe des nächsten Jahres sterben. Aus der Beschaffenheit des Schulterknochens *plećka* des Weihnachtsschweins liest man unter anderm auch einen bevorstehenden Todesfall heraus. Wessen Nuß leer ist, der wird im neuen Jahr sterben. Wenn von den drei beim Slavafest brennenden Kerzen die mittlere zuerst niederbrennt, stirbt zuerst der Hausvater, wenn die rechte, dann ein männlicher Hausbewohner, wenn die linke, ein weibliches Familienmitglied.

e) Wenn der Tote die Augen nicht schließt, wird ihm jemand aus dem Hause nachsterben, desgleichen, wenn er nicht starr wird, wenn er eine lachende Miene hat, wenn ein Fuß länger ist, wenn die Totenbahre beim Hinaustragen aus dem Hause knarrt, wenn es regnet oder schneit (Tränensymbolik!), während das Grab gegraben wird (Kosovo). Wenn der Rauch des vor dem Trauerhaus brennenden Feuers, an dem das Wasser zum Waschen des Toten erwärmt wird, auf das Haus zieht, wird noch jemand sterben; dieser Glaube kann sehr alt sein und noch auf die Zeiten der Leichenverbrennung zurückgehen, denn wir hören, daß die Samagiten (Žemaiten) die noch im Mittelalter die Totenverbrennung kannten, auf den hierbei aufsteigenden Rauch achteten und daraus Schlüsse auf das Seelenheil des Verstorbenen zogen.[117]

Zahlreiche Parallelen zu allen hier angeführten Beispielen der Vorbedeutung des Todes bei den slavischen und anderen indogermanischen Völkern bringt A. Fischer, *Zwyczaje pogrzebowe ludu polskiego,* Lemberg 1921, S. 9 bis 62.

---

117 Caland im Archiv f. RelW XVII 486.

2. Das Sterben

Schon bei Lebzeiten pflegen ältere Leute Vorbereitungen für den Fall ihres Todes zu treffen: Eine im Hause verfertigte geweihte Wachskerze, Geld für den Priester, schöne Totenkleider — denn die trägt man auch im Jenseits — vielfach sogar den Sarg oder Bretter hierfür. Der letzte Wille wird mündlich vor Zeugen verkündigt, ein schriftliches Testament wird nur aufgesetzt, wenn jemand ein größeres Vermögen hinterläßt und kinderlos ist. Verwandte und Nachbarn besuchen den Schwerkranken und bringen ihm *ponude,* z. B. Obst, Käse, Wein, Schnaps mit, damit er nicht hungrig oder durstig in die andere Welt reise. An Fasttagen bekommt er kein Fleisch, auch wenn er darum bittet. Um ihm das Sterben zu erleichtern, schickt man um den Geistlichen, dem er seine Sündenbeichtet und dann mit dem letzten Trost versehen wird.

Überall ist es Sitte, daß sich der Todkranke von den Angehörigen und Nachbarn verabschiedet und sie um Verzeihung bittet: *oproštenje.* Erschwert wird das Sterben durch Weinen und Klagen der Angehörigen, die deshalb in einen Nebenraum gewiesen werden. Mindestens eine Person muß aber beim Kranken wachen und ihm in der Sterbestunde die vorbereitete, für alle Fälle unter dem Kopfkissen liegende (bei den Kroaten *Marijinska svića* genannte) Kerze anzünden, die der Sterbende selbst aber nicht sehen soll. Wer ohne Kerze stirbt, muß im Jenseits im Dunkeln tappen, er kann sogar zum Vampir, *vukodlak,* oder *tènac* werden. Schrecklich ist deshalb der Fluch: *Ne daj mu Bog sreće ni pri smrti sveće!* »Gott gebe ihm kein Glück und in der Todesstunde keine Kerze!« Nicht nur der Priester und die geweihte Kerze verscheuchen die das Sterben hemmenden bösen Dämonen, auch Gebete, Besprengung mit Weihwasser, Räucherungen, Rosenkranz u. ä. dienen demselben Zweck. Vielfach sucht man das Sterben dadurch zu erleichtern, daß man den Kranken aus dem Bett, beziehungsweise wo kein Bett vorhanden ist, von der Lagerstätte hebt und ihn an eine andere Stelle legt. Das entspricht dem schon bei den alten Indern und klassischen Völkern bezeugten Brauch, den Todkranken auf die Erde zu legen, was von den Forschern verschieden gedeutet wird.[118] Nacht Samter,[118a], dem auch ich beistimme, soll die Seele leichter in die Erde eingehen, nach Fischer stellt dieses Heben und Niederlegen einen symbolisch-magischen Akt der Bestattung dar. — In der Crna Gora (Rijeka) richten sie den Sterbenden auf, da es sich im Liegen schwer sterbe. In Slavonien begegnet der auch vielen anderen europäischen Völkern geläufige Glaube, daß es sich auf Federkissen schwer sterbe. Für den größten Teil des skr. Gebietes kommen Federkissen nicht in Betracht, man pflegt sie mit Wolle, Kleidern*, Fetzen, Heu, Stroh u. ä. zu füllen. Sterbenden, von denen man glaubt, daß sie schlecht gewogen haben, legt man etwas Erde auf die Brust (Hercegovina)

---

[118] S. Fischer, op. cit. 74 ff.

[118a] Neue Jahrbücher f. d. klass. Altertum, VIII, 1905, 37.

oder eine Waage unter den Kopf (Bosnien und Hercegovina, Ls. Poljica in Dalmatien, Bakar). Aus letzterem Brauch erklärt sich die Waage als Beigabe in altslavischen Gräbern.[119] Grenzsteinverrückern legt man einen Grenzstein unter den Kopf (Poljica), Bauern, die sich fremden Boden zugeackert haben, ein Stück Rasen.[120] Neben dem Sterbebett einer Frau, welche für andere gesponnen und vielleicht von dem Werg gestohlen hat, verbrennt man etwas Werg (um Otok). In derselben Landschaft legen sie einen Knäuel rohen Garnes unter das Bett. Ebenda sucht man das Sterben dadurch zu erleichtern, daß man den Kranken badet, nachdem man einen Fuchskopf oder einen dicken Kürbis oder Birkenreiser ins Badewasser gelegt hat. Wenn ein Kind weder gesund werden noch sterben kann, tragen sie es bei Vollmond ins Freie und rufen: *Mjeseče, ili ovu tikvu nalij ili razbij!* »Mond, fülle diesen Kürbis oder zerschlage ihn!« Handelt es sich um einen Erwachsenen, beten sie zum hl. Nikola *putnik* »Wanderer«, jener möge entweder am Leben bleiben oder sterben (Otok). Ähnlich wie man die Geburt durch magische Handlungen, die in den Bereich des Analogiezaubers gehören, fördern will, hofft man auch die in den Körper eingeschlossene Seele zu befreien: wenn um Pirot ein kleines Kind nicht sterben kann, schüttet ihm die Mutter etwas Wasser auf das Händchen und trinkt es.[121]

Erschwert wird das Sterben, wenn sich der Kranke auf die untergeschlagenen Beine setzt (Varoš in Slavonien). Wenn der Sterbende schreit, wenn sich das Fenster von selbst öffnet, ist er sündhaft; wer aber leicht oder an einem Freitag stirbt, wird selig (Kroatien). Beim Eintritt des Todes werden nach uraltem Brauch[122] die Fenster geöffnet, damit die Seele entweichen könne. Letztere umschwebt 40 Tage lang in Gestalt eines Vogels, Schmetterlings oder einer Fliege das Haus (in Mazedonien darf man deshalb Fliegen um den Toten nicht töten, sondern soll sie mit Basilienkraut oder einem Tüchlein sanft verscheuchen). Vgl. russ. *bábočka* »Schmetterling«, Deminutivum von bábka »Großmutter«. Zugrunde liegt die Vorstellung, daß die Seele eines Verstorbenen als Schmetterling weiterlebt. — Russ. dial. *dúšečka* »Schmetterling« von *dušá* »Seele« (Vasmer, REWb I 35, wo weitere Literatur). In Bosnien und Hercegovina glaubt man, daß die erlöste Seele nach 40 Tagen als weiße Taube davonfliege.[123]

Bei den Serben gilt der hl. Aranđeo Mihajlo als Seelenführer, bei den Kroaten der Schutzengel *jajngel čuvar* (Lobor), auch der *hl. Mikola putnik*, vereinzelt auch der hl. Jakob, so um Bakar: die Seele fliegt als Taube, die ein Sündloser sehen kann, zum hl. Jakov, wo sie bis zum Begräbnis verbleibt.

Allgemein ist der Glaube, daß der bei der Geburt des Menschen aufleuchtende Lebensstern beim Tode als Sternschnuppe niederfällt und erlischt.

---

[119] Niederle, ŽSS I/1 242.
[120] WMBH IV 402.
[121] Zs. Karadžić III 247.
[122] Vgl. Niederle, ŽSS II 1, S. 35.
[123] GZM XI 699.

3. Die Herrichtung und Aufbahrung der Leiche

Der Tote, *mrtvac, mrtavac* (Lužnicatal, Slavonien), *mrtac* (Crna Gora, Dalmatien), *mrtvèc* oder *mrlič* (Samobor) wird mit warmem Wasser, das an einem außerhalb des Hauses angezündeten Feuer erwärmt worden ist, gewaschen, das Badewasser wird in den Fluß oder zum Zaun geschüttet, wo niemand hintreten kann. Dem Wasser setzen sie hier und da Rotwein zu (Sarajevo), in der Ls. Homolje legen sie Burschen und Mädchen Kieselsteine und Blumen hinein. Oft wird die Leiche nur mit einem feuchten Tuch (Mazedonien) oder mit feuchtem Werg (Levač) abgerieben. Männer werden von Männern, Frauen von Frauen und Popen von Angehörigen ihres Standes gewaschen. Angehörige pflegen nicht anwesend zu sein. Die beim Waschen der Leiche verwendeten Gegenstände wie Handtuch, Seife, Schüssel, Kamm gelten als unrein und werden weggeworfen. Das Feuer zum Wärmen wird oft mit dem Badewasser gelöscht, die Holzreste werden in den Fluß geworfen, der Kessel umgestürzt. Daß das Leichenbad nicht nur der körperlichen Reinigung dient, sondern auch die Sündentilgung bezweckt, ersieht man daraus, daß man in Bosnien dem Toten bloß das Gesicht, Hände und Füße wäscht, wenn er kurz vor dem Tode die Kommunion empfangen hat.

Brot und Salz werden dem Toten als Apotropaia in die Hände gelegt, letzteres darf allerdings nicht mitbestattet werden wegen des Glücks des Hauses (Boljevac). Bei den Serben wird der Sarg vor der Benützung häufig mit Werg, Schwefel und Pulver ausgebrannt, wobei zwei alte Frauen Beschwörungsformeln murmeln.[124] Abwehrkraft besitzt auch ein in Kreuzform auf das Leichentuch gelegter roter Faden mit Münze (Levač, Hercegovina) und ein beim Kopfende in den Boden gestecktes Messer (Moslims in Bosnien und Hercegovina). Das Leichentuch, *pokrov,* wird des Nachts dem Toten über das Gesicht geschlagen, welches tagsüber freiliegt.

Wie bei den Russen[125] wird auch bei den Serbokroaten dem Toten das alte Hemd am Leibe zerrissen und nicht über den Kopf gezogen (Levač, Slavonien).

Nach der Waschung wird der Tote mit schönen, meist neuen Kleidern bekleidet und wie zu einem Kirchgang hergerichtet. Männer erhalten immer eine Mütze, *kapa,* beziehungsweise *fes,* und einen Gürtel oder ein ihn ersetzendes rotes Band. Ledige werden wie für ihre Hochzeit gekleidet, Mädchen schmückt man demnach mit dem Brautkranz. Doch werden auch Frauen vielfach in ihrem Hochzeitskleid, das sie aufbewahrt haben, bestattet (Samobor). In Slavonien gibt man dem Toten keine Ledersachen (Stiefel) mit, sonst kommt er wieder (Otok). Zugrunde liegt wohl der Glaube, daß der Tote solange umgeht, bis die Schuhe zerrissen sind (vgl. HDA s. v. Abwehrzauber).

Bis zur Bestattung, die früher möglichst am Sterbetage stattfand, heute aber frühestens 24 Stunden nach dem Tode erfolgt, liegt der Tote im Hause oder auch

---

124 Milićević, ŽSS 343.
125 Zelenin, RV 322.

außerhalb desselben aufgebahrt und wird bis zur Fortschaffung sorgfältig bewacht. Mit der Aufbahrung ist eine Reihe von altertümlichen Bräuchen verbunden, welche einerseits die Seele des Toten vor feindlichen Dämonen anderseits die Hinterbliebenen vor schädlichen Einwirkungen von seiten des Toten schützen sollen. So brennt zu Häupten des Aufgebahrten eine Kerze (oft in einem Gefäß mit ungekochtem Weizen: Đevđelija) oder ein Öllämpchen, angeblich deshalb, damit die Seele im Jenseits nicht im Dunkeln wandeln müsse. Neben dem Toten steht ein Gefäß voll Weihwasser, mit dem ihn die Besucher bei ihrer Ankunft besprengen. Auf die aufgebahrte Leiche legt man vielfach eine Sichel, um angeblich das Aufblähen der Leiche zu verhindern.[126] Ich sehe in dieser Sichel ein Abwehrmittel.[127] Hunde und Katzen werden eingesperrt, damit sie nicht über den Toten springen, denn dann würde er zum Wiedergänger, *vampir, vukodlak, tenac,* und die Seele des Verstorbenen müßte in Gestalt eines der genannten Tiere vor Gott treten.

Überall besteht die Sitte, dem Toten Hände und Füße zu binden, oft mit einem roten Faden (Kosovo; Vlasina). Die Hände liegen gekreuzt, in Kroatien und Slavonien allerdings nur, wenn der Verstorbene als Gevatter fungiert hat, sonst liegen sie ausgestreckt an den Körper gelegt. Bei Kindern unterbleibt das Binden, denn sie gelten als sündlos. Damit der Mund nicht offen bleibe, wird das Kinn mit einem Tüchlein gebunden. (So schon bei den alten Griechen).[128] In Samobor schreibt man letzterem magische Kräfte zu, insbesondere vor Gericht kann man mit einem Stücklein davon im Schuh den Gegner zum Schweigen bringen (Analogieglaube). Die Augen des Toten dürfen nicht offen bleiben, sonst könnte er einen oder zwei Lebende nachziehen; deshalb drückt man sie zu und legt im Bedarfsfalle Münzen oder Scherben darauf. Aus der Skopska Crna Gora ist der Brauch bezeugt, den Leichnam während der Nacht mit einem F i s c h e r n e t z zu bedecken, damit er nicht zum Vampir werde und niemanden nachziehe. (Als bannendes Mittel begegnet das Netz auch bei den Kaschuben).[129] Die Serben versengen mitunter dem Toten, wenn er älter ist als 20 Jahre, mit der Sterbekerze die behaarten Körperstellen.[130] Damit Verbrecher und Meineidige nicht zu Wiedergängern werden, bringt man ihnen vor der Bestattung eine Wunde bei (Zerschneiden der Fußsohlen oder einer Zehe oder der Kniesehnen. Stoßen eines Nagels oder Weißdornpfahles in den Nacken); dadurch vereitelt man die Absicht des Teufels, den Leichnam aufzublasen und zum Vampir zu machen, denn die Luft entweicht durch die betreffende Wunde. In derselben Absicht bringen sie in

---

[126] GEM VI 80: Ogulin.

[127] Vgl. Schneeweis, FVLW 85; Fischer 249 ff.

[128] Rohde, Psyche II 337, 363.

[129] S. Fischer, ZP 114; Wollman im Národopisný Věstník čsl. XVI 138; ZVfV XIV 324: der mit dem Netz Bestattete müßte erst alle Knoten lösen, dann erst könnte er wiederkehren; weitere Literatur: HDA V 1760.

[130] Milićević, ŽSS² 342.

der Ls. Levač jenem Toten an der Stirn oder am Hals eine Wunde bei, *načnu ga*, der ohne Kerze gestorben ist.

In der Ls. Zagorje herrscht der Glaube, daß der Tote um Mitternacht erzittere, seufze und die Augen öffne. Von sonstigen Vorkehrungen, die nach einem Todesfall getroffen werden müssen, sei das Verhängen der Spiegel erwähnt, was nach kroat. Volksglauben verhindern soll, daß man im Hause noch einen zweiten Toten sieht (Samobor) oder daß sich der Tote in der Nacht nicht aufrichte (Bakar). Nach Sartori hat man bei der Deutung dieses Brauches von der festhaltenden Wirkung des Spiegels auszugehen, der die Seele oder den Tod an das Haus fesseln könnte. Auch alle Arbeiten der Hausbewohner müssen bis zur Schließung des Grabes stille stehen, insbesondere Spinnen, Weben, Kehren, Kämmen, Mahlen sowie die Feldarbeiten. Kochen im Hause ist entweder ganz verboten oder besorgen es Verwandte und Nachbarinnen.

Die Sitte, die Schlafenden nach einem Todesfall im Hause gleich zu wecken, wurzelt wohl in primitiven Seelenvorstellungen: Die während des Schlafes außerhalb des Leibes weilende Seele könnte bei der Begegnung mit der Seele des Abgeschiedenen Schaden nehmen oder mitgezogen werden.[131] Doch kann auch Partizipationsglaube zugrunde liegen: der Schlafende könnte ebenfalls in den ewigen Schlaf verfallen.

Allgemein ist der Glaube an die Unreinheit der Leiche und der mit ihr in Berührung kommenden Personen und Gegenstände. Aus diesem Glauben fließt eine Reihe von Bräuchen: Das Feuer im Hause wird ausgelöscht, das Wasser wird gleich nach dem Todesfall oder nach dem Hinaustragen der Leiche auch in den Nachbarhäusern aus allen Gefäßen ausgeschüttet; wer es tränke, würde bewußtlos. Vielfach deutet das Volk das Ausgießen des Wassers in dem Sinne, daß der Tote im Jenseits nicht Durst leiden möge. Bei den Serben werden auch Brot, Speisen und Sauerteig für verunreinigt gehalten und weggeschüttet. Neuer Sauerteig muß aus dem Nachbarhaus geholt werden. Wenn man bemerkt, daß jemand sterben wird, trägt man das Saatgut aus dem betreffenden Haus.[132] Von jener Leinwandrolle, von der man das Leichentuch geschnitten hat, muß man vor späterem Gebrauch ein Stück abschneiden und an einen Dornstrauch binden, sonst stirbt jemand im Hause (Lužnicatal). Anderswo liegt diese Leinwandrolle bis zur Bestattung auf dem Dach (Levač). In der Crna Gora und in der Hercegovina reißt man ein Stück des Leichentuchs ab und bindet es an den Hausbalken in der Nähe des Herdes (Sitz der Seele?). Aus Furcht, daß das beim Zerschneiden des Leichentuchs verwendete Messer bzw. Schere nicht mehr scharf würde, schneiden sie die Leinwand mit einem scharfen Stein.[133] Maretić und Čajkanović sind geneigt, in diesem Brauch ein Relikt aus der Steinzeit zu sehen, doch fehlen bisher Analogien des Brauches bei andern indogermanischen Völkern.

[131] Parallelen bei Frazer, Der goldene Zweig 266, deutsche Ausgabe.
[132] GEM III 100: Ls. Stig.
[133] Milićević, ŽSS[2] 340: Šabac; auch aus dem Banat bezeugt.

Die Späne, welche bei der Herstellung des Sarges übrigbleiben, werden fast überall in den Sarg oder in das Totenkissen gelegt, bisweilen verbrannt (letzteres am Kosovo). Das Bettstroh wird verbrannt, die Kleider müssen vor ihrer Wiederverwendung gewaschen werden, aber nicht gemeinsam mit denen der Überlebenden.

Das Trauerhaus wird als solches durch eine ausgesteckte schwarze Fahne (Serbien) oder wie bei den Huculen in Galizien durch ein an das Fenster gebundenes Handtuch (Slavonien) oder Kopftuch (Krapina) gekennzeichnet. An dem Sterbetag darf man nichts verborgen, wenn schon, dann muß die Sache vor Sonnenuntergang zurückgestellt sein (Kosovo).

Allgemein herrscht die Sitte, neben oder unter den Toten ein Gefäß voll Wasser zu stellen, wohl dazu, daß sich die Seele labe oder bade. Vielfach legt man an die Stelle, wo der Tote verschieden ist, Opfergaben, z. B. einen Teller voll Getreide mit einem durchstochenen Ei darin, der dem Toten beim Hinaustragen samt dem Inhalt nachgeworfen wird (Bosnien und Hercegovina); eine Schüssel mit gekochtem Weizen und ein Glas Wasser (Sarajevo); ein Gefäß voll Mehl stellen die Moslims in Bosnien und Hercegovina an das Kopfende des Toten.

Die Mitteilung von dem traurigen Ereignis an Nachbarn, Verwandte und Freunde geschieht durch lautes Wehklagen der Hinterbliebenen vor dem Hause, durch Boten und durch Läuten der Totenglocke. Einige Männer aus der Nachbarschaft werden ersucht, den Sarg herzustellen, andere wieder, die *grobari, ukopnici, pokopnici, facigari* (Samobor), das Grab zu graben. Erst in neuerer Zeit wird der Sarg auch vom Tischler geliefert und das Grab von einem berufsmäßigen Totengräber gegraben. Das Grab, *grob, raka,* darf erst am Begräbnistag selbst begonnen werden, ein während der Nacht offenes Grab hätte einen zweiten Todesfall zur Folge. Das Maß für Sarg und Grab pflegt man mit einer Rute, einem Schilfrohr oder einem roten Wollfaden zu nehmen.

Vor Beginn des Grabens wird die Grabstelle oft durch eine Reihe von Zeremonien geweiht: Anzünden einer Kerze beim Kopfende der Grabstelle, Beräucherung, Überschüttung mit Wein, Bekreuzung der Grabstelle mit dem Spaten u. ä. (Boljevac, Skopska Crna Gora). Das Grab ist gewöhnlich 1—1,20 m tief, beim Graben vorgefundene Knochen werden sorgfältig gesammelt und mitbeigesetzt. In Mazedonien (um Đevđelija) wäscht man sie vorher, überschüttet sie mit Wein und läßt ein Gebet darüber lesen; bemerkenswert ist, daß in der genannten Landschaft die Hausfrau bestimmt, wo der Tote begraben werden soll.[134] Der Sarg, *mrtvački sanduk, kovčeg, lijes* (Kroatien, Slavonien), *skrinja, škrinja,* (Lika, Dalmatien, Crna Gora), *kapsela* pl. (Poljica, Hvar), *tabut* (Slavonien) ist noch nicht überall eingeführt, in den Karstgegenden, wo es an Erdreich und Brettern mangelt, werden die Toten vielfach ohne Sarg in die in den Fels gehauenen Gräber beziehungsweise Grüfte gelegt. In dem Städtchen Hvar (Lesina) z. B. wo ich 1927 den Friedhof besucht habe, werden die Toten, nur in ein Leintuch gehüllt, ent-

[134] SEZb 40, S. 254.

weder in ihrer Familiengruft beigesetzt, oder als Mitglieder einer *bratovština* »Bruderschaft« — Schiffsleute und Fischer sind in der Bruderschaft des hl. Nikola organisiert — in der Gruft ihrer Vereinigung, Arme in der Gemeindegruft.

Eine andere Bestattungsweise ohne Sarg besteht darin, daß man auf den Toten im Grab eine Art Dach legt,[135] oder über ihm eine in den Seitenwänden des Grabes befestigte Bretterlage, *sklopnice* pl., anbringt. Letztere Bestattungsart hat auch der Reisende Gerlach um 1570 bei Smederevo beobachtet (Rad 116, S. 54).

Für die Reise ins Jenseits und das Fortleben nach dem Tode wird der Tote mit verschiedenen Beigaben ausgestattet: Kindern legt man Blumen, Äpfel und Spielzeug in den Sarg bzw. ins Grab, Mädchen Handarbeiten, Nadeln, Spindeln, Spiegel u. ä., Wöchnerinnen ein Pflugmodell für ein männliches Kind und einen Spinnstab für ein weibliches, Lahmen eine Krücke. Wein, den man dem Toten mitgibt, nimmt man viele Jahre später bei der Öffnung des Grabes heraus, er gilt als heilkräftig (Bosnien, Mazedonien). Brot, Fleisch und Wein als Beigaben sah 1564 der Reisende Busbeque in Jagodina.[136] Die Katholiken geben lieber Heiligenbilder und Weihwasser mit. Sehr verbreitet ist die Sitte, dem Toten eine Münze in den Mund oder in die Hand oder Tasche zu legen. Dieser Brauch, für den sich in ganz Europa Paralellen in alter und neuer Zeit beibringen lassen, wird von Rohde, Samter, Sartori u. a. als Ablösung des hinterlassenen Vermögens gedeutet. Hiezu stimmt die bosnische Sitte, dem Toten eine Münze in die Hand zu legen, damit er das Vieh nicht nachziehe.[137] Nach der volkstümlichen Deutung dient die Münze auch als Belohnung für die Überfuhr auf die Insel der Seligen oder zum Ankauf eines Platzes im Jenseits. In manchen Gegenden Bosniens legt man nur dann eine Münze bei, wenn man beim Graben des Grabes Knochen vorfindet, man will also den rechtmäßigen Besitzer des Grabes entschädigen. Ähnlich wie der ausgegrabene Wein als heilkräftig gilt, schreibt man auch der nach Jahren gefundenen Totenmünze Übel abwehrende und schützende Kraft zu (Đevđelija), Kinder tragen sie als Talisman. — Einem Jerusalempilger legt man auch den erworbenen Ablaßbrief bei.

Die Hinterbliebenen geben ihrer Trauer um den Tod des Verblichenen auch äußerlich Ausdruck durch Wenden der Kleider, so daß Goldstickereien und grelle Farben unsichtbar werden, durch Abnehmen der Fesquaste und des Schmuckes. Männer gehen acht Tage lang, vielfach noch länger, ohne Kopfbedeckung, lassen Haare und Bart 40 Tage lang wachsen, Frauen und Mädchen lösen die Zöpfe und legen ein schwarzes Kopftuch an. Schwarz ist zwar heute die verbreitetste Trauerfarbe, doch begegnet als Relikt altslavischer Sitte auch Weiß: Um Otok tragen die um ihre Eltern trauernden Mädchen weiße Kopftücher, in der Hercegovina die Frau des Verstorbenen. Weiß ist auch bei den Moslims in Bosnien und Herce-

---

135 Milićević, žSS² 339.
136 Rad 37, S. 115.
137 SEZb XXXII 365; auch um Ogulin: GEM VI 85.

govina (Provinz) die vorherrschende Trauerfarbe. In diesem Zusammenhang sei darauf hingewiesen, daß sich die Slaven den Tod, *smrt* f., als weißgekleidete Frau denken.[138]

Beim Tode eines Hirten werden den Tieren die Glocken abgenommen und der Leithammel wird geschoren (Vasojevići).

Die früher herrschende, in indogermanischer Zeit wurzelnde Sitte, zum Zeichen der Trauer die Brust zu schlagen (*plakati* zu lat. *plango*), das Gesicht blutig zu kratzen, die Zöpfe abzuschneiden (vgl. Ilias XXIII. 135, 152) ist heute infolge von amtlichen Verboten kirchlicher und weltlicher Behörden fast ausgestorben. Das Gesetzbuch des Knez Danilo 1855 z. B. verbietet Männern und Frauen, zum Zeichen der Trauer die Zöpfe abzuschneiden und im *rascijep* »Pflock mit Spalt« aufs Grab zu stecken. Um Gacko schneidet man sogar den Pferden bei einem Todesfall Mähne und Schweif ab (nach Herodot IX 24 schoren die Perser den Pferden ihrer bei Platää gefallenen Feldherren die Haare).

4. Die Totenklage

Die gesungene Totenklage gehört zu den ältesten Bestandteilen des indogermanischen Bestattungsrituals und hat sich besonders bei den Serben bis zum heutigen Tage in seltener Frische erhalten. Vereinzelt singen zwar auch die Männer Klagelieder, allerdings nur um Männer, doch im allgemeinen üben die Frauen diesen Brauch aus. Die Terminologie ist ungemein reichhaltig, es finden sich folgende Bezeichnungen des Klagegesangs: *naricati, tužiti, zapijevati, nabrajati* »aufzählen« (nämlich die Vorzüge der Verstorbenen), *plakati, redenje* (Štip), *bugariti, jaukati, kukati, lelekati, vikati* (Lužnicatal), *vijenje* (Altserbien), kr. *spričavanje*. Die Klagefrau heißt dementsprechend *naricaljka, narikača, narikuša, tužaljka, zapevka, pokajnica, jaukalja, bugarilja* (Dalmatien), *žalostnica* (Ogulin), *plakavica* (im alten Dubrovnik). Am lautesten und ergreifendsten klagen sie um den Toten unmittelbar nach dem Hinscheiden, nach vollzogener Aufbahrung, beim Eintreffen eines dem Aufgebahrten geltenden Besuches, beim Hinaustragen, beim Hinablassen ins Grab und beim Besuch des Grabes. In der Crna Gora wird die Totenklage auch nach der Bestattung über den Kleidern oder Waffen des Toten angestimmt.[139] In derselben Weise klagt man dort um einen in der Fremde verstorbenen Angehörigen. — Abb. 9 zeigt Klagefrauen in der Crna Gora.

Was den Inhalt der Lieder betrifft, so werden sie mit Zugrundelegung gewisser Schemen und unter Verwendung der gebräuchlichen Epitheta improvisiert.

---

138 Belege für Weiß als alte Trauerfarbe bei Fischer A., Zwyczaje pogrzebowe ludu polskiego, 307 ff.; Schneeweis, FVLW 96; Schneeweis in der Zeitschrift für slav. Phil. X (1933) 369.

139 SEZb V 558; Stamm Vasojevići; Medaković, ŽOb 57: Kleider und Waffen lagen 10 Tage lang von früh bis abends vor dem Hause auf der mrtvačka trpeza »Totentisch«.

Sie enthalten das Lob des Toten, Episoden aus seinem Leben, Vorwürfe wegen des plötzlichen Verlassens, Schilderung der Trauer der Hinterbliebenen, Grüße an früher Verstorbene u. a. Beim ersten Gräberbesuch pflegt man den Toten zu fragen, ob er sich an das neue Heim, das doch so kalt und finster sei, gewöhnt habe. Im allgemeinen ist die Ähnlichkeit der Klagelieder in allen skr. Landschaften und auch bei anderen Völkern ziemlich groß, »denn die psychologische Grundlage, der Schmerz um den Toten, ist überall dieselbe« (V. Ćorović). Was das Versmaß betrifft, herrschen Zehnsilbner (Boka, Hercegovina, Mačva, Otok) und Achtsilbner (Crna Gora) vor, doch begegnen auch gemischte Metren.[140]

Mit dem Singen des Klagelieds ist meist eine charakteristische Körperhaltung verbunden: In der Crna Gora z. B. bilden die Trauernden in der Nähe des Grabes nach der Bestattung einen Kreis, eine Frau beginnt mit vor der Brust gekreuzten Händen zu klagen, wobei sie langsam hin- und herschreitet; jede Strophe wird von einer andern Frau wiederholt, so daß erstere Zeit zur Improvisation findet. Anderswo streckt die Montenegrinerin die linke Hand über die rechte Brust, so daß der Ellbogen des rechten Armes in der linken Hand ruht, die rechte Hand legt sie unterhalb des rechten Ohres an. Nach jedem Schritt beugt sie sich vor und richtet sich wieder auf.[141] Um Užice beginnt die nächste weibliche Verwandte mit aufgelöstem Haar zu singen; die Hände stützt sie dabei auf den Gürtel, den Kopf neigt sie seitlich auf eine Schulter und umwandelt einige Male den Tisch.[142] Eigenartige Trauermäntel tragen die klagenden Frauen der Verwandtschaft, *narikuše,* in der Ls. Poljica.[143] Ähnliche Kapuzen, *kukuljice,* trugen die Trauernden im alten Dubrovnik.[144] In der Crna Gora pflegen die Frauen noch nach Jahren in der Einsamkeit mit leiser Stimme um einen unvergeßlichen Toten zu klagen. Das nennen sie *tuženje za razgovor* »Klagen Trostes halber«.[145] Die schon aus dem 15. Jh. in Dubrovnik bezeugte Sitte, dem Begräbnis bezahlte Klageweiber beizuziehen, ist heute ausgestorben.[146]

Die Klagelieder dürfen nicht während der Nacht gesungen werden, angeblich deshalb, damit nicht die Dämonen angelockt werden, ferner unterbleibt das

---

[140] Gute Beispiele solcher Trauergesänge, teilweise auch mit Melodien, findet man im SEZb VII 490, 515 (Skopska Crna Gora), ib. S. 92 (Levač), ib. XIV 247 (Boljevac); ZbNŽ III 32 (Otok), ib. XV 248 (Čakovac), ib. XXV 342 (Varoš); GZM XIII 618 (Crna Gora), ib. XV 398 (Hercegovina), ib. XV 599 (Mostar); Medaković 58 (Crna Gora); Arkiv Kukuljevića II 420 (Ogulin), ib. II 363 (Slavonien); bei Vuk, ŽOb 154 ff., Vuk, SNP I 90—97: Stamm Paštrovići; N. Šaulić, Srpske narodne tužbalice, I. Bd., Belgrad 1929; GEM VI 78 ff.: Ogulin; ganz im Volkston ist die herrliche Totenklage im Gorski Vijenac (ed. Rešetar[9], S. 99 ff.) gehalten, in der der Tod des Batrić von seiner Schwester beklagt wird.

[141] Ćorović im Brankovo Kolo XIV 247.

[142] Milićević, Kneževina Srbija 356.

[143] ZbNŽ X 94.

[144] Ljepopili, mündl.

[145] GZM XIII 635.

[146] Rad XL 137.

Klagelied und die Trauer überhaupt, wenn das erste Kind gestorben ist. Aus der Volkspoesie[147] und aus der jüngsten Vergangenheit[148] sind uns Fälle bezeugt, daß die Eltern durch Lachen und gezwungene Heiterkeit die Dämonen abzuwehren suchen.[149] In der Ls. Poljica kommen die Nachbarn beim Tode eines kleinen Kindes ins Sterbehaus *na radovanje* »zum Freudenfest«, denn die Familie hat nun einen Engel als Fürsprecher im Himmel. Besonders ausgeprägt finden wir diese magische Freude in der Ls. Homolje.[150] Während der Tote aufgebahrt liegt, kommen ihn Verwandte und Nachbarn besuchen, auch wenn sie jahrelang mit ihm verfeindet waren: *na pokajanje; na žalost; mrtveca škropit* »den Toten besprengen« (Prigorje). Jeder küßt dem Toten die Hand und das Gesicht und betet: *Bog da te prosti!* »Gott möge dir verzeihen!« Die Orthodoxen bringen häufig Speisen, Getränke und Kerzen mit — letztere zünden sie neben dem Toten an — die Katholiken besprengen ihn mit Weihwasser und beten drei Vaterunser. Der Tote darf nie allein bleiben, mindestens eine Person muß ihn b e w a c h e n, *čuvati,* damit keine Tiere über ihn springen — er würde sonst zum Vampir — und damit die Kerze nicht verlösche.

5. Das Begräbnis

Nach den heutigen gesetzlichen Vorschriften darf die Bestattung *sprovod, pratnja* frühestens 24 Stunden nach dem Tode stattfinden, früher begrub man den Toten, wenn er vormittags starb, noch an demselben Tage. Mit dem Hinaustragen des Toten aus dem Hause ist eine Reihe von Bräuchen verbunden, welche die Seele vertreiben oder an der Rückkehr hindern sollen. Hierher gehört das Hinaustragen der Leiche mit den Füßen voran, Nachschütten von Wasser und Zerschlagen des Gefäßes, Nachwerfen von Steinchen, dreimaliges Niedersetzen des Sarges auf die Schwelle (Kroaten und Serb. Grenzer) — in der Katunska Nahija jedoch ist letzteres ausdrücklich verboten, damit nicht ein Hausbewohner nachgezogen werde. In der Kragujevačka Jasenica trägt man den Toten durch eine andere Tür hinaus, die sonst profanem Gebrauch entzogen ist. Damit die Seele nicht zurückbleibe, werden Fenster und Türen geöffnet, Gefäße, Stühle und Bänke umgestürzt. Nicht nur im Sterbehaus, sondern auch in den Nachbarhäusern wird das für unrein gehaltene Wasser ausgeschüttet. Das Haus wird gekehrt, der Besen weggeworfen. Vertreibung der Seele bezweckte meiner Meinung nach ursprünglich der Brauch, Erde ins Haus und auf den Dachraum zu werfen (Kosovo, Boljevac); die volkstümliche Deutung besagt allerdings, daß man dies deshalb

[147] Vuk, NP VI, Nr. 14: Smrt Cara Uroša.
[148] SEZb XXXI 25: Čajkanović, Magični smej.
[149] HDA V 869: Lachen.
[150] Einzelheiten im SEZb XIX 251.

tue, damit man während des Trauerjahres Verbesserungen an dem Hause vornehmen könne. Besonders in Kroatien ist es Sitte, die Haustiere herauszulassen, vielleicht eine Art der Ablösung, damit das Vieh nicht vom Toten nachgezogen werde.[151] Nach serbischem Volksglauben haben die in demselben Monat oder Tag geborenen Mitglieder einer Sippe, die *jednomesečići* bzw. *jednodanci* ein ähnliches Schicksal. Stirbt einer von ihnen, so befürchtet man deshalb den Tod des andern. Darauf beruht der interessante Brauch des Loskaufens vom Toten, *otkupljivanje*, für den es bei den übrigen slavischen Völkern meines Wissens keine Parallelen gibt: Vor der Hebung des Sarges wird ein Fuß des Toten und ein Fuß des Lebenden in eine Pferdekoppel geschlossen, womit symbolisch ausgedrückt wird, daß der Lebende dem Toten verfallen sei. Ersterer ruft nun einen der Umstehenden an: *Po Bogu da si mi brat (sestra), otkupi roba od groba!* »Um Gotteswillen sei mein Wahlbruder (Wahlschwester) und kaufe den Sklaven vom Grabe los!« Der Angerufene öffnet die Koppel und befreit ihn. Die beiden sind von der Zeit an *pobratimi* »Wahlbrüder«, bzw. *posestrime* »Wahlschwestern«. Vielfach wird auf der Türschwelle eine Silbermünze in zwei Teile zerhackt; die Hälfte, die ins Haus fällt, legt man dem Toten in den Sarg, die andere behält der Losgekaufte. Kommt der Loszukaufende erst nach dem Begräbnis, so wird die obige Zeremonie am Grabe vollzogen und zwar in der Weise, daß anstatt des Fußes des Toten das Grabkreuz oder ein mit Graberde gefüllter Strumpf in die Koppel geschlossen wird.[152] — In diesem Zusammenhang sei der aus der Ls. Homolje bezeugte Glaube erwähnt, daß ein Mensch sterben müsse, wenn der an demselben Tag zur Welt gekommene Wolf stirbt oder getötet wird.[153] Der Tote wird entweder mittels der Bahre, *nosila* (Skopska Crna Gora: *tronj*, wohl aus neugr. *θρονί*, gepolsterter Lehnstuhl, so Vasmer mündlich), zu Grabe getragen, wenn die Entfernung nicht groß ist, sonst mit dem Wagen oder Schlitten gefahren. In einigen Gegenden wird nach uraltem Brauch auch im Sommer nur der von Ochsen gezogene Schlitten verwendet[154] (Abb. 10).

Was den T r a u e r z u g bei den Orthodoxen betrifft, so geht als erster der Träger des Kreuzes, ihm folgt ein Träger mit einem Teller voll gekochten Weizens (*žito, koljivo, panahija*), dann kommen die Sänger, der Pope, der Sarg (bei schönem Wetter offen), schließlich die Leidtragenden. Auch bei den Katholiken wird das Kreuz (*križ*) vorangetragen, doch fehlt das *žito*, und der Sarg ist geschlossen. Auf der Insel Hvar dürfen Kinder nicht am Begräbnis teilnehmen, in der Hercegovina (Mostar, Gacko, Ljubinje) und in der Ls. Konavlje auch nicht die Frauen. In Bugojno geht bloß eine alte Frau mit, die Speisen und Getränke trägt. Kurja-

---

151 Fischer, op. cit. 273.

152 Varianten bei Milićević, ŽSS 339; SEZb III 26; ib. VII 85: Levač.

153 SEZb XIX 338.

154 SEZb XIV 246: Boljevac; Kupatal: der Schlitten darf keine eisernen Bestandteile haben. — Bilten II 346 (1953): Schlitten im Sommer auch in einigen Dörfern des Rama-Gebiets.

ković[155] berichtet aus Vrbova in Slavonien, daß die Leiche eines Erwachsenen nur von singenden Mädchen, aber von keinem einzigen Verwandten begleitet wird; letztere knien bei der Tür nieder, beten und werfen Steinchen nach. Letzteres tun auch jene, die dem Trauerzug begegnen.

Früher war es vielfach Sitte, daß sich 4 bis 6 Mädchen oder Frauen auf den Sarg setzten und klagten (Varoš in Slavonien; Lonja).

Zwei- bis dreimal wird auf dem Weg zum Friedhof gerastet, am liebsten an Wegkreuzungen, damit sich angeblich die Seele ausruhe. In Grahovo und in einem großen Teil Dalmatiens und der Lika markiert man diese Stellen, *počivala, mirila,* mit Steinen. Da die Leiche auf die animalische und vegetative Fruchtbarkeit schädlich einwirkt, darf man mit ihr nicht über Felder fahren, auch nicht durch eine schlafende Herde, schwangere Frauen müssen zu Hause bleiben. Andererseits tragen die Serben vielfach kranke Kinder zu einem vorübergehenden Leichenzug, damit die Krankheit (als Dämon gedacht) auf den Toten übergehe.[156] Auf dem Wege zum Grabe darf sich niemand umsehen, sonst stirbt bald ein anderer. Dieses schon den alten Slaven geläufige Verbot dürfte in dem Glauben wurzeln, daß die Seele des Toten hinterherschwebe und den nachziehe, der sich umschaut.

Auf dem Friedhof setzt der Geistliche die schon im Trauerhause begonnenen Zeremonien und Gebete (serb. *opelo*) fort und der Tote wird, nachdem ihn die Verwandten zum letztenmal geküßt haben, ins Grab gelassen, und zwar so, daß die Füße gegen Osten gerichtet sind. Wo die Sitte besteht, ihm bei der Aufbahrung Hände, Füße und Mund zu binden, werden die Bänder und Tücher nun gelöst, oft auch die Bänder an den Opanken und Hosen. Nachdem ihn der Pope in Kreuzform mit Wein und Öl besprengt hat (*Večna mu pamjat bila* »Ewig werde seiner gedacht«), wird der Sarg geschlossen, und jeder Anwesende, der Pope zuerst, wirft ihm kreuzweise mit der Schaufel Erdschollen nach mit dem Ruf: *Laka ti zemlja!* »Die Erde sei dir leicht!« Vielfach werfen sie ihm Münzen nach, etwas Koljivo (griech. κόλλυβον) samt der Schale, so daß sie zerschlägt (Boljevac), und das Glas, aus dem ihn der Pope besprengt hat (Šabac). Wenn in einer Familie zwei Todesfälle nacheinander waren, befürchtet man den dritten und wirft deshalb als Ablösung ein lebendes Huhn in den Sarg oder in das Grab;[157] die Orthodoxen um Sarajevo schlachten in diesem Falle auf der Türschwelle eine Henne als Opfer, *kurban*°, in Otok binden kundige Frauen allen Hausleuten Knoten, »damit der Tod gebunden werde«.

Bei den Katholiken wird der Tote nicht mit Wein und Öl, sondern bloß mit Weihwasser besprengt: Die Seelenmesse, *zadušnice,* findet vor der Bestattung oder am folgenden Morgen statt. — Tränen dürfen nicht ins Grab fallen, angeblich ist dann dem Toten die Erde zu schwer. Der eigentliche Grund des Verbotes

---

155 ZbNŽ I 202.
156 ZÖV VI 63.
157 Milićević, ŽSS² 338: Krajina.

ist aber der, daß es für den Lebenden gefährlich ist, wenn ein Teil seines Körpers — in diesem Falle die Tränen — den Mächten des Todes anheimfällt.

Besonderes: Kinder werden möglichst bald ohne *opelo* und ohne Verteilung von *žito* begraben — sie sind ja Engel — ungetauft verstorbene bestattet man im Garten. Die Mutter soll dem Kind nicht ins Grab nachschauen, höchstens durch ein Sieb (Kosovo), sonst stirbt noch ein zweites. — Wöchnerinnen, welche im Zustand der Unreinheit sterben, werden von der Kirchentür an von vier Frauen vorwärts getragen; das soll ein Ersatz sein für die 40 Tage nach der Niederkunft übliche Lustration, *vpelavanje* (Samobor, Lobor). Ist das Kind am Leben, so darf man erst nach dessen Taufe Sarg und Grab der toten Mutter herrichten (Kosovo). Eine junge Frau, welche ohne Kinder stirbt, wird in dem ihrem Elternhaus gehörigen Grab bestattet, sie wird noch als *tuđa kost* »fremder Knochen« empfunden (Kragujevačka Jasenica).

Totenhochzeit: Stirbt ein Bursche oder ein Mädchen, dann hat das Begräbnis, allerdings nicht mehr überall, den Charakter einer Hochzeit. Das Kreuz und eine mitgetragene weiße Fahne werden mit je einem Blumenkranz geschmückt, ein Mädchen wird als Braut gekleidet und von zwei *deveri* begleitet. Während des Zuges werden Hochzeitslieder gesungen. Ein Kranz wird dem Toten ins Grab nachgeworfen, den andern trägt die »Braut« einige Zeit. Im östlichen Serbien wird außerdem ein junges, samt den Wurzeln ausgerissenes Obstbäumchen mit verschiedenfarbiger Wolle und mit Geschenken (Strümpfen, Handtüchern usw.) für die Träger geschmückt, dem Trauerzug vorangetragen und zu Häupten des Toten aufs Grab gepflanzt, damit es ihm Schatten und Obst spende. Die Mohammedaner in Baljkovac bei Skoplje pflanzen einen Pflaumenbaum auf das Grab eines jungen Mädchens. Varianten dieses schönen Brauches sind auch bei den Ukrainern in Galizien und Siebenbürger Sachsen bezeugt, der Baum entspricht dem Hochzeitsbaum.[158]

In Slavonien werden ledig Verstorbene auf den Friedhof getragen, Verheiratete gefahren. Mädchen werden vielfach nur von Mädchen getragen. Selbstmörder dürfen nicht in geweihter Friedhofserde ruhen, man pflegt sie besonders in Serbien an Wegen zu begraben, wohl deshalb, damit die Vorübergehenden ein *Bog da prosti* rufen. — Ziemlich verbreitet ist der Glaube, daß die Erde den Toten nicht aufnehmen wolle, wenn das Grab vor dem Begräbnis einstürzt. Vgl. den »Zorn der Erde« bei den Russen.[159]

Nach der Bestattung wird das mitgetragene provisorische Holzkreuz auf das frische Grab gesteckt und daneben eine Kerze angezündet. Bei den Orthodoxen ißt jeder Trauergast einen Löffel voll von dem mitgetragenen in Honig gekochten Weizen und spricht *Bog da prosti,* den Rest schüttet man für die Seele auf das Grab, das Gefäß zerschlägt man daselbst, ebenso die als Räucherschalen verwendeten Topfscherben. Die Katholiken stellen ein Gefäß mit Weihwasser

[158] Sartori, SB I 152; Fischer 298.
[159] Zelenin, RV 328.

neben das Kreuz. Für die Seelenruhe des Toten verteilen die Orthodoxen vielfach schon am Grabe Speisen und Getränke — vorher Lustration durch Waschen der Hände mit Wein oder Wasser; in der Skopska Crna Gora findet anschließend an das Begräbnis in der Trpezarija der Kirche ein großes Totenmahl statt. Die Grabwerkzeuge, die als unrein gelten, läßt man kürzere oder längere Zeit auf dem Friedhof liegen, vereinzelt auf dem Hausdach (Lonja); die selbst gefertigte primitive Tragbahre wird zerbrochen und zurückgelassen, ebenso die Wiege, wenn mehrere Kinder nacheinander gestorben sind (Abb. 11). Oft legt man auch den Stab, mit dem man den Sarg und das Grab gemessen hat, auf letzteres. Selbst der Totenwagen bleibt einige Zeit der Benützung entzogen: In Vrbova (Slavonien) nimmt man für einen Tag ein rückwärtiges Rad ab (das rechte für einen Mann, das linke für eine Frau), in Ivanić-Grad a. d. Save bleiben Wagen und Pferde drei Tage lang außerhalb des Dorfes.

Am Kosovo besteht die Sitte, den verwandten Frauen am Grabe etwas Graberde auf den Hals zu legen, damit sie angeblich nicht zu lang um den Toten trauern. Auch um Boljevac lassen sie einen Hausgenossen etwas Graberde den Rücken hinunterrieseln, wenn ein Familienmitglied an *zaraza* »ansteckende Krankheit« gestorben ist. Der Brauch ist wohl in dem Glauben an die Heilkraft der frischen Graberde begründet, der auch im deutschen Brauchtum zum Ausdruck kommt: Die Krankheit soll absterben.[160]

Man soll Graberde nicht ins Haus tragen, deshalb soll man vor dem Eintritt die Fußbekleidung ablegen (Kragujevačka Jasenica) oder wenigstens die darin verbliebene Erde ausschütten. In der Ls. Homolje wirft derjenige, der die Ochsen geführt hat, auf dem Heimweg Erdschollen und Steine vom Grab in fließendes Wasser (Analogiezauber? Wie das Wasser, soll Leid und Trauer davonfließen!). Vereinzelt schreibt man der Graberde auch Übel abwehrende Kraft zu und legt davon ins Haus oder auf den Dachboden (Čakovac).

L u s t r a t i o n e n. Bevor die Trauergäste ins Sterbehaus eintreten, müssen sie sich von der Unreinheit, die ihnen vom Begräbnis her anhaftet, reinigen. Dies geschieht in den katholischen Landschaften durch eine einfache Händewaschung vor dem Hauseingang, in den serbischen durch Händewaschung über glühenden Kohlen; von letzteren wirft jeder eine hinter sich. Die Lustration des Sterbehauses vollzieht der Geistliche durch Weihung von Wasser sowie durch Besprengung und Beräucherung aller Räume besonders des Sterberaums und der hinterlassenen Kleider.

Die S p e i s u n g d e r S e e l e, die bereits unmittelbar nach dem Tode mit Niederlegung von Opfergaben begonnen hat (s. S. 91), wird auch nach der Bestattung fortgesetzt. An der Stelle, wo der Tote gelegen hat, zerschlägt man z. B. ein Ei oder einen Kürbis voll Wasser (Boljevac); andere Opfergaben sind Salz, gekochter Weizen, Brot und Wein, Mehl und Kuchen. Die serb. Grenzer schlachten an der genannten Stelle einen schwarzen Hahn. Häufig läßt man neben den Opfer-

[160] HDA II 902.

gaben eine Kerze brennen, damit die Seele nicht im Dunkeln tappe. — Doch fehlt es auch nicht an Vorkehrungen gegen die Wiederkehr gefürchteter Toter: Man steckt einen Weißdornzweig hinter die Tür (Podgorica), schlägt einen Nagel in den Boden des Sterberaums (Boljevac) u. ä.

6. Seelenkult

Nach dem serbischen Volksglauben besucht die Seele 40 Tage lang nach dem Tode alle jene Orte, wo sie bei Lebzeiten geweilt hat, erst dann geht sie ins Jenseits ein. Es ist heilige Pflicht der Verwandten, besonders der männlichen Nachkommen, die Seele des Toten an bestimmten Terminen durch Speise und Trank zu stärken und Lichter anzuzünden. Das geschieht im Rahmen des Leichenmahls am Begräbnistage, bei Gräberbesuchen, sowie an den individuellen und allgemeinen Totenfesten. Das Leichenmahl wird in manchen Gegenden unmittelbar nach dem Begräbnis auf dem Friedhof oder in der Trpezarija der Kirche abgehalten, in den meisten Fällen findet aber an dem Grabe nur eine kurze Bewirtung statt, während man sich zu dem großen feierlichen Mahl im Trauerhause zusammenfindet. Es heißt *daća, podušje, trpeza, sofra* (Kosovo); *karitadi* (Crna Gora), letzteres aus it. *di carità; sedmine* (Poljica); *karmina, karmine, karbine* (Dalmatien, Kroatien, Slavonien). Was die Speisen betrifft, so schlachten die Serben an Fleischtagen ein weißes Schaf (männlich oder weiblich, je nach dem Geschlecht des Verstorbenen), außerdem gibt es gekochten Weizen, kreuzförmige Brote, Kuchen, niemals Schweine- oder Ziegenfleisch. An Fasttagen wird anstatt Fleisch Bohnen- oder Reisbrei aufgetragen. Vielfach ißt man in primitiver Weise ohne Löffel und Gabeln (Lužnicatal). In manchen Gegenden bringen die Trauergäste Speisen mit, die dann ähnlich wie bei der Hochzeit von einem Teilnehmer ausgerufen werden. Die Seele des Toten wird bei dem Mahle anwesend gedacht, man läßt ihr einen Platz frei, legt ihr von jeder Speise etwas hin und schüttet aus jedem Glase einige Tropfen auf die Erde mit dem Ruf: *Bog da mu dušu prosti!* »Gott erlöse (befreie) seine Seele!« zu Beginn des Mahles trinkt man auf das Seelenheil des Toten, dann auf die Gesundheit der Lebenden. Bei der Zahl der Kerzen, Schüsseln, Brote und Trinkrunden achtet man auf die heilige Drei (Homolje, Boljevac), anderswo bevorzugt man ungerade Zahlen (Kosovo, Otok). In der Ls. Homolje findet das Leichenmahl immer im Freien statt, auch bei größter Kälte. Während des Essens spricht man von den guten Eigenschaften des Toten, zum Schluß herrscht oft große Ausgelassenheit (magische Absicht?). Vgl. Redensarten wie *pijan kao na daći* »betrunken wie auf einem Totenmahl«.

Beim Totenmahl für ein Mädchen werden die vorbereiteten Hochzeitsgeschenke von der Hausmutter verteilt mit den Worten: »Laßt Euch beschenken, heute ist die Hochzeit meiner Tochter und Ihr waret ihre Hochzeiter!« (Levač).

Bei den Orthodoxen pflegen die Frauen des Hauses und der nächsten Verwandtschaft das Grab am Tage nach dem Begräbnis zu besuchen, ferner am Vorabend aller individuellen und allgemeinen Totenfeste, vor allen Sonn- und Feiertagen durch 40 Tage, später jedoch nur vor den größten Feiertagen und an den Samstagen der Fasten. Sie beräuchern das Grab, besprengen es mit Wein und Wasser, zünden Kerzen an, beten und klagen, oft verteilen sie daselbst Speisen und Getränke für das Seelenheil des Toten und legen davon auch auf das Grab. Wie Sofija Dimitrijević aus dem Banat berichtet, gehen die Frauen des Hauses am Morgen nach dem Begräbnis schweigend mit Kuchen, Fleisch, Käse, Schnaps und einem Klappmesser zum Grab. Die Sachen legen sie auf dem Grabhügel auf ein Tüchlein, beräuchern sie, dann umkreisen sie dreimal das Grab. Nachher ziehen sie einen roten Wollfaden um das Grab und stechen das Messer neben das Kreuz. Sie sprechen dann: Naručeno ti je da se ne krećeš s tvojega mesta, dobio si sve tvoje zadovoljstvo! »Es ist dir bestellt, daß du dich nicht von deiner Stelle rührst, du hast alles erhalten, was du brauchst!« Bei den Katholiken beschränken sich die Grabspenden auf Kerzen und Blumen, doch hören wir, daß man in Slavonien den Kindern Nieren neben das Kreuz vergräbt und Honigkuchen hinlegt. Nach Valvasor[161] trugen die kath. Slovenen Oberkrains noch im 17. Jh. Brot und Schweinefleisch auf die Gräber. Die Orthodoxen um Knin haben das Grabessen erst unter katholischem Einfluß aufgegeben.

Die Termine für die individuellen Totenfeste sind bei den Orthodoxen ziemlich einheitlich:

1. Am 7. Tag nach dem Tode: *sedmina, sedmica, pomana*; in Bosnien auch am 3. Tag: *trećina.*
2. Am 40. Tag: *četrdesnica*; dial. *četerese* (Skopska Crna Gora). Außerdem am 20. Tag (Kosovo; Župa; Pomoravlje).
3. Nach einem halben Jahr: *polugodnica, polugodišnjica.*
4. Nach einem Jahr: *godina, godišnjica.*

Es ergeben sich also, wenn man das Leichenmahl am Begräbnistag mitrechnet, fünf Totenmähler. Gewöhnlich am letzten Samstag (seltener Sonntag oder Dienstag vor den genannten Terminen) findet in der Kirche ein Gottesdienst für den Verstorbenen (*parastos*) mit anschließendem Gräberbesuch und am Abend im Trauerhaus ein Gedächtnismahl statt, das in Bezug auf Ritual und Speisenfolge dem Leichenmahl fast gleich ist, doch sollen auch die Lieblingsspeisen des Verstorbenen vertreten sein. Der allgemeine Name dieser Mähler ist *daća, podušje, trpeza,* die speziellen Namen hängen mit den Terminen zusammen, die ihrerseits im Totenkult der alten Griechen wurzeln, welche am 3., 9. und 30. Tag sowie am Jahrestag Totenopfer darbrachten. Von interessanten Einzelheiten wäre zu erwähnen, daß der Hausälteste nach dem Mahle zwei Kerzen anzündet, sie küßt und in entgegengesetzter Richtung kreisen läßt (Kosovo). In der Ls. Levač und um Boljevac kreisen mit den Kerzen auch zwei Weingläser, jeder trinkt auf

161 VI 287.

das Seelenheil des Toten. (Vgl. das Zeremoniell des Trauersalamanders der deutschen Studenten.)

Die volkstümlichen Jenseitsvorstellungen beleuchtet der im östlichen Serbien übliche Brauch, am ersten Samstag oder am 40. Tag für den Verstorbenen auf einem Brettchen oder in einem hohlen Kürbis Kuchen und brennende Kerzen unter Beobachtung eines komplizierten Rituals in fließendes Gewässer hinabschwimmen zu lassen, »damit es ins Jenseits wandere«. — Um Boljevac backen sie zur 40tägigen Gedächtnisfeier *40 poskurice* »Brote aus ungesäuertem Teig mit aufgedrückter *poskura*« (aus griechisch προςφορά) und stecken auf jedes ein brennendes Kerzlein. Im Pomoravlje bricht der Hausvater ein gesäuertes Brot, *koljivača*, das die Gestalt einer Mondsichel hat.

Nach dem letzten Gedächtnismahle, der *godina*, wird der Name des Verstorbenen in die *čitula* »Verzeichnis der verstorbenen Ahnen« eingetragen (aus venet. *tsetola*, it. *cedola*), — um Prizren: *pomenik* — das an den allgemeinen Totenfesten und dem Feste des Hauspatrons vom Popen verlesen wird. Es gibt Verzeichnisse, die bis auf das Jahr 1711 zurückgehen.[162]

Bei den Katholiken finden wir bloß ein Leichenmahl am Begräbnistage, später bloß Seelenmessen, *zadušnice*, und Gräberbesuche, nur bei den Katholiken Bosniens finden wir auch am 3., 7. und 30. Tag individuelle Totenfeste. — Was die Allerseelenfeste betrifft, so hat die orthodoxe Kirche deren vier angeordnet, die auf die Samstage vor den vier großen Fasten fallen: Oster-, Petri-, Großfrauentag- und Weihnachstfasten. Von diesen feiern die Serben bloß drei: Als wichtigster gilt der Herbstallerseelentag, *Mitrovske zadušnice* (zum Demetriustag, 26. Oktober) oder *velike zadušnice*. An zweiter Stelle steht das Totenfest im Feber, an dritter das vor Pfingsten. In vielen Gegenden Serbiens besucht man die Gräber außerdem noch am zweiten Montag nach Ostern und erneuert bei dieser Gelegenheit den Rasen, daher heißt der Tag *pobusani ponedeljnik* »Montag der Rasenerneuerung«. Eine andere Bezeichnung dieses Tages *ružičalo* (Srem), *družičalo* (Ostserbien: volksetymologisch angelehnt an *drug* »Freund«) geht, wie Murko,[163] treffend nachgewiesen hat, auf das römische Totenfest *dies rosae, rosaria, rosalia*, daraus gr. ῥουσάλια, daraus aksl. *rusalja* zurück. Um Pirot heißt die Woche vor Pfingsten *rusalna nedelja*.

Für die drei genannten Allerseelenfeste bereiten die serbischen Frauen gestoßenen und in Honig gekochten Weizen, kleinere Brote, *poskurice*, und größere Brote in Kreuzform, *krst, krsnik*, sowie verschiedene Speisen und Getränke vor, tragen diese Sachen am Freitag nachmittags oder am Samstag früh nebst Räucherschale und je einer Kerze für jeden Verstorbenen in die Kirche, wo der Pop diese Brote und den Weizen weiht (die eine Hälfte pflegt er für sich zu behalten) und die čitula liest; währenddem brennen die mitgebrachten Kerzen. Daran schließt sich der Besuch der Gräber mit den üblichen Räucherungen, Libationen,

[162] Milićević, ŽSS² 182.
[163] Grab 142 ff.

Kerzenbrennen, Totenklagen um die in letzter Zeit Verstorbenen, zum Schluß folgt ein Grabessen, bei dem oft ziemlich viel getrunken wird. Von den mitgebrachten Speisen verteilen sie für das Seelenheil ihrer teueren Toten unter die Anwesenden und schicken davon in die Nachbarhäuser. Viele zünden außerdem zu Hause Kerzen für ihre Toten an. — In Mostar tragen sie soviele Kerzen in die Kirche, als die Čitula Namen aufweist. — Bei den Orthodoxen in Bosnien und Hercegovina sind als Allerseelentage mit Gräberbesuch und Speisung der Toten bezeugt: Der Freitag nach Ostern, der Markustag und der Spasovdan; am Glasinac und um Goražda begeht man bloß e i n Seelenfest, und zwar acht Tage vor Beginn der Osterfasten. — In der Gegend von Bitolj wird das Totenfest vor Pfingsten am feierlichsten begangen. — In den Bereich des Totenkults gehört auch der in der Ls. Homolje am Gründonnerstag übliche Brauch *puštanje vode,* der darin besteht, daß eine Frau des Hauses vor Sonnenaufgang an den Bach geht und dort unter Beobachtung eines komplizierten Zeremoniells für das Seelenheil des Toten, zum Schluß aber auch für Sonne und Mond — meiner Meinung nach die Mächte des Lebens — Wasser über weiße, ans Ufer gelegte Kieselsteine schüttet.[164]

Bei den Katholiken gibt es jährlich bloß e i n allgemeines Totenfest am 2. November (989 von Papst Sylvester II. allgemein eingeführt). Es heißt *dušni dan, mrtvi dan.* Die Speisung der Toten, die früher häufiger war (in Slavonien z. B. bis 1850) ist heute bei den Katholiken nur in Resten erhalten, doch äußert sich die Pietät der Hinterbliebenen gegenüber den Toten darin, daß sie die Gräber mit Blumen schmücken, mit Weihwasser besprengen und Lichter brennen lassen. Damit sich die Seelen wärmen, läßt man acht Tage lang das Herdfeuer nicht ausgehen (Ljubinje). Viele besuchen die Gräber auch am zweiten Tag der großen Feste (Weihnachten, Ostern, Pfingsten), doch soll man nicht in der *mlada nedelja* »erste Woche nach dem Neumond« hingehen (Varoš, Slavonien). — In der Ls. Poljica wird nicht nur zu Allerseelen eine Seelenmesse mit anschließender Prozession und Besprengungen aller Gräber gelesen, sondern auch am 17. Jänner (Sv. Antun), am 1. Mai (Filip und Jakov) und am 18. Oktober (Sv. Luka), im ganzen also viermal jährlich.

Die Mohammedaner in Bosnien und Hercegovina lassen durch 40 Tage an der Stelle, wo der Tote gelegen hat, Kerzen brennen und beklagen ihn bei den Kleidern. Für das Seelenheil der Toten beten sie am Begräbnistag, am 7. und am 40. Tag, nach einem halben Jahr und am Jahrestag das Terhidgebet und verteilen Almosen an Arme. Totenbahren lassen die Moslims nach dem Gebrauch auf dem Friedhof zurück (Abb. 12).

Weit verbreitet ist der Glaube, daß die Seele in der ersten Zeit nach dem Tode gern zu den Kleidern zurückkehre und sie umschwebe. Man wäscht und beräuchert die Kleider des Verstorbenen, hängt sie neben der Stelle, wo er verschieden ist, auf (Boljevac), nimmt sie bei Gräberbesuchen mit, damit sie während der

---

[164] SEZb XIX 41; Čajkanović im SEZb XXXI 56 ff.

Totenklage auf dem Grabe liegen (Kosovo) oder läßt sie an dem Kreuze hängen. In ähnlicher Weise halten die erst nach dem Begräbnis eintreffenden Montenegriner bei den Kleidern und Waffen des Verstorbenen die Totenklage. Stirbt ein Montenegriner fern von der Heimat, dann legen sie auf die Todesnachricht hin seine oder des Bruders Kleider und Waffen auf einen Tisch und beklagen seinen Tod. Um Rijeka findet die Totenklage vor der Kirche statt. Einen Ermordeten beklagte man hier erst, wenn man seinen Tod gerächt hatte. — Die Hercegoviner nehmen die Kappe des Toten auf große Kirchenfeste mit, um ihn dort mit Verwandten und Freunden zu beklagen. — Die Kleider werden nach einer gewissen Zeit, oft erst nach 40 Tagen, verschenkt, außer wenn die Familie arm ist. In der Ls. Homolje erhält sie meist der beste Freund (bzw. Freundin) und wird dadurch zum *pobratim* (bzw. *posestrima*) des Toten (bzw. der Toten).

In dem Glauben, daß die Seele nur nach vollständigem Zerfall des Leichnams ins Jenseits gelangen könne (vgl. gr. λίϑος σαρκοφάγος »Fleisch fressender Stein« daraus lat. sarcophagus, ahd. *sarch*, nhd. *Sarg*), wurzelt der Brauch der Exhumierung der Toten, also ursprünglich nicht im Platzmangel. Man will die Gewißheit haben, daß die Auflösung des Leibes tatsächlich erfolgt ist und die Seele ihre Ruhe gefunden hat. Normalerweise öffnet man das Grab nach einer Reihe von Jahren (3—7 bei den Serben, 18 bei den Kroaten), um einen neuen Toten zur Ruhe zu betten. Die vorgefundenen Knochen werden sorgfältig gesammelt, gewaschen, mit Wein überschüttet und, in weiße Leinwand gehüllt, zu Füßen des neuen Toten beigesetzt. Neben dieser bei den Serben allgemein üblichen Sitte besteht in vielen Gegenden Macedoniens die Gepflogenheit, den Toten schon früher auszugraben, auch wenn kein neues Grab nötig ist, *raskupajne po adetu* »Ausgraben der Sitte gemäß«.[165] Frühestens nach drei Jahren wird am Samstag der 4. Osterwoche das Grab im Beisein aller Verwandten geöffnet, die Knochen werden sorgfältig gewaschen und in ein weißes Leinwandsäckchen gelegt, der Schädel liegt oben. Während der folgenden Nacht liegen die Gebeine in der Kirche unter dem Christusbild rechts vom Eingang, im offenen Grabe steht ein Krug voll Wasser. Nach dem am nächsten Morgen in der Kirche stattfindenden *opelo* küssen alle den Schädel, dann ziehen alle unter Führung des Priesters zum Grabe, der Hausvater bettet die sterblichen Überreste zur Ruhe und das Kreuz wird dann mit Blumen geschmückt. Im Hause der Angehörigen werden die Trauergäste nachher bewirtet. — Diese Doppelbestattung ist auch sonst in Mazedonien[166] häufig. Ist die Leiche noch nicht aufgelöst, dann glaubt man, daß ein Fluch auf ihr laste (*da te zemja ne izede* »daß dich die Erde nicht verzehre!«). Aus Prilep wird berichtet,[167] daß man ein Grab viermal öffnen mußte, erst dann war die Leiche zerfallen. — Leicht gerät ein nicht verwesener Verstor-

---

[165] SEZb XL 261: Đevđelija.

[166] Prilep, Štip: eigene Erhebung; Abbott, Macedonian Folklore 192 ff.; Negelein in der ZVfV XIV 20.

[167] SbNU XIII 243.

bener in den Verdacht des Vampirs; man sucht ihn gewöhnlich dadurch unschädlich zu machen, daß man ihm oft im Beisein des Popen einen Weißdornpfahl in den Nacken treibt.

Solche Fälle, die heute vom Gesetz als Grabschändung verfolgt werden, sind in den letzten Jahrhunderten bis zum heutigen Tag in Menge bezeugt.

Die Trauerzeit, *žalost, korota, karitad, skorb* (Štip) beträgt bei den nächsten Verwandten gewöhnlich ein Jahr, um Kinder trauert man ein halbes Jahr und kürzer, oft nur einige Wochen. Die Vorschriften für die Trauertracht sind sehr verschieden und oft sehr kompliziert.[168] Vorherrschend ist heute unter städtischem Einfluß die schwarze Farbe. Bemerkenswert ist, daß die Männer in der Riječka nahija um die Frauen keine Trauer tragen. Alle Angehörigen einer Sippe und eines Stammes trauern beim Tode ihres Oberhauptes. — Will ein Witwer vor einem Jahre heiraten, dann muß er vorher in kürzeren Zeitabständen alle Gedächtnismähler abhalten.[169]

Der Totenkult äußert sich schließlich in der Pflege der letzten Ruhestätte des Toten, des Grabes, *grob*. Fast jedes Dorf hat seinen eigenen Friedhof, vielfach sogar jedes Dorfviertel, die alte Großfamilie. In früherer Zeit kam es häufig vor, daß sich Bauern außerhalb des Friedhofs auf einem ihnen liebgewordenen Plätzchen ihres Besitzes bestatten ließen. Auf mittelalterlichen Grabsteinen Bosniens findet sich sehr oft der ausdrückliche Vermerk, daß der Tote auf seiner eigenen Erde ruhe.[170]

Nach der Bestattung wird das dem Trauerzug vorangetragene kleine Holzkreuz zu Häupten des Grabes eingesetzt, in den holzarmen Karstgegenden ein mit eingeritztem Kreuz versehener Stein. Nach 40 Tagen, spätestens aber vor dem Jahrestag, wird das Grab mit Holz oder Steinen eingefaßt und das provisorische Kreuz durch ein schön gearbeitetes aus Holz oder Stein oder durch ein prismatisches Grabdenkmal ersetzt (Abb. 13, 14, 15). Die Inschrift weist den Namen sowie die Geburts- und Sterbedaten des Toten und den Namen des Stifters auf. Nicht selten trägt das Denkmal auch ein von ländlichen Meistern hergestelltes Bild des Verstorbenen. Grab und Denkmal sind heilig, wer sie verletzt, den straft Gott. Alte bosnische Grabsteine tragen häufig die Drohung: *A tko će si bilig pogùbiti, pògubi ga Bôg* »Wer diesen Grabstein vernichtet, den vernichte Gott«.[171]

Die Grabkreuze namentlich jung Verstorbener weisen allerlei Schmuck auf, wie Bänder, Tücher, Kleidungsstücke, Haarlocken, Spiegel, Obst, Blumen und neben das Kreuz gesteckte Fahnen (Levač). Oft pflanzen die Hinterbliebenen einen Obst- oder Schattenbaum, einen Rosenstrauch und duftende Blumen (Ba-

---

168 Z. B. ZbNŽ III 43: Otok.

169 Milićević ŽSS² 345.

170 Truhelka im GZM VII 340.

171 GZM VII 343. — Diese Grabschrift stimmt fast wörtlich zu den phrygischen Inschriften (J. Friedrich, Kleinasiatische Sprachdenkmäler, Berlin 1932, S. 128 ff.). Diesen Hinweis verdanke ich Herrn Prof. M. Vasmer.

silienkraut!) auf das Grab. — Nach Vuk[172] war es in der Crna Gora Sitte »auf

[172] Montenegro und die Montenegriner 99.

den hohen hölzernen Grabkreuzen so viele Kuckucke abzubilden, als Angehörige und besonders Schwestern um den Toten trauern« (Abb. 16).

Besonders in den südwestlichen Landschaften Serbiens besteht die Sitte, einem in der Ferne gefallenen neben dem Wege ein meist mit einem primitiven Portrait geschmücktes Denkmal zu errichten.[173]

Aus dem Aussehen des Grabes zieht der ängstliche Sinn der Hinterbliebenen bange Schlüsse: Tod kündet es, wenn das Grab im ersten Jahr Brüche oder Löcher aufweist, wenn der Grabstein birst oder wenn sich das Kreuz neigt (Homolje). Sinkt das Grab ein, dann leidet der Tote wegen seines Geizes.

Den Bogumilen schreibt man die auf die römischen Sarkophage zurückgehenden mittelalterlichen Grabsteine in Bosnien zu, die oft reiche Reliefverzierungen aufweisen: Jagdszenen, Hirsche, Sonne und Mond. Das Volk nennt sie *starovirsko kamenje, stećak, kiljan, beleg*. Besonders häufig sind sie in den Bezirken Bihač, Banjaluka und Vlasenica (hier 6300). Schöne Exemplare besitzen die Museen in Sarajevo und Belgrad.[174] Einzelheiten darüber in den Arbeiten von Hörnes (s. Lit. Verzeichnis).

Der Friedhof (*groblje, grobište*; in Dalm. *šimatorija*) weist ein in der Mitte stehendes hohes Holzkreuz mit dem Bilde des Heilands auf, oft eine zur Aufbahrung dienende Kapelle.

Bezgl. der volkstümlichen Jenseitsvorstellungen ist zu sagen, daß nach serbischem und kroatischem Glauben der hl. Arandeo Mihajlo *dušu vadi* »die Seele herausnimmt« und auf einer Waage ihre guten und bösen Taten abwiegt; der Weg ins Paradies, *raj*, führt über eine schmale Brücke (wie ein Haar oder wie ein krummer Balken), die der Gerechte mit Leichtigkeit überschreitet, während der Sünder hinabfällt in heißes Pech.[175] — Nach dem Glauben der Katholiken führt der Schutzengel (auch der hl. Nikola, Petar oder Jakov) die Seele zu Gott, der sie richtet: Gute Seelen behält er im Himmel, böse verdammt er in die Hölle, *pakao, smola*, »Pech«, harmlosere Sünder werden im Fegefeuer, *purgatorij* (Ls. Prigorje) gereinigt.

Im Seelenglauben wurzelt die größte Zahl der guten und bösen Dämonen. Das gilt nicht bloß für die Serben und Kroaten, sondern für den ganzen Umkreis der slavischen, ja der indogermanischen Welt. Man dachte sich die verstorbenen Ahnen als gute Schutzgeister des Hauses, deren Gunst und Hilfe man sich durch Opfer bei wichtigen Familien- und Jahresfesten zu sichern suchte. Sehr verbreitet ist besonders bei den Serben der Kult der Hausschlange, in deren Gestalt der Schutzgeist im Hause lebt. Auch die bei der Geburt erscheinenden Schicksalsfrauen dürften im Grunde auf weibliche Schutzgeister der Familie zurück-

[173] A. Haberlandt, Kulturwissenschaftliche Beiträge, S. 134.
[174] Letzterer abgebildet bei Schneeweis, GSkopND V 274.
[175] Über das Motiv der Seelenbrücke s. HDA I 589.

gehen. Auch daß in den Vilen manistische und animistische Vorstellungen ineinandergeflossen sind, ist längst erkannt.[176] Bedeutend größer als die Zahl der guten Geister ist die Zahl der den Menschen und seinem Werk feindlichen Dämonen: Seelen vorzeitig oder gewaltsam Verstorbener gehen solange um, als die ihnen durch den vorzeitigen Tod entgangene Lebenszeit beträgt. So erscheinen Selbstmörder, Ertrunkene und Ermordete als Gewitter- und Sturmdämonen, als irreführende Lichter, ungetauft verstorbene Kinder als vogelgestaltige Wesen, Seelen von Mädchen und Bräuten als Vilen und Rusalien; Verbrecher, Verfluchte und Tote, in die ein unreiner Geist gefahren ist, quälen als Wiedergänger die Hinterbliebenen.

Erwähnt sei die in Kroatien verbreitete Volksmeinung, daß sich die Toten eines Friedhofs allnächtlich zu einer Mitternachtsmesse versammeln, die ihnen ein Priester ohne Kopf liest.

7. Schlußbemerkungen zu den skr. Totenbräuchen

Die an Tod und Begräbnis geknüpften Meinungen und Bräuche der Serben und Kroaten sind das Ergebnis einer innigen Verschlingung präanimistischer, animistischer und christlicher Elemente. Nach der präanimistischen Anschauung (der »unseelischen«[177]) ist der Leichnam erst nach dem Abschluß der Verwesung wirklich tot und ungefährlich, vorher ist er als »lebender Leichnam« noch gefährlich. In dieser uralten Anschauung wurzeln viele skr. Bräuche. Man sucht den Toten an der Wiederkehr zu hindern: Durch Binden, Bedecken mit einem Netz, Zerschneiden der Sehnen, Pfählen, durch Nachschütten von Wasser und Nachwerfen von Gefäßen, Steinchen, Erde usw., durch Änderungen des Weges (Leichentür). Der Grabstein hat ursprünglich den Zweck, den Toten im Grabe festzuhalten. Man sucht ihn freundlich zu stimmen durch die Totenklage, durch mitleidige Fragen, durch Beigaben und durch die Totenspeisung zu gewissen Terminen. Durch die Totenhochzeit soll ihm zuteil werden, was ihm bei Lebzeiten entgangen ist. Die Trauerkleidung und die Änderung der Haartracht hatte ursprünglich den Zweck, die Hinterbliebenen unkenntlich zu machen.

In den Bereich des Animismus gehören: Öffnen des Fensters, damit die Seele entschweben könne, Wecken der Hausgenossen und Haustiere bei einem Todesfall und das Verbot des Umsehens bei einem Trauerzug.

Viele von diesen heidnischen Bräuchen leben in christlicher Umformung weiter: Das Wiederkommen der Toten als Strafe Gottes für Verbrechen und Meineid; Nachwerfen von Erde mit dem Wunsche, daß ihm die Erde leicht sei; Lustrationen durch den Geistlichen mittels Weihwasser und Weihrauch; Bei-

---

[176] Máchal, Nákres 109.

[177] Naumann, Primitive Gemeinschaftskultur 25 ff.

gaben: Kreuz, Heiligenbilder, Rosenkranz, Ablaßbrief. Eine christliche Umformung des heidnischen Grabsteins ist das Grabkreuz. Christlich ist die Verwendung der Sterbekerze, der Glaube, daß der Todesengel oder der hl. Aranđeo die Seele zu Gott führe, die Vorstellung von der Seelenbrücke, der Glaube an das Fegefeuer, an die Belohnung durch den Himmel und Bestrafung durch die Hölle, die kirchlichen Zeremonien, die Seelenmesse u. a.

Auf Grund vergleichsweiser Betrachtung lassen sich viele Elemente bis in die indogermanische Zeit zurückverfolgen: Das Legen des Sterbenden auf die Erde, Öffnen der Fenster für die davonflatternde Seele, Binden eines Handtuchs an das Fenster oder an den Hausbalken, Aufbahrung und Ausstellung der Leiche, Totenklage, verbunden mit Schlagen des Körpers und Zerkratzen des Gesichtes, Totenwache, Beigaben, Totenhochzeit, Totenopfer, Leichenmahl mit vorhergehender Lustration, Speisung der Toten und Libationen zu gewissen Terminen (Brei, Bohnen, Honig), Verehrung der Vorfahren als Schutzgeister und Betreuung des Ahnenkultes durch die männlichen Nachkommen. Urslavisch ist das Weiß als Trauerfarbe.

Wie auf allen Gebieten des Brauchtums zeigt sich auch bei den Totenbräuchen, daß sie bei den Serben frischer und ursprünglicher sind als bei den Kroaten, was mit der größeren Duldsamkeit der orthodoxen Kirche gegenüber den Volksbräuchen zusammenhängt. Besonders auffallend äußert sich das bei der Speisung der Toten.[178] In der Terminologie der skr. Totenbräuche, die, soweit sie sich auf das Grabessen bezieht, Murko, Grab 120 ff. eingehend behandelt hat, spiegelt sich deutlich der Einfluß der Antike sowie der griechischen und der römischen Kirche. Der Name des römischen Totenfestes *rosaria* ist über griech. ῥουσάλια zu den Slaven gekommen und lebt in serb. *(d)ružičalo* fort, s. *parastos* stammt aus dem gr. παράστασις, s. *trpeza* aus ngr. τράπεζα, s. *salandar* »40 Liturgien, Totengedenkfeiern« aus ngr. σαραντάρι, s. *panahija* aus gr. παναγία, s. *koljivo* aus gr. κόλλυβον, mit volksetymologischer Anlehnung an *koljem* »ich steche, schlachte«. Auf lat.-ital. Beeinflussung weisen hin: skr. *kârmina* »Totenmahl« aus lat. *carmina* »Lieder«; dalm. *karitád* »Totenmahl« (Boka), mont. *koritadi* aus ital. *di carita,* dies aus lat. *caritas* (= agape Christianorum); skr. *kòrota, korot* (Dubrovnik), *korut* (Poljica) aus ital. *corotto,* nach Diez aus *corruptare* »verderben« (durch Zerkratzen des Gesichts und Schlagen des Körpers); serb. *pomana* »Totenmahl« (Krajina) über rumän. *pomána* »Gedenken, Almosen, Leichenmahl« aus aksl. *poměnъ* »memoria«; skr. *bugariti* aus it. lat. *bucculare* »buccam inflare«, serb. *čitulja* aus it. *cedola* (volksetymologisch angelehnt an s. *čitati* »lesen«); *bošča* »Wickeltuch«, nach Vasmer aus it. *fascia* »Band, Binde«; fremd sind die Ausdrücke für Sarg: skr. *kapsa, kavsa* »Sarg«, aus lat. *capsa*; *kapseo, -ela* »Sarg«, aus lat. *capsella*;[179] skr. *raka* über ahd. *archa* aus lat. *arca*;[180] skr.

---

[178] Murko, Grab 110.
[179] Berneker, EW 485.
[180] Walde, EW d. lat. Sprache 56.

škrinja aus lat. *scrinium* »Schrein«[181]; dalm. *šimatorija* »Friedhof« (fehlt in den Wb.) aus lat. *cimeterium*, dieses aus gr. κοιμητήριον »Ruhestätte«; dalm. *purgatorij* (fehlt in den Wb.) »Fegefeuer« aus lat. *purgatorium*; *mramor* »Grabstein« aus lat. *marmor*.

Aus dem Türk. stammen: s. *kurban*, aus osm. (arab.) *kurban* »Opfer«;[182] skr. *tabut* »Sarg«, aus osm. *tabut*; *beleg* »Grabstein« s. oben S. 39.

Slavisch sind: *umreti* »sterben«; *mrtvac* »Toter« zur idg. W. **mer-*, *mor-* »sterben«; *pogreb* »Bestattung«, *grob* »Grab«, *groblje* »Friedhof« zu idg. **ghrebh-* »graben«, urverwandt mit d. *Grab*; *pratnja* »Begleitung, letztes Geleite«; die Ausdrücke für die Totenklage: *plakati* zu idg. **plaq-* »schlagen«, hierher gr. πλήσσω, lat. *plango* »die Hand auf die Brust schlagen, laut trauern«, got. *flōkan* »betrauern«; *tužiti* zu *tuga* »Kummer, Trauer«, zu idg. **tengh-*, **tongh-*, »dehnen«, hierher skr. *težak* »schwer«; *vikati* »schreien«, žalost zu aksl. *žalь* »Schmerz«, idg. **gu̯el* »Schmerz, Qual«, *daća* zu *dati* »geben«, idg. **dō-* »geben«;[183] *podušje*, *zadušnice* zu *duša* »Seele«, idg. **dhousi̯a*;[184] *lijes* »Sarg« zu ursl. **lěsъ* »Wald, Holz«.[185]

---

[181] Walde, ib. 690.
[182] Berneker, EW 647.
[183] Walde, Vgl. Wb. I 689; ib. 814.
[184] Berneker, EW 239.
[185] Berneker, EW 713.

IM KREISLAUF DES JAHRES

WINTER

1. Die Adventszeit (kr. *Advenat*)

Nach dem Vorbild der österlichen Fastenzeit hat die christliche Kirche bald nach der im 4. Jh. erfolgten Einführung des Weihnachstfestes diesem eine 40tägige Fastenzeit vorausgeschickt. Die griechische Kirche ist bis heute bei diesen Adventsfasten (15. November bis 24. Dezember) stehengeblieben, in der katholischen Kirche aber hat sich eine vierwöchentliche Adventsfeier durchgesetzt. Am 14. November, dem Vortag des Fastenbeginns, halten die Serben gern ein reiches und fröhliches Gelage ab. Wie an allen wichtigen Zeitabschnittsfesten schreiben sie auch in dieser Nacht Hexen und bösen Geistern besondere Macht zu und suchen sich deshalb durch Abwehrmaßnahmen zu schützen. — Am 21. November, *Vavedenije (ulaz u hram)* »Darstellung Mariä im Tempel« (Ls. Homolje), *Sv. Prečista* »die Reine« (Boljevac), feiert man in der Ls. Homolje gegen die Wölfe. Vielfach zieht man aus dem Wetter an diesem Tage Schlüsse auf die Fruchtbarkeit und die Gesundheitsverhältnisse im nächsten Jahr. — In der Ls. Poljica (Dalm.) feiert man den *Sv. Kliment,* 23. Nov., als Schutzpatron der Haustiere, die man dreimal um die Kirche führt, und opfert der Kirche Öl, Wachs und Almosengelder. Auch die Serben der Ls. Homolje vertrauen ihre Pferde dem Schutz des *Sv. Klima* an, geben ihnen Salzwasser zu trinken und stutzen ihnen die Mähnen in Form eines Kreuzes. — Am Tag der *Sv. Kate,* 25. Nov., besteht in Kroatien Spinnverbot (Ls. Prigorje). In der Ls. Poljica opfern die Hirten Kerzen für die Gesundheit ihrer Schafe. Da bei den Katholiken vor Katharina am meisten geheiratet wird, beten die Mädchen zu ihr um einen Mann.

Was die an den Andreastag, 30. Nov., *Sv. Andrija, Jandrija,* geknüpften Bräuche betrifft, so sind sie bei den Serben und Kroaten sehr verschieden voneinander. Bei ersteren besteht an diesem Tag vielfach Arbeitsverbot, damit das Vieh gesund bleibe und nicht von wilden Tieren bedroht werde. In Ostserbien legt man der Bärin abends gekochte Maiskolben ins Freie, um Boljevac heißt der Tag sogar *Mečkin* dan »Bärentag«.[1] In Mazedonien (Skopska Crna Gora, um Tetovo) und am Kosovo bereitet man am 1. Jänner der Bärin einen Kindbettbrei, *mečkina povojnica,* da sie angeblich um diese Zeit Junge bekommt.[2] Bei den Kroaten blüht

[1] SEZb XIV 75; XVI 143, XIX 67.

[2] Lit bei Schneeweis, Weihn. Skr. 83

das in der Volkskunde bekannte »Andreseln«. Durch vorheriges Fasten, Beten und zauberische Maßnahmen (Spiegel oder ein Tüchlein mit Brot, Salz und drei Getreidekörnern unter dem Kopfpolster) sucht das Mädchen Träume herbeizuführen, in denen sie den Zukünftigen zu sehen wünscht.

Liebesorakel und zauberische Vorbereitung des Traumes in der Andreasnacht sind in ganz Mitteleuropa bei Katholiken und Protestanten allgemein verbreitet.[3] Für die Deutung erscheint mir die Tatsache wichtig, daß die Andreasorakel in orthodoxen Gegenden nicht geübt werden, höchstens in Grenz- und Übergangsgebieten, z. B. bei den griechisch-katholischen Ukrainern. Die Funktion des hl. Andreas als Männerbescherers hängt in erster Linie mit dem Beginn des kath. bzw. protestantischen Kirchenjahres zusammen, an dem von der Kanzel herab ein Rechenschaftsbericht über die Geburten, Todesfälle und Trauungen im letzten Jahr verlesen wurde, was sicherlich in vielen Mädchenherzen den Wunsch auslöste, übers Jahr unter den Verlesenen zu sein, und sie veranlaßte, sich mit Bitten und Fragen an den Heiligen zu wenden, der beherrschend an der Schwelle des Kirchenjahres stand. (Vgl. hierzu die oben erwähnten Gebete der bosnischen Mädchen zur hl. Katharina.) In zweiter Linie wurde der Glaube an den hl. Andreas als Männervermittler durch die Tatsache gestützt, daß sein Name den Begriff M a n n enthält: gr. ἀνήρ, ἀνδρός »Mann«, neugriech. 'άνδρας »Mann«.

4. D e z e m b e r : *Sv. Varvara.* Aus volksetymologischen Gründen (Anlehnung an *variti* »kochen«) ist an diesem Tag ein uralter Brauch haften geblieben, der darin besteht, daß in der vorhergehenden Nacht ein Gemisch von allen Feldfrüchten des letzten Jahres in einem Topf oder Kessel gekocht wird. Aus den Rissen und Sprüngen der Oberfläche zieht man am nächsten Morgen Schlüsse auf den künftigen Erntesegen. Der Opfercharakter dieser Panspermie, *varica,* auch *varvara* genannt, ist daraus zu ersehen, daß alle Hausgenossen davon essen müssen, damit angeblich im nächsten Jahr das Getreide gut gedeihe. Einen Teil davon mischt man dem Viehfutter und dem Saatgut bei. In vielen Gegenden spenden die Kinder davon den Quellen und Bächen, wobei sie diesbezügliche Lieder singen oder gar dramatische Dialoge aufführen.[4] Die Varica-Sitte wird heute als serbisch empfunden, denn die Katholiken üben sie bloß dort, wo sie mit Serben in enger Berührung leben, z. B. in Bosnien und Hercegovina und im südlichen Dalmatien. — Halten wir nach Parallelen dieses Opferbreis Umschau, so finden wir sie vor allem bei den a l t e n G r i e c h e n (Darbringung einer Panspermie den Göttern der Fruchtbarkeit — Demeter — und den Seelen der Verstorbenen sowie dem Seelenführer Dionysos am 3. Tag der Anthesterien, da die Unterwelt offen stand), bei den N e u g r i e c h e n (am 21. November für die hl. Maria), bei den a l t e n R ö m e r n (Bohnenbrei für die Göttin Carna am 1. Juni, den *Kalendae fabariae*), B u l g a r i e n (Andreastag), O s t s l a v e n *(kutьja* »Frucht-

[3] Sartori, SB III 10; HDA s. v. Andreas.

[4] Proben bei Schneeweis, Weihn. Skr. 5.

gemenge mit Honig« zu Weihnachten und an den Totengedenkfesten), Litauern (noch im 17. Jh. Saborios »Fest der Zusammenschüttung«) Magyaren (Kochen eines Fruchtgemenges in der Christnacht) und verblaßt bei den Deutschen (Neunzahl der Weihnachtspeisen oder Zutaten). Analogien zur Varica finden wir auf der Weihnachtstafel in allen serbischen Landschaften: Ein Holzgefäß oder Sieb mit verschiedenen Getreidearten und eine Schüssel voll Bohnenbrei. Auf der Insel Krk kocht die Hausmutter am Weihnachtsabend in einem Topf Hülsenfrüchte aller Gattungen, am Kosovo schlafen manche in der Dreikönigsnacht im Herdraum und lassen einen Brei kochen, den sie zur Hauptmahlzeit verzehren.

Aus der vergleichsweisen Betrachtung dieser Varianten, zu denen ohne Zweifel auch die serbische Totenspeise *koljivo* zu rechnen ist, ergibt sich, daß die Sitte, ein Gefäß voll gekochten oder ungekochten Fruchtgemenges darzubringen, uralt und weit verbreitet ist. Charakteristisch für die Panspermie ist ihre doppelte Verwendung: Sie wird sowohl den Mächten der Fruchtbarkeit dargebracht als auch den Totengöttern, bzw. den Seelen der Ahnen.[5]

In Kroatien sät man *na Barbarijne* oder am Luzientag Weizen in einen Teller, so daß man am Christabend grüne Saat hat. Auf diesen Saatteller, der in den Bereich des Grünzaubers gehört, legt man einen schönen, roten Apfel und stellt ihn auf den Weihnachtstisch. Auch die serbischen Bergleute verehren die hl. Barbara als Schutzpatronin.

6. Dezember: Sv. Nikola. Die serbischen Fischer und Matrosen verehren ihn ebenso wie die Russen als Schutzpatron und halten an diesem Tage eine gemeinsame Slava (S. 154) ab, gewöhnlich auf einem Schiff. Als Schutzpatron verehren ihn auch die kroatischen Seeleute an der Adria. Großer Verehrung erfreut er sich auch als Hauspatron, im Jahre 1877 feierten ihn in Belgrad 837 von 2334 Familien. Bei den Kroaten finden wir — wohl unter deutschem Einfluß — Umzüge, bei denen der Heilige, begleitet von einem Teufel und einem Engel, im Bischofsornat von Haus zu Haus zieht, die braven Kinder belohnt und die schlimmen bestraft.

Das Patronat des hl. Nikolaus über die Seefahrer und Fischer, später auch über Müller und reisende Kaufleute, ist wohl auf folgende Weise zu erklären: Die ältesten Bilder des Heiligen zeigen ihn mit einem Schiff, dem Symbol der christlichen Kirche, die er am Konzil von Nicäa besonders eifrig verteidigt hat. Auf Grund volkstümlicher Auslegung riefen ihn griechische Schiffer in Seenot an und errichteten ihm zum Dank für ihre Rettung Kapellen. Es entstanden viele Legenden über solche Rettungswunder, die nach allen Richtungen weitergetragen wurden. Vereinzelt begegnet der hl. Nikolaus auch als Seelenführer. Nach Vitković[6] dürfte diese Vorstellung auf griechische Bilder zurückgehen, die Charon mit dem Schiff darstellen.

---

[5] Einzelheiten und Lit. bei Schneeweis, Weihn. Skr. 4, 209.
[6] ZbNŽ XXIV 19.

13. Dezember: Sv. Lucija. In Bosnien finden am Vorabend Umzüge (*čarojice*) mit Tiermasken statt.[7] Bei den Kroaten finden wir an diesen Tag viele Orakel und Zauberwerk geknüpft, was nach Nilsson (Feste des Jahres 46) noch auf die Zeit des Julianischen Kalenders zurückgeht, nach welchem der Luzientag tatsächlich der kürzeste Tag war. Auch in Bulgarien, Ungarn, Böhmen, Deutschland und Schweden haben sich bis heute interessante Luzienbräuche erhalten.[8]

20. Dezember: An den wirklich kürzesten Tag haben sich nicht nur bei den Deutschen, sondern auch bei den Südslaven zahlreiche Neujahrsbräuche angeschlossen. Bei den Kroaten ist dieser Tag dem *Sv. Toma* geweiht, bei den Serben dem *Sv. Ignjat.* Bei ersteren treten Liebesorakel hervor, ähnlich dem oben besprochenen Andreseln, bei den Serben werden Bräuche geübt, die zu Weihnachten wiederkehren: *polaženik* »erster Besucher«, der mit einem Segenszweig das Herdfeuer schürt und dazu einen Glückwunsch spricht, Kultgebäcke, Umzüge mit Koleda-Liedern, Wetterorakel.[9] Die orthodoxe Kirche nennt den drittletzten Sonntag vor Weihnachten *Djetinjci,* den vorletzten *Materice,* den letzten *Oci.* Auf Grund dieser Benennungen hat sich nach Maretić[10] der Brauch des Bindens und Loskaufens der Kinder, Mütter und Väter an den betreffenden Sonntagen entwickelt. Der Brauch wird auch bei den Katholiken in der Bačka geübt.[11] Vgl. den Brauch *Vješalice* in Bosnien.[12]

2. Weihnachten

Als Geburtsfest Christi wird das Weihnachtsfest erst seit dem 4. Jh. gefeiert. Wann es eingeführt worden ist, läßt sich nach den vorliegenden Zeugnissen nicht genau feststellen, sicher ist aber, daß es im Jahre 354 in Rom bereits existierte. Es dauerte längere Zeit, bis es sich einbürgerte und zur Anerkennung gelangte: In Konstantinopel wurde es 379, in Antiochien 388 eingeführt.[13] Vorher hatte man am 6. Jänner sozusagen die geistige Geburt Christi gefeiert, nämlich die Erinnerung an seine Taufe im Jordan. Auf den 25. Dezember wurde das Geburtsfest Christi vor allem deshalb festgelegt, um das große Fest der antiken Sonnenreligion, den *Dies Natalis Solis Invicti* »den Geburtstag des unbesiegbaren Sonnengottes«, den die griechisch-römische Welt seit dem letzten Viertel des 3. Jh.

---

[7] WMBH VIII 277.

[8] Sartori, SB III 20; HDA s. v. kürzester Tag; Viski, VU 140; Schneeweis, Weihn. Skr. 9, 102: Hexenschemel!

[9] Einzelheiten bei Schneeweis, Weihn. Skr. 10—13.

[10] Rad LX 133.

[11] Arkiv Kukuljevića XI 266.

[12] WMBH VIII 277.

[13] Kellner, Heortologie 84, 96, 101.

feierte, durch ein christliches Fest zu ersetzen. Christus sollte fortan die Sonne sein, die der Welt das Licht bringt.

Für das Verständnis der heutigen Weihnachtsbräuche, die zum großen Teil eigentlich Neujahrsbräuche sind, ist es wichtig, daß die Kirche den Geburtstag Christi schon im frühen Mittelalter zum Beginn des Kirchenjahres gemacht hat. Seit der Zeit der Karolinger wurden die Weihnachten in fast ganz Europa zum bürgerlichen Jahresbeginn. Mit der Reformation kehrte man in vielen Orten zum ersten Jänner als Jahresanfang zurück, 1691 bestimmte auch Papst Innozenz XII. diesen Tag als Neujahrstag. Es ist verständlich, daß das Weihnachstfest als Jahresanfang viele Bräuche des römischen Neujahrsfestes (Calendae Januariae) auf sich zog. Auch das ausgelassene Fest der Saturnalien hat seinen Niederschlag in den Weihnachtsbräuchen gefunden. Nach der Rückverlegung des Jahresanfangs auf den 1. Jänner blieben die meisten Bräuche an Weihnachten haften, andere schwanken innerhalb des Festzyklus der Zwölften (25. XII.—6. I.) hin und her, andere wieder haben sich an Feste der Adventzeit angeschlossen. Auf die Frage, ob die heidnischen Slaven ein Mittwinterfest hatten, an dessen Stelle das Weihnachtsfest getreten ist, läßt sich keine sichere Antwort geben. Schriftliche Zeugnisse dafür gibt es keine. Manche Forscher haben auf Grund der heutigen Bräuche je nach ihrer Einstellung ein heidnisch-slavisches Wintersonnwendfest bzw. ein Totenfest rekonstruiert, aber überzeugend sind diese Versuche keineswegs. Nach dem heutigen Stand der Forschung lassen sich winterliche und sommerliche Sonnwendfeste bei den Slaven bzw. Indogermanen nicht erweisen, wohl aber regelmäßige Festzeiten, die an das Erscheinen des Neu- und Vollmonds geknüpft waren. Auf Grund der Übereinstimmung heutiger slavischer Festbräuche mit Neumondbräuchen nehme ich an, daß die ältesten Festelemente (heilkräftiges Wasser, Kräuter, Schlag mit der Lebensrute, Feuer und Feuersprung, Opferspeisen, Totengedenken, Anfangszauber u. ä.) alten Mondfesten entstammen und in christlicher Zeit größtenteils auf die Hauptfeste des Kirchenjahres abgewandert sind. Daraus erklärt sich meiner Meinung nach auch die auffallende Gleichartigkeit der meisten Festbräuche, wenn auch zugegeben werden muß, daß in den winterlichen Festen der Seelenkult stärker hervortritt, in den sommerlichen aber der Naturkult. (Näheres über meine Hypothese bzgl. der heidnischen Neumondfeste s. Schneeweis, Feste und Volksbräuche der Lausitzer Sorben[2] S. 91 ff., Berlin 1953).

Die Zwölften heißen bei den Serben *nekršteni dani* »ungetaufte Tage«, angeblich deshalb, weil Christus in dieser Zeit ungetauft war. Böse Dämonen wie *nekrštenci* »Dämonen aus ungetauft verstorbenen Kindern«, *karakondžule* »Alpgeister« u. ä. haben in dieser Zeit besondere Macht. In der Furcht vor ihnen wurzeln viele Verbote (Spinnen, Weben, Wäscheschlagen). Der 24. Dezember heißt skr. *badnjì dan* »Wachtag« (zu abg. *bъděti* »wachen« mit Bezug auf die Vigilie, *vilija* (an der Kroatischen Küste: Gavazzi, GD. II 10), vgl. poln. *wilia*, fr. *veille de Noël*), der Weihnachtsabend *badnje veče*, der 25. Dezember *Božić* »Gottessohn« (deminut. zu *Bog* »Gott«), eine Bezeichnung, die auch dem gesamten Weihnachtsfest zukommt. Die Orthodoxen feiern drei Tage lang, die Katholiken zwei Tage, doch ist bei ihnen der 26. Dezember *Stipanj-dan* dem Andenken des hl. Stefan geweiht.

Charakteristisch für die südslavische Weihnachtsfeier ist vor allem der an dem offenen Herdfeuer unter altertümlichen Zeremonien verbrannte Weihnachtsklotz, der *badnjak* (Ableitung zu *badnje veče*, vgl. bg. *bъdnikъ*), der auch mit dem Euphemismus *veseljak* »Erfreuer«, *blažena palica* »das selige Stück Holz« bezeichnet wird. Um Görz, wo er um 1850 noch verbrannt wurde, nannten sie ihn *božič*, um Fiume *božičnjak*. In Istrien heißt er *čok*, auf der Insel Krk *kerj* (= *krlj)*, auf der Insel Hvar *hreb* (Gavazzi, G. D. II 14). In der Regel wählt der serbische Bauer für den Badnjak einen jungen Eichenbaum aus, den er am 24. Dezember vor Sonnenaufgang unter bestimmten Zeremonien und Anrufungen fällt (Handschuhe, Bewerfen des Baumes mit Getreide, Kuchenbrechen, Schießen usw.). In der Ls. Levač z. B. spricht er zu dem Baum, bevor er ihn fällt: »Guten Morgen hl. Badnjak! Einen glücklichen Tag! Ich bin zu dir gekommen, damit ich dich in mein Haus trage, auf daß du mir dort ein treuer Helfer seist: Im Haus, im Stall, auf dem Feld und an jeglichem Ort!« Der verbleibende Baumstumpf wird mit Wein oder Getreide überschüttet, vielfach läßt man auf ihm ein Stück Kuchen als Opfergabe zurück. Während in den serbischen Landschaften eine junge Eiche von mäßiger Stärke als Badnjak dient — in Ermangelung dessen ein Obstbaum, Ölbaum, zwei gekreuzte Weinreben — verwendet man in einigen Gegenden Kroatiens auch einen mächtigen Baumklotz, ebenso in der Hercegovina und in Syrmien. Der Einbringer des Badnjaks wird zu Hause mit einem Freudenschuß begrüßt, die Hausmutter reicht ihm einen eigens gebackenen Kuchen, den er über dem Baum bricht, küßt und verzehrt. Bis zum Abend lehnt der Badnjak mit der Schnittfläche nach oben vor der Tür. Wenn die ersten Sterne erscheinen, trägt ihn der Hausvater auf der rechten Schulter mit Handschuhen ins Haus, wobei er mit dem rechten Fuß auf die Schwelle tritt und zwischen brennenden Kerzen hindurchschreitet. Nach dem üblichen Gruß und Gegengruß bestreut ihn die Hausmutter aus einem Sieb mit Getreide und Nüssen. Dann umwandelt er dreimal das Herdfeuer und schürt es mit dem Baum, wobei er einen Segen spricht, den ich als »Funkensegen« bezeichne. Er lautet z. B. um Boljevac: *Koliko varnica, toliko ovaca, novaca, jarića, pilića, klasate šenice, muške dečice, telaca, surih svinja, crnih koza a najviše života i zdravlja!* »Wieviel Funken, soviel Schafe, Geld, Zicklein, Hühnchen, Weizen mit großen Ähren, männliche Kinder, graue Schweine, schwarze Ziegen und am meisten Leben und Gesundheit!« (Analogiezauber). Häufig hebt er den Baum oder den abgeschnittenen Wipfel hoch mit dem Wunsche, daß auch das Getreide so hoch wachsen möge, schließlich legt er ihn auf das Herdfeuer, daß das dickere Ende gegen Osten herausragt und rückt ihn dreimal vor. Wo zwei oder mehrere *badnjaci* verbrannt werden, werden sie gekreuzt niedergelegt. Welch hoher Verehrung sich der Weihnachtsklotz erfreut, ersieht man daraus, daß man ihn nachher mit Weihwasser besprengt, mit Weihrauch beräuchert und nach einem Trinkspruch mit Wein übergießt. Die Schnittfläche wird gesalbt oder mit Honig bestrichen, von jeder Speise wird ein Löffel voll daraufgelegt; auch ein Geldstück soll nicht fehlen. Sogar blutige Opfer wurden ihm vielfach dargebracht: In der Lika schlachtete man auf ihm Gänse und Truthühner, damit er blutig würde, um Rijeka einen Hahn. Was man als Gegenleistung von ihm erwartet, geht aus den Trinksprüchen an ihn hervor: »Auf dein Wohl! Wir geben dir Wein und Kuchen, Du uns Gesundheit, Frieden, männliche Kinder, Segen, Fruchtbarkeit und jegliches gute Glück« (Kosovo, Levač). Nach dem Durchbrennen des Badnjaks wird das dickere Ende unter einem Segenspruch kreuzweise mit Wein überschüttet und vom Feuer zuückgezogen, damit es nicht ganz verbrenne. Durch einen Freudenschuß wird das Durchbrennen den Nachbarn kundgetan. — In den dinarischen Gebieten werden auch am Vorabend des Neujahrstags *badnjaci* oder Badnjakbrände ans Herdfeuer gelegt. Abb. 17 zeigt eine serbische Frau mit dem Weihnachtskuchen, dem geschmückten Badnjak und dem Braten am Spieß.

Allgemein schreibt man den Badnjakbränden und der Asche heilende, befruchtende und Übel abwehrende Kraft zu, die man auf Mensch und Vieh sowie auf Haus, Garten und Feld übertragen kann. Damit der Segen möglichst vielen Objekten zugute komme, zerschneidet man die Reste und verfertigt daraus Kreuzlein, die man auf alle Gebäude, in Gärten und Felder steckt. Vielfach verfertigen sie daraus Pflugbestandteile (Šopluk) oder räuchern damit, andere werfen den Badnjakbrand gegen Hageldämonen in die Luft oder gegen das Fieber (Krankheitsdämonen!) über das Dach des Hauses. Bemerkenswert ist der Brauch, einen solchen Brand an die Herdkette zu stecken und mit ihm das nächste Weihnachtsfeuer anzumachen.

Was das A l t e r des Brauches auf skr. Volksboden betrifft, so findet sich der älteste Beleg in dem unter dem Comes Marcus Justinianus 1272 verfaßten Liber statutorum ciuitatis Ragusii.[14] Es heißt dort, daß in Ragusa am Weihnachtsabend (in uigilia Natalis Domini oder in uigilia anni noui) (also Weihnachten als Jahresbeginn!) ein Festzug der einzelnen Zünfte zu Ehren des Comes stattfand und daß die Schiffspatrone mit ihren Seeleuten unter Freudenbezeugungen einen Holzblock (ital. *ceppo*) ins Feuer stellten und reichlicher als die andern beschenkt und bewirtet wurden. — Aus dem 17. Jh. stammt die Nachricht Valvasors, der im VII. Buch seiner »Ehre des Herzogtums Krain« (S. 476) erzählt: »Im Histerreich (Istrien) führen die Bauern diesen Mißbrauch, daß am hl. Christabend ein jeglicher Hauswirt einen großen hölzernen Klotzen, den man in krainerischer Sprache *pain* nennt, nach Hause bringt und denselben in der Stuben aufs Feuer wirft. Denn man hat im Histerreich überall Kamine in den Stuben und keine Öfen. Also läßt man den zum Kaminfeuer gelegten Klotzen nur langsam glimmen. Wann sie nun hernach zum Abendessen gehen, geben sie diesem Klotzen von jedwedem Gemüse oder Suppen einen Löffel voll, desgleichen von jeglicher anderen Speise ein

[14] Mitgeteilt von K. Jireček im AfslPhil. XV 456.

Stücklein zu essen und sprechen ihm dabei zu, er solle auch essen ... Es hat zwar solche Gewohnheit in wenig Jahren ziemlich abgenommen, nachdem die Geistlichen gar scharf dawider gepredigt; nichts destoweniger stecken ihrer viele annoch in diesem Wahnglauben gar tief und fest, daß wann sie solches unterließen, sie das ganze Jahr durch weder Stern noch Glück haben würden.« — Der erste Beleg schildert also den Brauch als Gemeinschaftsbrauch, der zweite als Familienbrauch.

Der Brauch, zu Weihnachten an dem Herdfeuer einen Baum oder Holzklotz in ritueller Weise zu verbrennen, besteht auch in Bulgarien, Albanien, Griechenland, Italien, Portugal, Frankreich (*chalendal* aus lat. *calendalis*), Flandern (*Kersavondblock:* Wurzelstumpf einer Fichte oder Buche), England (*Yulelog*), Deutschland (ältester Beleg 1184 aus Ahlen im Münsterland; Christbrand in der Eifel), Insel Gotland und Lettland. Er ist an das offene Herdfeuer gebunden und geht mit dem Vordringen der Öfen zurück (Kroatien, Slavonien, Ungarn, Rumänien). An seine Stelle tritt der deutsche Christbaum, der von den Städten her unaufhaltsam vordringt. Ein interessantes Mischgebiet bildet Syrmien, wo man einen Christbaum schmückt, aber auch einen Badnjak in den Ofen schiebt.

Was die D e u t u n g dieses interessanten Brauches betrifft, so schließe ich mich W. Mannhardt an, der in dem Christblock eine Verkörperung des Vegetationsdämons sieht, ebenso wie in dem Maibaum, Erntemai und Weihnachtsbaum.[15] Seine Herkunft ist dunkel, doch halte ich es auf Grund der Tatsache, daß er im großen und ganzen in den Gebieten des alten römischen Imperiums nachzuweisen ist, mit Bilfinger, E. H. Meyer, F. Schneider für wahrscheinlich, daß wir es mit einem aus antikem Kulturgut stammenden Neujahrsbrauch zu tun haben, der von einheimischen Formen der Baum- und Feuerverehrung durchdrungen worden ist. Dafür spricht auch der älteste Beleg des Brauches aus Spanien bei Martin von Bracara († 580), der sich in seiner Schrift »De correctione rusticorum« gegen die Sitte wendet, »effundere in foco super truncum frugem et vinum«, einem, nach den übrigen zugleich erwähnten Sitten zu schließen, unzweifelhaften Kalendenbrauch. — Wäre der Brauch urslavisch, dann könnten wir ihn beispielsweise bei den Ukrainern und Weißrussen nachweisen, die sonstige altererbte Bräuche und Vorstellungen mit großer Zähigkeit bewahrt haben.

Zur Deutung von Einzelheiten der mit dem Badnjak verbundenen Bräuche sei noch bemerkt: Vor S o n n e n a u f g a n g wird er gefällt, in der glücklichen Stunde, in der auch am Georgstag die heilkräftigen Kräuter gepflückt werden, und in der wiederholt während des Jahres das kräftige Wasser geschöpft wird. — Aufnahmsbräuche erkennen wir in dem Bewerfen mit Körnern und in der dreimaligen Umwandlung des Herdfeuers, Weihebräuche in dem Beräuchern und Salben (bei den Bulgaren auch Binden). — D e r F u n k e n s e g e n ist ein Analogiezauber, die symbolische Auffassung der Funken als Lebensträger begegnet

---

[15] Mannhardt, Der Baumkultus der Germanen und ihrer Nachbarstämme². S. 236 ff.

auch bei andern Anlässen.[16] Schon 1142 wird der Funkensegen im Rahmen stadtrömischer Kalendenbräuche erwähnt.[17]

Der Christbaum ist verhältnismäßig jung. Seine deutsche Herkunft verrät sein kroat. Name *křižbam*. In Slovenien und in den benachbarten Landschaften Kroatiens ist der Name des ausgestorbenen Weihnachtsklotzes, *božič*, auf ihn übertragen worden. Sehr altertümlich, gewissermaßen wie Vorläufer des Lichterbaums, muten mit Äpfeln und Nüssen geschmückte Zweige an, die in Kroatien und Slavonien an die Zimmerdecke, an die Haussäule oder auf den Festkuchen gesteckt werden. Über die Weihnachtskerze handelt ausführlich Gavazzi in GD. II 11 ff.

Das Weihnachtsfeuer. Das Herdfeuer erfreut sich zu Weihnachten ganz besonderer Verehrung: Vielfach muß es ein Mann entzünden (Kosovo, Boljevac), in früheren Zeiten mit Hilfe von Feuersteinen (Makarska in Dalm.), man bringt ihm Opfer dar (Salz, Speisen, Münzen), man springt darüber, um gegen Krankheiten gefeit zu sein, stellt mit den Kohlen Orakel bezüglich des Getreide- und Bienensegens an, spricht den oben angeführten Funkensegen usw. In Dalmatien (z. B. in Kotari) zünden sie große Feuer im Freien an, *koleda* aus lat. *calendae*, genannt, braten einen Hammel daran, trinken, singen und springen über das Feuer; Name und Brauch wurzeln in der Antike.[18]

Der Weihnachtstisch. Reichliches Essen und Trinken zum Jahresbeginn gewährleistet Sattheit und Fülle für das ganze Jahr. Die Weihnachtstafel muß von allem aufweisen, was Garten und Feld hervorgebracht haben. — Die Serben essen zu Weihnachten nicht vom Tisch bzw. von der Eßscheibe, sondern legen die Speisen auf eine Decke, unter der Weihnachtsstroh liegt. In den Städten und in den nördlichen und westlichen Landschaften Jugoslaviens bleibt der hohe Tisch stehen, doch muß auch hier Stroh unter dem Tischtuch liegen. Drei Tage lang wird die Tafel nicht abgeräumt, höchstens zugedeckt, damit sich angeblich die Seelen der Abgeschiedenen laben können, auch das Kehricht bleibt drei Tage liegen. Vor dem Abendessen, das aus Fastenspeisen besteht, leitet der Hausvater ein feierliches Abendgebet, während dessen die im Hause hergestellte Weihnachtskerze brennt (bei den Serben vor dem Bild des Hausheiligen). Während des Abendessens bringt der Hausvater einen feierlichen Trinkspruch auf Glück, Gesundheit und Fruchtbarkeit im kommenden Jahre aus. Nie fehlt auf dem serbischen Weihnachtstisch ein Gefäß voll Brei aus Hülsenfrüchten, dem bei den Kroaten ein Gefäß mit Getreidesamen entspricht (Panspermie). — Die Gebildbrote, die auf den Weihnachtstisch kommen, sind nach Art und Zahl in den einzelnen Landschaften sehr verschieden.[19] Abb. 18, 19, 20, 21. Eine wichtige Rolle spielt bei den Serben die *česnica* »Glückskuchen« (zu s. *čestitъ* »glücklich«,

---

[16] Beispiele bei Schneeweis, Weihn. Skr. 191.
[17] Du Cange, Gloss. III 962.
[18] Einzelheiten bei Schneeweis, Weihn. Skr. 28 ff., 173.
[19] S. Schneeweis, Weihn. Skr. 40—54.

ursl. *čęstó* »Teil«): In den ungesäuerten Teig, zu dem das Wasser vor Sonnenaufgang unter besonderen Zeremonien geholt ist, wird eine Münze und verschiedene Symbole gesteckt, die sie nach Haustieren und Geräten benennen (Fisolen, Kerne, Zweigteilchen). Der in der Herdasche gebackene Fladen wird beim Mittagessen des Christtags von den Männern und Burschen des Hauses mit der rechten Hand (Handschuhe!) gehoben, dreimal nach rechts gedreht, wobei der Hausvater einen Segen spricht, und dann gebrochen. Jeder sucht ein möglichst großes Stück abzubrechen und schließt aus dem ihm zugefallenen Symbol, auf welchem Gebiete er im nächsten Jahre Glück haben wird.[20] — Groß ist die Zahl von Gebildbroten, welche die verschiedenen Haustiere darstellen sollen, ferner landwirtschaftliche Geräte, Haus, Garten, Ställe, Hürden, Bienenkörbe, Tenne, Garben, Feld (auch mit hütender Schlange), schließlich Sonne und Mond. Vielfach werden die genannten Dinge auf einem großen Kuchen dargestellt. (Ähnliche Gebildbrote kennen auch die Bulgaren.)[21] Es sind gegenständliche Darstellungen des Wunsches nach Glück und Segen im neuen Jahr. In den tierfigürlichen Gebildbroten, die man der entsprechenden Haustiergattung der Gesundheit halber zu fressen gibt, erkennen wir Ablösungen blutiger Tieropfer, wie sie schon bei den Ägyptern und Griechen üblich waren. Solche Brote finden wir heute noch auf dem Weihnachtstisch vieler europäischer Völker.[22] In manchen kroatischen Landschaften (Poljica, Prigorje) heißt der erste Weihnachtstag *l(j)etnica,* ebenso heißt dort der Festkuchen: die Bezeichnung hängt mit dem früheren Jahresbeginn zu Weihnachten zusammen (Gavazzi, G. D. II 55). In einigen Gegenden Nord-Kroatiens (Drautal, Žumberak u. a.) ist es Sitte, verschiedene Gegenstände unter den Weihnachtstisch zu legen: Joch, Kummet, Peitsche, Brotsack, Kette, Axt und vor allem eine Pflugschar. Vielfach pflegt man eine Kette um die Tischbeine zu legen (Gavazzi, G. D. II 45). — Die Kette um den Tisch begegnet auch bei den Karpato-Ukrainern, bei den galizischen Ukrainern und bei den mährischen Walachen. Es soll dadurch ein magischer Kreis gezogen werden, der alles Unheil abwehrt.

In den serbischen Kernlanden ist eine Weihnachtstafel (vom 25. Dez. an) ohne gebratenes Schwein nicht denkbar. Es wird unter Beobachtung besonderer Zeremonien geschlachtet, in der Christnacht, jedenfalls vor Sonnenaufgang am Spieß gebraten und vor der Hauptmahlzeit vom Hausvater mit dem Weihnachtsgruß aufgetragen. Es heißt *pečenica, pecivo, božitnjak, božićnjar, zaoblica,* auch ***boža*** (Dubrovnik), ***božica*** (Konavlje), ***božura*** (Boka). Dessen Opfercharakter ersieht man daraus, daß jeder Hausgenosse davon essen muß, daß man den Schweinskopf bis zum 1. Jänner stehen läßt, daß man dem Blut, den Knochen, dem Rüssel, dem Kehlkopf, selbst dem Bratspieß magische Kräfte zuschreibt, und daß man

[20] Vgl. hierzu die deutsche Sitte des am Dreikönigstag gebackenen Bohnenkuchens: Sartori, SB III 74.
[21] 80 Abb. im SbNU XXVIII.
[22] S. Schneeweis, FVLW 137.

aus der Beschaffenheit des Schulterblatts, *plećka,* Krankheit und Tod in der Familie und im Dorf, Glück und Unglück im Stall, Garten und Feld für das nächste Jahr prophezeit.[23] — Schon bei den Römern finden wir das Schweinsopfer als wesentlichen Bestandteil eines ausgesprochenen Fruchtbarkeitsfestes, der Saturnalien (17. bis 23. Dez.). Auch bei der Einführung des Weihnachtsfestes in Rom war für den 24. Dez. bloß Tagfasten geboten, für welches ein üppiges Abendessen entschädigte ... bei dem saftige Schweinsbraten den Juden zum Hohn nicht fehlen durften.[24] Es ist also wahrscheinlich, daß das serbische Weihnachtsschwein auf die Antike zurückgeht, allerdings ist es mit volkstümlichen, heidnischen Bräuchen ausgestattet worden.

Das Weihnachtsstroh. In allen skr. Landschaften besteht der Brauch, am Weihnachtsabend Stroh auf den Fußboden zu streuen und unter das Tischtuch zu legen. Gewöhnlich trägt es der Hausvater nach dem Badnjak unter einem Segenspruch herein, umwandelt damit dreimal das Herdfeuer, wobei er wie eine Bruthenne »*kvo, kvo*« ruft, während alle andern hinterdrein gehen und mit »*piju, piju*«-Rufen die Hühnchen nachahmen (Analogiezauber zur Vermehrung des Geflügels). Bei den Kroaten wird es unter Segenswünschen für die Fruchtbarkeit des neuen Jahres hereingetragen. Das Stroh bleibt gewöhnlich drei Tage liegen, oft auch bis zum Neujahrs- oder Dreikönigstag (Boka). Man schreibt ihm befruchtende Kraft zu, deshalb gibt man davon dem Vieh zu fressen, legt es in die Brutnester des Geflügels, bindet es an Bienenkörbe und Obstbäume, streut es in Gärten und Felder u. ä. Im Abwehrzauber gegen Hageldämonen schwingt man brennendes Weihnachtsstroh gegen die Wolken und wirft es auf das bedrohte Feld. Die Kroaten vergraben davon zu demselben Zweck in den Weingärten oder binden es an die Pflöcke der Weinstöcke, Beräucherungen der Kuheuter mit Weihnachtsstroh wehren die Milchhexen ab.

Nach der volkstümlichen Deutung der Südslaven wird das W.-Stroh zur Erinnerung an die Geburt Christi im Stalle gestreut, in Wirklichkeit ist diese Sitte viel älter, dank der christlichen Umdeutung hat sie sich bis heute bei den Bulgaren, Albanern, Rumänen, Magyaren, Slovaken, Polen, Ostslaven, Esten, Schweden, Deutschen (Schlesien, Baden, Pfalz) erhalten, auch in Frankreich, England und Böhmen hat sie früher bestanden. Nach Herodot[25] pflegten die Perser und Skythen das Fleisch auf eine besonders hergerichtete Opferstreu aus zartem Gras zu legen, auf der sich auch die Götter niederlassen sollten. Auch die alten Inder brachten ihren Göttern die Speisen auf einer Opferstreu dar. Da die Römer auf Rasenstücken opferten, die Griechen grüne Gräser auf den Altar streuten, nimmt L. von Schröder an, daß die Opferstreu ursprünglich den Zweck hatte, den fehlenden Rasenteppich zu ersetzen. Es ist demnach anzunehmen, daß

[23] Einzelheiten bei Schneeweis, Weihn. Skr. 35—39, 203.
[24] Usener, Das Weihnachtsfest, 279.
[25] I 132, IV 60.

die heutige Sitte, die W.-Speisen auf Heu oder Stroh zu legen, auf einen alten indogermanischen Opferritus zurückgeht.[26]

Naturverehrung. Dem in der Christnacht vor Sonnenaufgang geschöpften Wasser schreibt man magische Kraft zu, daher heißt es vielfach *jakovna voda* »kräftiges Wasser«. Vor dem Schöpfen spendet man dem Wasser (Quelle, Brunnen, Fluß) ein Geschenk (Getreide, Münze, Apfel, Kuchen, Salz, Käse) und grüßt es dabei z. B. *Dobro jutro, vodice, i čestit ti Sveti Božić!* »Guten Morgen, liebes Wässerlein, und glückliche Weihnachten!« Man macht damit den Teig für die *česnica* an, wäscht sich damit unter besonderen Riten, schüttet davon ins Feuer und besprengt damit die Bienenstöcke. Ähnliche Bräuche begegnen auch am Neujahrstag (Kroaten) und am 6. Jänner, dem Tag der Wasserweihe. — Der Glaube, daß das zu gewissen Zeiten (Weihnachten, Ostern, Georgsnacht, Walpurgi, Pfingsten, Johanni usw.) geschöpfte Wasser heilkräftig sei (vgl. d. *heiliwag*), ist in ganz Europa verbreitet. Da bei Polen und Serben vielfach das Quellwasser in der Woche nach dem Neumond als besonders heilkräftig gilt,[27] habe ich die Vermutung ausgesprochen, daß der Brauch in den Komplex der von mir angenommenen heidnischen Neumondbräuche gehört und in christlicher Zeit in landschaftlicher Abwandlung auf die neuen Hauptfeste abgewandert ist.[28]

Verehrung der Sonne spricht aus den figürlichen Darstellungen der Sonne auf den W.-Kuchen, aus dem Ringkuchen (die Bulgaren nennen ihn *slъnce* »Sonne«), aus der Begrüßung der am Christtag aufgehenden Sonne durch den Hausvater und aus der schon der Antike geläufigen Wertschätzung der Ostseite.[29] — Auch der Mond wird auf den Gebildbroten dargestellt (Varoš in Slavonien).

Seelenkult bildet bei allen europäischen Völkern einen wesentlichen Bestandteil der W.-Bräuche, so daß manche Forscher wie Feilberg, Mogk, Helm, L. Weiser, Čajkanović, W.-Klinger an ein heidnisches Seelenfest als Grundlage des W.-Festes glauben. Bei den Serben gehören ohne Zweifel folgende Elemente in den Bereich des Seelenkults: Man gedenkt der teueren Toten durch Gebete, Anzünden von Kerzen, Verteilung von Speisen für die Seelenruhe der Toten und durch Besprengen der Gräber mit dem neuen Weihwasser. Mundus patet — Geister verlassen das Totenreich; man läßt die Tische gedeckt, damit sie sich daran laben, man läßt das Kehricht liegen, um sie nicht zu verscheuchen, die Fenster bleiben geschlossen, solange das W.-Stroh liegt. Verboten ist das Schlagen, Waschen, Stampfen und Schneiden. Seelenspeisen sind die vor dem Abendessen kreuzweise in die Ecken geworfenen Nüsse, Honig, Brei und Panspermie.[30]

Umzüge. Im römischen Kalendenfest wurzeln die Koledaumzüge (bisweilen mit Tiervermummungen), die bis heute in Mazedonien, Dalmatien, im kroati-

---

[26] Einzelheiten zum W. Stroh bei Schneeweis, Weihn. Skr. 30—33, 212—214.

[27] Biegeleisen, U kolebki 364; SEZb XXII 100.

[28] Schneeweis, FVLW 124.

[29] S. Schneeweis, Weihn. Skr. 195—199.

[30] Einzelheiten bei Schneeweis, Weihn. Skr. 206—209.

schen Küstenland und in Istrien fortleben. Bis vor kurzem hat sich in Dalmatien der *smiješni kralj* »Narrenkönig« erhalten, der auf den römischen aus dem babylonischen Sakäenfest stammenden Saturnalienkönig zurückgeht.[31]— Name und Ausstattung der Maskenträger am Kosovo (*dedica* »Großvater, Ahne«), in Mazedonien und Bulgarien (*starci* »die Alten«, *džamali**) um Saloniki (*rusalii*) legen die Vermutung nahe, daß wir es hier mit Erscheinungsformen wiederkehrender Seelen zu tun haben. Hierzu stimmt die Vorliebe der bulgarischen Masken für Vogelkopf und Federkleid (Seelenvogel!).

Christliche Formen der Umzüge treten uns entgegen in den auf die Kroaten beschränkten Sternsängern, *zvezdari* (Abb. 23) und in den Krippensängern, *betlehemari* (Kroatien, Slavonien, Vojvodina), die mit Weihnachtsspielen (Krippe) und Liedern umherziehen. Von den Deutschen der Militärgrenze stammen die Paradiesspiele und die Umzüge mit dem Christkindl. — Am Dreikönigstag kommen über Wunsch die Priester mit Gefolge ins Haus und nehmen die Besprengung mit dem neuen Weihwasser und die Beräucherung vor. — Bezüglich der W.-Lieder läßt sich eine ähnliche Zweiteilung feststellen, wie bezüglich der Umzüge: Heidnisch oder zumindest frei von christlichen Motiven sind die bei den Koledaumzügen gesungenen Lieder, welche das Lob des Hausvaters sowie der einzelnen Hausbewohner und Glückwünsche bezüglich der Fruchtbarkeit des neuen Jahres enthalten. Ihnen stehen verchristlichte Formen der Koleda-Lieder gegenüber[32] und rein geistliche Lieder kirchlichen Ursprungs, welche die Geburt Christi oder seine Taufe im Jordan besingen.[33] — Reiterspiele in Priština 1435 (s. Archiv XIV 73).

Zauber und Wahrsagung. Keine Festzeit des Jahres ist von soviel Zauber und Orakelwesen umrankt, wie die geheimnisvolle, in die dunkelste Jahreszeit fallende W.-Zeit, wo allwissende Geister umgehen. Bei den meisten Zauberhandlungen handelt es sich darum, die einem Dinge zugemutete Kraft auf belebte oder unbelebte Objekte zu übertragen (Übertragungs- oder Mitteilungszauber): Die Speisen und Getränke der W.-Tafel (Opfermahl!), die Badnjak-Reste, das W.-Stroh gelten als solche Segensträger. Hierher gehört auch der Grünzauber (Saatteller, Barbarazweige) und der bei den Kroaten auf den 28. Dezember (Mladinci) festgelegte Schlag mit der Lebensrute, der dem Geschlagenen die Wachstumskraft des grünen Zweiges mitteilen soll. In anderen Zauberhandlungen wird der gewünschte Erfolg oder Vorgang dargestellt oder wenigstens in naiver Weise angedeutet (Analogie- oder Ähnlichkeitszauber), z. B. durch Brüllen der Kinder im Stall, damit das Vieh niemals aussterbe, oder durch das Spiel »Henne und Küchlein« beim Hereintragen des W.-Strohs. Hierher gehört auch der Funkensegen und verschiedene Formen des Anfangszaubers, die

---

[31] Einzelheiten im ZbNŽ XXVI 319 ff.; auch im ZbNŽ XXXV 29—60; Schneeweis, Weihn. Skr. 148.

[32] z. B. ZbNŽ XXII 37.

[33] Näheres bei Schneeweis, Weihn. Skr. 144—152.

mit dem Jahresbeginn zusammenhängen: Beginn von Arbeiten, Geldzählen, Jagdglück, reichliches Essen und Trinken am W.-Tag wirken für das ganze Jahr günstig fort. Ein Analogiezauber ist das Füttern der Hühner innerhalb eines Kreises, damit sie sich nicht verlaufen (Abb. 22). Da von dem ersten Besucher am Christmorgen das Glück des Hauses im neuen Jahr abhängt, bestellen die Serben und Kroaten schon vorher einen hübschen gesunden Knaben. Er heißt *polaženik* (zu *polaziti* »kommen, besuchen«), auch *polaznik, poležaj, položaj(nik)*. Nach dem üblichen Gruß *Hristos se rodi!* und Gegengruß *Va istinu se rodi!* wird er von der Hausmutter mit Getreide beworfen, dann tritt er ans Feuer und schürt es kräftig, wobei er den bekannten Funkensegen spricht, hebt einen Zweig hoch mit dem Wunsche, daß das Getreide so hoch wachsen möge, küßt den Badnjak, begießt ihn mit Wein und legt ein Geschenk (Kuchen, Münze) auf ihn nieder, zum Schluß küßt er alle Hausbewohner. Er bleibt den ganzen Tag über als Gast und wird beim Abschied reich beschenkt (Abb. 24). — A b w e h r des Bösen (Hexen, Krankheitsdämonen) bezweckt das Hinwegtreiben des Viehs über eiserne Geräte oder zwischen brennenden Kerzen, Beräucherungen, Lärmen und Schießen, sowie Umwandlungen des Feuers, des Hauses und der Hürde (magischer Kreis).

Die O r a k e l u n d O m i n a an der Schwelle des neuen Zeitabschnittes beziehen sich auf das Wetter und die Fruchtbarkeit im nächsten Jahr (Zwiebelkalender, Kohlen- und Kerzenorakel, Beobachtung der Lostage usw.), auf Krankheit und Tod der Hausgenossen (aus dem Rauch der W.-Kerze und dem Schatten der Bewohner, aus dem Nußkern, aus dem zerschnittenen Apfel, aus der Herdasche, aus Tierstimmen usw.), auf Liebe und Heirat (Träume, Bleigießen, Spiegel- und Brunnenschau, Zaunorakel, Horchen, erste Begegnung, Zettelorakel, Tellerheben, Schüssellieder, Verhalten des Hundes, der Schweine u. a.). Häufig ist das Orakel oder Omen an einen Bestandteil des vorauszusetzenden Opfermahles geknüpft (Opferaugurium), so an das Opfertier (Schulterknochen, Milz), an den Brei, an die *česnica,* weil man ursprünglich annahm, daß die durch das Opfer günstig gestimmte Gottheit durch besondere Zeichen auf den Gaben den Menschen einen Blick in die Zukunft gewähren werde.[34] Über ehemalige Orakel mit der *česnica* in der Hercegovina siehe Vuk Karadžić, Rječnik, s. v. *milatise*. Parallelen bei Schneeweis, Weihn. Skr. 103.

S c h i c h t u n g d e r B r ä u c h e. Den Grundstock der heutigen skr. W.-Bräuche bilden antike Kalendenbräuche, die sich an heidnisch-slavische Mittwinter- und Neumondbräuche angeschlossen haben. Das christliche Weihnachtsfest als mittelalterlicher Jahresbeginn hat außerdem die Entstehung einer neuen Schichte von Neujahrsbräuchen veranlaßt, viele heidnische Bräuche, besonders Umzüge, wurden in christlichem Sinne umgedeutet. Auf deutschen Einfluß geht der *križbam* zurück, ebenso viele W.-Spiele und W.-Lieder im Gebiet der ehemaligen Militärgrenze. Albanische Koledalieder in serbischer Übersetzung werden

[34] Einzelheiten und Parallelen bei Schneeweis, Weihn. Skr. 94—139; Polaženik: ib. 75—81, 170—172.

an der albanischen Sprachgrenze an der Adria gesungen. Nach der Terminologie zu schließen, wurde der kroatische geschmückte W.-Zweig *kinč* (aus magy. *kincs* »Schatz, Kleinod«) von den Magyaren her übernommen, der Brauch mit dem *vertep* (Höhle, W.-Krippe) wurde wahrscheinlich durch russische Geistliche verbreitet. In neuester Zeit läßt sich ein rasches Vordringen des W.-Baums auf Kosten des Badnjaks feststellen, was mit dem Vordringen des Sparherds und dem Schwinden des offenen Herdfeuers zusammenhängt.

3. Von Weihnachten bis zum Dreikönigstag

26. Dezember: *Stjepan* (Kr. *Stipanja, Štefanje*) gilt im nördlichen Kroatien als Pferdepatron. Ihm zu Ehren finden Umritte und Wettreiten statt. — In den deutschen Landschaften gibt es zahlreiche Parallelen zu diesem Brauch: HDA VIII 434.

Am Tage des Evangelisten Johannes (27. Dezember) findet bei den Katholiken die Weinweihe statt. Man setzt davon jedem Fasse zu, damit der Wein nicht verderbe, und jeder trinkt davon, damit er gesund bleibe. Wie jeder geweihten Sache, so schreibt man auch diesem Wein und dem daraus entstandenen Essig Abwehrkraft zu. — Daß sich die Weinweihe an den Tag des Evangelisten Johannes geknüpft hat, ist in der Legende begründet, nach welcher ihm der Grieche Aristodemos einen Becher vergifteten Weines vorgesetzt und ihm erklärt hat, er wolle Christ werden, wenn der Heilige diesen Wein ohne Schaden austrinke. Dieser segnete den Wein und trank ihn ohne schädliche Wirkung aus.[35]

Am 28. Dezember, kroat. *Mladenci*, in manchen Gegenden *Herodešovo*, wecken die kroat. Mütter ihre Kinder mit Rutenschlägen, damit sie gesund bleiben. Später ziehen Kinder von Haus zu Haus, schlagen die Bewohner mit Ruten und werden dafür beschenkt. Dieses Schlagen mit grünen Ruten wirkt nach altem Volksglauben verjüngend (*mladiti se*). Die tschechische Bezeichnung der Osterrute ist *pomlázka* (zu mladý, jung). Nach Vuk Vrčević heißt der Tag in der Boka und Hercegovina *ženski dan* »Weibertag«. Die Frauen haben frei und besuchen einander. Abends versammelt sich dort die Jugend auf einer Dreschtenne und tanzt und singt bis tief in die Nacht hinein um ein Feuer.

Jahresschluß und Neujahrstag. Am Vorabend des Neujahrstags, s. *Vasiljev dan, Mali Božić* »kleine Weihnachten«, Oktave des Weihnachtsfestes, kroat. *Nova godina, Novo leto,* wird in den dinarischen Gebieten ein Badnjak oder dessen Brände ans Feuer gelegt. Die Katholiken besuchen einen Abendsegen, *večernica.* Über den für die Bärin gekochten Brei, *mečkina povojnica,* s. oben S. 109. Bei den Kroaten spielt die Einholung des Wassers am Neujahrsmorgen (oft mit vorhergehendem Brunnenopfer) eine große Rolle, während bei den Serben

[35] Parallelen bei Sartori, SB III 53, 233; HDA IV 746.

die entsprechenden Bräuche am Weihnachtsmorgen und am 6. Jänner geübt werden.[36] In Dalmatien hat sich in manchen Orten der Brauch *Biranje Kralja,* Wahl des Königs, erhalten. Er dürfte auf den »Narrenkönig« der römischen Saturnalien zurückgehen. Einzelheiten bei Gavazzi, GD. II 60 ff.

Das Epiphanienfest (Dreikönigstag). Die Zwölften finden ihren Abschluß am 6. Jän., den die Katholiken *Sveta Tri Kralja* nennen, die Orthodoxen fast allgemein *Bogojavljenje* »Erscheinung Gottes« oder mit Rücksicht auf die Wasserweihe *Vodica, Vodokršće.* Bei den Katholiken wird die Wasserweihe schon am Vorabend nach dem Abendsegen in oder vor der Kirche vorgenommen, bei den Orthodoxen am Festtag selbst im Rahmen einer feierlichen Prozession zu einem fließenden Gewässer. Besonders feierlich war die Zeremonie in Belgrad, wo sie an der Save unter Leitung des Patriarchen und im Beisein des Königs und seiner höchsten Würdenträger abgehalten wurde. Von dem geweihten Wasser, das in großen Behältern am Ufer steht, nehmen sich die Leute mit heim. — Von den volkstümlichen Bräuchen dieses Tages mutet sehr altertümlich das rituelle Trinken des neuen Weihwassers an. Der Hausvater steht (oft bloßfüßig) gegen Osten gewendet, auf einer Axt, dreht sich nach jedem Schluck in der Richtung des Sonnenlaufs um seine eigene Achse, dann hüpft er dreimal von der Axt weg der Sonne zu, die er durch Schmatzen grüßt, ähnlich wie den neuen Mond. Varianten dieses Brauches sind bezeugt aus der Ls. Kosovo, Levač, Gruža, aus der Gegend von Kruševac, Boljevac und vom Stamme Vasojevići. Nach Jastrebov stehen an diesem Morgen in Gilane die Männer beim Waschen auf einer Pflugschar, die Frauen auf einer Axt, alle werfen nachher glühende Kohlen hinter sich. Wir haben es also mit Lustrationen mittels Feuers, Wassers und Eisens zu tun. — Bei den Serben besteht allgemein der Glaube, daß sich um Mitternacht vor dem Epiphanientag der Himmel öffne, was allerdings nur Auserwählte sehen können. Was sie in dem Augenblicke wünschen, wird ihnen von Gott gewährt. Begründet ist dieser Glaube im Evangelium, Matth. III 16: »Und da Jesus getauft war, stieg er alsbald heraus aus dem Wasser; und siehe, da tat sich der Himmel auf über ihm.«[37]

4. Fasching

Die Kroaten nennen ihn unter deutschem Einfluß *fašnik, fašnjak,* die Serben *mesojeđe* »Fleischessen«, auch *mesnice* (Kosovo), *mrsoveđe* (Slavonien).

Am 14. Jänner begehen die Serben das Fest des hl. Sava, des Schulpatrons. Wie bei der Feier des Hauspatrons wird in jeder Schule feierlich ein Festkuchen gebrochen, die Schüler tragen Gedichte vor, nachher unterhalten sie sich alle bei Tanz und Gesang. — Bemerkenswert ist der in einigen Ls. (so am Kosovo, in Stari

[36] Einzelheiten bei Schneeweis, Weihn. Skr. 83—87.
[37] Einzelheiten zum Dreikönigstag bei Schneeweis, Weihn. Skr. 87—94.

Vlah, um Boljevac) herrschende Glaube, daß der hl. Sava an diesem Tage die Wölfe versammle und ihnen für das kommende Jahr die Beute zuweise. Wie Čajkanović[38] und Polívka in seinem Aufsatz *Vlči pastýř* »Wolfshirt«,[39] nachgewiesen haben, sind die Züge eines heidnischen Waldgotts auf christliche Heilige, so auf Georg, Petrus, Nikolaus, Martin, Erzengel Michael, schließlich auf Christus und Gott übertragen worden. Den Anlaß zur Übertragung gab wohl die Anrufung des Heiligen um Schutz gegen die Wölfe. Ich füge als weitere Parallele die Legende vom hl. Naum hinzu, der, wie das im Kloster Sv. Naum am Ochridasee hängende Bild zeigt, einen Ochsen und einen Bären vor den Pflug gespannt hat: Den Bären zur Strafe, weil er gegen das Verbot des Heiligen einen Zugochsen zerrissen hatte. — Ich vermute, daß auch der oben erwähnte Brei für die Bärin dem Tier der Waldgottheit oder dem Waldgott selbst galt.[40]

Auf deutschem Einfluß beruht die bei den Kroaten bezeugte Verehrung des hl. Valentin (14. Jän.) als Patrons gegen die hinfallende Krankheit (Volksetymologie: *Fall net hin!*) — In Samobor heißt es, daß die Vögel an diesem Tage Hochzeit halten.[41] Bei den Wenden hat sich diese Vorstellung an den 25. Jänner geheftet. Auch die Deutschen rufen: *»Pauli Bekehr, gib's Ei her!«*

Den 16. Jänner, *Sv. Petar Verigan, Petrove Verige, Časne Verige, Verižnjaci* »Petri Kettenfeier« feiert man im östlichen Serbien gegen Blitzschlag. Um vom Hagel verschont zu bleiben, begießen sie früh jede Getreideart mit frischem Wasser. Dem Brauch liegt meines Erachtens der Glaube zugrunde, daß der hl. Petrus als Inhaber der Himmelschlüssel auch Blitz, Hagel und Regen in seiner Gewalt habe. So erklärt sich, daß die Bulgaren nicht bloß den 16. Jänner *Južnici, Verižnici* nennen, sondern auch den 20. Juli, den Tag des »Donnerers« Elias. Wer ein an diesen Tagen hergestelltes Kleidungsstück trägt, den erschlägt der Blitz. Vgl. den analogen an Christi Himmelfahrt geknüpften Glauben bei Deutschen und Wenden.[42] — In dieselbe Zeit fallen lokale Arbeitsverbote wegen der Pest, *čuma* (Kosovo, Boljevac). Als Pestheilige gelten der *Sv. Antonije* (17. I.) und der *Sv. Atanazije* (18. I.). Die Kroaten verehren den hl. Antonius als Spender von Glück und Gesundheit und halten an seinem Tage vielfach Arbeitsruhe.

Am 22. Jänner, dem Tage des *Sv. Vincek* (volksetymologisch angelehnt an *vino* »Wein«) gehen die Kroaten in die Weinberge, weihen den Wein und bleiben dort fröhlich beisammen. Regen an diesem Tage kündet eine reiche Weinernte.

Der Weinheilige der Serben ist *Sv. Trifun* (1. Feber) mit dem Beinamen *pijanica* »Zecher« (Ohrid). Ein anderes Epitheton ist *zarezan, zarizoj* (bulg. Grenze) zu *rezati* »schneiden«. Dem Umstand, daß der Heilige den Tod durch das Schwert gefunden hat, und der zeitlichen Lage des Festtags hat er meiner Ansicht nach das Patronat über den Weinbau zu verdanken. Viele Ikonen stellen ihn mit

38 Sveti Sava i vuci, SEZb XXXI 157—165.
39 Festschrift für Tille, S. 159—179, Prag 1927.
40 Vgl. das Gebildbrot »Hauswolf« (ZÖV IX 202).
41 Parallelen bei Sartori, SB III 88.
42 Sartori, SB III 188.

einem Rebenmesser dar. An seinem Tage ist es Sitte, die Weinstöcke zu beschneiden — im Timoktal besorgen das schwangere Frauen — oder wenigstens damit anzufangen. Im benachbarten Bulgarien findet an diesem Tage die Wahl eines Winzerkönigs oder Trifun statt, anschließend Umzug und Gelage. Nachklänge des Dionysoskults oder des Saturnalienkönigs? — Im Plivatal (Bosnien) feiert man den *Sv. Trivul* als Patron gegen Ungeziefer und Mäuse: Anklang an *trijebiti, tribiti* »säubern«. Der hl. Trifun ist seit 1122 Schutzpatron der Stadt Kotor (Cattaro), der Tag wird dort sehr feierlich begangen.[43] — Er gilt als Patron der Gärtner und Gastwirte.

Am 2. Feber feiern die Serben *Sretenje* »Begegnung« (nämlich Simeons mit dem Jesuskind: Evang. Luk. II 25 ff.). Der Name des Tages gab Anlaß zu dem Glauben, daß sich an ihm Winter und Sommer begegnen. Mädchen schließen aus der Beschaffenheit des ersten Mannes, den sie begegnen, auf die Eigenschaften des Zukünftigen (Homolje, Boljevac). — Die Katholiken nennen den Lichtmeßtag mit Rücksicht auf die Kerzenweihe *Svećnica* (zu *sveća* »Kerze«), auch *Svetla Maria,* in Poljica *Gospa Kandalora* oder *Kalandora,* aus dem Romanischen *festum candelarum,* fr. *chandeleur.* Die geweihten Kerzen werden bei schweren Gewittern und bei Sterbefällen angezündet. Die Kerzenweihe selbst stammt eigentlich aus der griechischen Kirche (griech. ἑορτὴ τῆς Ὑπαπαντῆς), die ältesten Formen sind aus dem 10. Jh. bezeugt.

3. Feber, *Sv. Blaž, Sv. Vlaho.* Die Katholiken verehren ihn als Schutzpatron gegen Halsleiden und lassen Honig, Zucker, Wein und Schießpulver weihen, was als heilkräftig aufbewahrt wird. Nach der Messe hält der Priester den Gläubigen zwei gekreuzte Kerzen unter den Hals (*grličanje* zu *grlo* »Hals«) und spricht den Blasiussegen. Diese Sitte der Besegnung im Namen des Blasius zur Beseitigung eines Halsleidens läßt sich bis ins 6. Jh. zurückverfolgen. Die Legende besagt, daß er den Sohn einer Witwe aus Erstickungsgefahr gerettet habe. — Äpfel, geweiht am Blasiustag, haben Heilkraft gegen Halsleiden (Kroatien). In der Stadt Dubrovnik (Ragusa), deren Schutzpatron Sv. Vlaho ist, findet alljährlich ein feierlicher Umzug und ein dreitägiges Volksfest statt.[44]

In Kroatien und Dalmatien wird die hl. Apollonia (9. Feber) gegen Zahnweh angerufen. Das wurzelt in der Legende, nach der ihr als Märtyrerin die Zähne eingeschlagen, bzw. mit einer Zange herausgerissen worden sind.[45]

Freitag und Samstag vor dem Beginn der Fastenzeit begehen die Orthodoxen das winterliche Totengedenkfest, *zimske zadušnice.*

Faschingsschluß. Die letzte Zeit vor dem Beginn der Osterfasten heißt *poklade* »Weglegen der Fleischspeisen«. Während die Katholiken erst am Aschermittwoch zu fasten beginnen, tun dies die Orthodoxen schon am Montag: sie nennen die vorhergehende Woche *bela nedelja* »weiße Woche«, da sie noch Milchprodukte essen dürfen, und den Abschluß *bele poklade* (vgl. bg. *sirna nedelja* zu

---

[43] Bild in OeUMon, Bd. Dalmatien, S. 195.
[44] S. Vučetić, Sv. Vlaho u Dubrovniku: Brastvo XVII 37 ff.
[45] Vgl. HDA I 551.

sir »Käse«). Im Gegensatz dazu bezeichnen die Katholiken die Woche nach Ostern als weiße Woche. Die volkstümlichen Bräuche der Kroaten und die Terminologie weisen starken Einfluß der Deutschen (*fašnik* aus d. Fasching; *lafra* aus d. Larve) und Italiener auf (*maškara* aus it. *máschera; karneval, krńeval,* aus it. *carnevale*). Serben und Kroaten gemeinsam sind die Maskenumzüge, Tänze und Gelage. Abb. 25 zeigt eine kroatische Fastnachtsmaske. Außer dem Pflugziehen (Samobor) und der Verbrennung des Karnevals (Dalmatien, Kroatische Küste, Istrien) sind bei den Kroaten keine besonderen Bräuche hervorzuheben. Für die serb. Fastnacht sind charakteristisch: Feuerbräuche, verbunden mit Ahnenkult, Schaukelbräuche und die Sitte, sich gegenseitig Abbitte zu leisten.

Bekanntlich hatten die mit den antiken Luperkalien zusammenhängenden Maskenumzüge der Faschingszeit ursprünglich eine magische Bedeutung,[46] heute entspringen sie bei den Kulturvölkern bloß dem Bedürfnis, sich vor der Fastenzeit recht auszutollen. Sie heißen *maškare* (pl. f.), *fašingari, bušari* (Slavonien). Der alte Name dafür ist im Westen *čarojice* (zu *čaròlije* »Zauberei«, *čárati* »zaubern«), doch wird der Name auch für Regenzauberprozessionen und Koledaumzüge gebraucht. Nach Vuk befanden sich im Faschingsumzug in Dubrovnik ein in zottige Felle gehüllter Mann, *čoroje*, ein als *vila* gekleidetes Mädchen und eine dem deutschen Klapperbock analoge Figur *turica* (verwandt mit aslav. *turъ* »Auerochs«, p. *turoń* »verkleidete Ziege«, l. *taurus,* altruss. *tury* schon im 12. Jh. belegt). — In den Umzügen der *dedovi* mit der *baba* in Dalmatien (Boka, Poljica, Bukovica, Kroatische Küste, Istrien), welche Gegenstücke in den Weihnachtsumzügen haben (S. 120), sehe ich Darstellungen wiederkehrender Seelen.[47] — In Serbien hat der Umzug oft die Form einer Hochzeit, wobei die Männer Frauenrollen übernehmen und umgekehrt (Boljevac).

Von den Slovenen her reicht bis an die Westgrenze des kroat. Sprachgebiets (Samobor) die Sitte, am letzten Faschingsabend ledig gebliebenen Mädchen Türen, Fenster, Bänke oder einen Strohmann vor die Tür zu stellen. Die Sitte heißt *vleče se ploh* »Bloch- oder Pflugziehen«. Wir haben es hier mit einer dekadenten Form des in alter und neuer Zeit von England bis Indien verbreiteten Pflugziehens zu tun.[48] Pfister bringt ein Bild vom Hochzeitspflügen in Steiermark: »Die jungen Eheleute werden vor den Pflug gespannt, und wie man von dem Pflügen Fruchtbarkeit der Erde erhofft, so auch analog durch dieses Hochzeitspflügen Fruchtbarkeit in der Ehe.« Was heute als Spott aufgefaßt wird, war ursprünglich ein Analogiezauber, der den ledigen Mädchen Liebe und Ehe vermitteln sollte. — Eine dekadente Form des Pflugziehens findet auch in Otok am Morgen des Aschermittwochs statt.[49]

---

[46] S. Pfister, Schwäb. Volksbräuche, 15 ff.; Fehrle, DFV 37 ff.; Leonh. Franz, Alteuropäische Tänze, MAG 53, 1933.
[47] Vgl. HDA, s. v. Maske; Marinov, Narodna Vera, 378: starci.
[48] Geramb, DBOest. 18 ff.; Fehrle, DFV 45; Pfister, Schwäb. Volksbräuche 25.
[49] ZbNŽ II 397.

Die Verbrennung des Karnevals, wie sie in den Städten Dalmatiens üblich ist, wird ganz ähnlich wie in Italien vollzogen: Umzug mit einer Puppe, Volksfest mit Tanz und Gelage, abends Verbrennung des Karnevals unter großem Gejohle. In Slavonien wird die *pokladnja baba* »Faschings-Alte« begraben.[50] Wie Frazer gezeigt hat, stellen diese Bräuche bloß Varianten der uralten Sitte der Tötung des Vegetationsgeistes dar, in deren Kreis auch die Tötung des Pfingstlümmels, das Hinaustragen des Todes u. a. gehören.[51]

Bei den Serben heißt der letzte Fasching auch *(o)proštene poklade* (zu *prostiti* »verzeihen«) oder *pročka* (Kosovo; um Skoplje), weil es Sitte ist, sich zu Beginn der österlichen Fasten und Bußzeit auszusöhnen.[52]

Fastnachtsfeuer, wie wir sie in fast ganz Europa finden, reichen von Westbulgarien, wo sie in Blüte stehen und wo sie die Fruchtbarkeit bei Menschen und Tieren heben sollen, nach Ostserbien herein,[53] doch tritt bei den Serben besonders in der Landschaft Homolje, um Boljevac und Zaječar das Motiv des Ahnenkults hinzu: Das Holz für den Scheiterhaufen müssen jene Familien beistellen, die während des Jahres einen Todesfall erlitten haben. Am Abend kommen die Frauen mit Speisen, die Männer mit Getränken, das Feuer wird entzündet und mit langen Stangen geschürt, wobei sie denselben Funkensegen sprechen wie zu Weihnachten. Glühende Kohlen wirft man hoch mit dem Wunsche, daß auch der Hanf so hoch wachsen möge. Erwachsene führen den Feuersprung aus. Frauen, denen in letzter Zeit jemand gestorben ist, kleben für das Seelenheil des Verschiedenen brennende Kerzlein auf die Holzscheite, auf die Eßscheiben, ja auch auf den Dudelsack des Pfeifers und verteilen Speisen für die Toten wie bei einem Totengedenkfest. Nach dem Mahl huldigt die Jugend dem Tanz.[54] Ein solches Feuer heißt *Olalija* (wohl eine Ableitung zu dem Rufe *olala, olele* »hüte dich«), um Boljevac *rána* (ergänze *vatra,* also »frühes Feuer«), im Nišava- und Lužnicatal *oratnica.* Das Wort gehört vielleicht zu r. orat' »schreien« und dieses nach Walde, vgl. Wb I 182 zu idg. **ōr-, *ər-* »reden, rufen«, l. *orare,* gr. ἀρά »Gebet«. Möglicherweise gehört das Wort *oratnica* zu türk. *orta-kopa* »umfriedeter Scheiterhaufen« (um Đevđelija). Dunkel ist die Bezeichnung *priveg* (Homolje). Einen weit größeren Verbreitungsbezirk als die genannten Feuer haben die Fackelläufe, die in einzelnen Landschaften zu verschiedenen Festzeiten stattfinden können.[55] Die Fackel, *lila* »Bast«, (nach Berneker, EW I 722 zu idg. **li-* »abstreifen«), in Bosnien *mašala**, besteht aus Birken- oder Kirschbaumbast oder aus einer Stange mit einem Strohwisch. Hirten umkreisen damit die Hürden und stecken sie auf die

[50] Ilić, NSO 115.

[51] Frazer, GZ 431 ff.

[52] Vgl. hierzu HDA 1254: Im Kanton Luzern söhnten sich die Nachbarn beim Fastnachtsfeuer aus und sagten, das Feuer müsse den alten Groll verzehren.

[53] Marinov 367.

[54] Über Tänze zur Erfreuung der Toten vgl. L. Franz, Alteurop. Tänze, MAG 63, Wien 1933.

[55] Einzelheiten bei P. Petrović, Lila, olalija i srodni običaji, GEM II (1927) 4—17, 3 Bilder.

Tore und Kinder laufen damit unter Gejohle über die Kreuzwege. Der Zweck dieser Feuerbräuche ist wie der der analogen Bräuche am deutschen Funkensonntag[56] Reinigung der Luft von unreinen Geistern und damit Schutz der Felder und Weiden, ferner Förderung der Gesundheit und Fruchtbarkeit bei Menschen und Tieren. Der starke Einschlag des Ahnenkults im östlichen Serbien erklärt sich aus dem unmittelbaren Vorangehen des winterlichen Totengedenkfestes, *zimske zadušnice*.

Wachstum und Gesundheit bezwecken auch die zwischen Weihnachten und Fastenbeginn üblichen S c h a u k e l b r ä u c h e. Außer gewöhnlichen Schaukeln, *ljuljaška*, die man an Bäume hängt, gibt es noch den *vitao* oder die *viteška* (zu *vitlati* »drehen«, dieses zu idg. **u̯ei-* »winden, drehen«): Auf einer 1 bis 2 m hohen Säule als Achse dreht sich ein 8 m langer Querbalken; es ist die einfachste Form des Ringelspiels. — Magische Bedeutung hat auch der Brauch *lamkanje* oder *klocanje* »Schnappen«: Am Fastnachtssonntag nach dem Abendessen bindet der Hausvater ein gekochtes Hühnerei an einen von der Decke herabhängenden Faden und setzt es über dem Tisch in kreisende Bewegung. Wem es gelingt, das Ei zu erschnappen, der darf es essen. Diesen Brauch üben sie (in Boljevac) deshalb, damit sich Vieh und Geflügel gut vermehren. Der Gesundheit halber lassen sie dann eine glühende Kohle schwingen und blasen sie an. — Wie zu Beginn jedes neuen Zeitabschnitts sucht man sich gegen Zauber und bösen Blick zu schützen.

VORFRÜHLING

1. Fastenzeit und Osterfest

Das Osterfest ist das älteste Fest der christlichen Kirche und steht im Zusammenhang mit dem jüdischen Passah, das zur Erinnerung an den Auszug der Israeliten aus Ägypten gefeiert wird (Kellner, Heortologie[3], 32 ff.). Die Christen, die es als Gedenkfest des Todes und der Auferstehung Jesu Christi begehen, pflegten anfänglich bloß einige Tage vorher zu fasten, aber schon im 4. Jh. haben wir Zeugnisse für eine 40tägige Fastenzeit, wobei die Dauer des Fastens Jesu vorschwebte.

Die O s t e r f a s t e n heißen *pôst* (aus ahd. *fasta*) mit dem Epitheton *časni* »geehrt, heilig« oder *veliki* »groß«. Aus ital. *quaresima*, l. *quadragesima* stammt die an der Adriaküste und in Kroatien gebräuchliche Bezeichnung *kòrizma*. Hiervon hat man den Dämonennamen *Baba Korizma*, montenegr. *Korača* abstrahiert. In vielen Gegenden Bosniens heißen die strengen Fasten (bei Wasser und Brot) *Žežinjanje* (Bilten II 349), nach Vasmer eine romanische Umgestaltung von lat. *jejunium* »Fasten«. Am ersten Festtag werden die Gefäße vom Fett gereinigt:

[56] HDA III 213.

Daher nennen die Serben den Faschingsmontag, an dem sie bereits zu fasten beginnen, *čisti ponedeonik* »reiner Montag«, die ganze Woche *čista nedelja*, die Kroaten den Aschermittwoch *čista srida* oder wegen des Bestreuens mit geweihter Asche *pepelnica*. Diese Asche wird durch Verbrennen der Palmzweige des letzten Jahres gewonnen. Bei den Serben hat der Name »reiner Montag« einige Bräuche ausgelöst: Gruppenweises Rasieren und Haarschneiden, verbunden mit einem Gelage (Ls. Resava), Baden der Kinder, erste zeremonielle Haarschur der Kinder, Beschneiden der Weinreben, damit der Wein gut und rein werde, Genießen der ersten Brennesseln, um die Gedärme zu reinigen usw. — Am Mittwoch und Freitag der ersten Fastenwoche beobachten die Serben Spinnverbot, damit die Schafe nicht von der Drehkrankheit, die Menschen nicht vom Irrsinn, *ludilo*, und hinfallender Krankheit befallen werden, daher der Name *luda sreda, ludi petak* »irrsinniger M., i. F.«. — Aus demselben Grunde feiert man um Boljevac und in der Ls. Homolje auch am 9. Dienstag nach Weihnachten. — In Slavonien (Retkovci) gilt das Verbot von Drehbewegungen für Mittwoch vor Fastnacht, *vrtičava sreda* (zu *vrtjeti* »drehen«).

Am ersten Fastensamstag, *Todor, Todorica*, verbrennen die Serben das Kehricht, um die Flöhe für das kommende Jahr zu vernichten. — Um Boljevac gilt der Tag als *konjski veligdan* »Pferdefeiertag«: Die Burschen veranstalten für die Gesundheit der Pferde einen Umritt, wobei jeder einen Ringkuchen an dem Arm trägt. In der Ls. Homolje reiten sie ohne Sattel zu einer Quelle oder einem Fluß, im Lužnicatal schwärzen sie vorher ihre Gesichter. Vgl. ähnliche Bräuche bei den Bulgaren[57] und Deutschen[58].

In diese Zeit fällt der im östlichen Serbien übliche Brauch *ranilo, rana* (wohl zu *rani* »früh«): Mädchen machen um Mitternacht im Freien ein Feuer an, Burschen und Mädchen kommen hinzu und tanzen und singen bis zum Morgen. In den Liedern treten erotische Elemente stark hervor.[59] Früh gehen sie Weidenruten abschneiden und schlagen einander damit, um Gesundheit und Wachstum zu fördern, andere gürten sich damit. Dieser mit Gesang und Tanz verbundene Feuerbrauch wird am 9. Dienstag nach Weihnachten begangen, auch am Tage der 40 Märtyrer, zu Mariä Verkündigung und am Palmsonntag. Russische Parallelen dieses Brauches[60] beweisen klar, daß wir es hier mit der uralten Sitte, den Frühling herbeizurufen, zu tun haben. Die bulgarischen Mädchen steigen am Tage der 40 Märtyrer auf die Berge und schneiden je 40 Zweige ab; die hierbei gesungenen Lieder beziehen sich auf das Nahen des Frühlings. Zu Mariä Verkündigung verbrennen sie dort das im Hof und Garten gesammelte Kehricht, damit der Sommer recht warm sei.[61] — Wahrscheinlich gehört hierher

---

[57] Marinov 380.

[58] G. Schierghofer, Umrittsbrauch und Rossegen, München 1921.

[59] Vgl. SEZb XIV 41.

[60] Zelenin, RV 363.

[61] Marinov 386. — Deutsche Parallelen zur Begrüßung des Frühlings, s. HDA III 156: mhd. die zît empfâhen, die zît mit sange begên.

auch der an der montenegrinischen Küste am Himmelfahrtstag geübte Brauch *ranka,*[62] der darin besteht, daß die Hirten eines Dorfes gemeinsam früh zeitlich mit einem Buchenast auf einen Berg ziehen, den Ast in die Erde rammen und sich den ganzen Tag darunter unterhalten. Das Fest hat befruchtende und Übel abwehrende Kraft. Früher wurde es angeblich am Peterstag gefeiert.

Am 1. März verbrennen die Serben vielfach Kehrichthaufen für die Gesundheit der Haustiere und gegen das Ungeziefer. Um vom Hagel verschont zu bleiben, hält man Arbeitsruhe (Boljevac). Am Vorabend ist Abwehr gegen die Milchhexen geboten (Levač). An der montenegrinischen Küste schmücken sie am Vorabend des *marač* Türen und Fenster mit Wolfsmilch, damit das Vieh viel Milch gebe. Ebenda glauben sie, die Schlangen dadurch zu vertreiben, daß sie alle Räume mit glimmendem Kuhmist, Hörnern oder Rinderhufen beräuchern.[63] In der Zeta lärmen sie am Vorabend des *marač* in allen Räumen des Hauses mit Glocken und Geschirr. Früh steckt man eine Schildkrötenschale auf einen Stock und bringt sie über der Tür an, damit die Bewohner gesund und fest seien, wie die Schildkröte (vgl. das Schildkrötenmotiv als Gesundheitssymbol auf serbischen Teppichen!) — Um Debar u. Ohrid heißt der 1. März *Letnik* und gilt als Neujahrsbeginn. Kinder gehen mit Kirschenzweigen Glück wünschen und werfen davon ins Herdfeuer, wobei sie den Wunsch aussprechen, daß männliche Kinder, männliche Kälber und weibliche Lämmer geboren werden.[64] Vgl. den »Funkensegen« zu Weihnachten! — Vielleicht können wir in diesen an den 1. März geknüpften Bräuchen Nachklänge des alten römischen Jahresanfangs erblicken.[65]

9. März: s. *Mladenci, 40 Mučenika,* kr. *40 Mučenikov* »40 Märtyrer«. Die Serben pflegen wiederum Kehrichtfeuer anzuzünden und jeder springt darüber, um vom Fieber verschont zu bleiben (Levač). Vielfach gelten diese Feuer der Schlangenvertreibung. In der Ls. Homolje heißt der Tag sogar *zmijin dan* »Schlangentag«: Man darf sie nicht nennen, darf keinen Strick in die Hand nehmen, die Frauen dürfen sich nicht kämmen. Mit Honig bestrichene Kuchen, *mladenčići,* schickt man den Nachbarkindern ins Haus. In der Skopska Crna Gora gilt der Tag als Frühlingsbeginn: Die Kinder singen Lieder zur Begrüßung der ersten Schwalben.[66]

Am Mittwoch der 4. Fastenwoche, *Sredoposna Sreda,* soll man die Eier auf der Herdasche zählen, damit die Hühner fleißig legen (Levač). Andere bestreichen die Bruteier mit glühender Kohle (Symbol des Lebens!), damit sich das Geflügel gut vermehre (Homolje). Als Lebenssymbol treten ja Funken auch in den skr. Weihnachtsbräuchen und Kindsbräuchen deutlich hervor.

25. März: skr. *Blagovesti* »Mariä Verkündigung«, dial. *Gospe Blagovist* (Ls. Poljica); *Nazveščéjne Marijino, Svetica, Sadovnica* (Samobor), letzteres zu *saditi*

[62] SEZb XXIII 146.
[63] ZbNŽ I 101.
[64] Zs. Karadžić II 21.
[65] Vgl. Sartori, SB III 127; HDA V 1729.
[66] SEZb VII 446. — Sie erinnern an das schon im Altertum bekannte χελιδόνισμα (Hinweis von Max Vasmer).

»pflanzen«, weil man an diesem Tage Obstbäume pflanzt. — Im montenegrinischen Küstenland stecken sie am Morgen einen Lorbeerzweig in jedes Weizenfeld. — Bei den Serben begegnen wiederum Kehrichtfeuer, um Boljevac Vertreibung der Schlangen durch Lärmen und Verbrennen von Fetzen. In derselben Absicht wirft man glühende Kohlen vor die Schwelle (Ls. Homolje). Im Moravatal (Ls. Temnič) wird nach alter Sitte durch Reibung von Hölzern Neufeuer, *živa vatra,* erzeugt, durch das sämtliche Ochsen hindurchgetrieben werden, damit sie das Jahr über gesund bleiben.[67] — Nach dem Volksglauben in Bosnien und Hercegovina kann ein guter Mensch an diesem Tage die Tiersprache, *nemušti jezik,* verstehen. — Auf volksetymologischer Anlehnung des Festnamens an *blago* »Schatz« beruht der aus Slavonien und Bosnien bezeugte Glaube, daß am Vorabend geheime Schätze brennen.[68]

1. April. Die Sitte, jemanden in den April zu schicken (skr. *varati* »täuschen«), ist allgemein bekannt. Sie scheint aus Frankreich zu stammen, in Deutschland ist sie erst um 1630 bezeugt.[69]

Die Sitte des Todaustragens ist bei den Südslaven nicht bekannt.

Lazareva Subota »Samstag vor dem Palmsonntag«. In den serbischen Städten ziehen die Kinder mit Weidenzweigen, *vrbice,* und Glöcklein unter Vorantritt der Geistlichkeit feierlich durch die Stadt. Der Brauch erscheint hier kultisch gehoben, er symbolisiert den Einzug des Frühlings. Die primitive Form dieses Brauches am Lande besteht darin, daß ein oder mehrere kleine Mädchen, *lazarice, lazarke,* meist Zigeunerkinder, von Weidenzweigen umflochten, in Begleitung von Knaben von Haus zu Haus ziehen, die Häuser mit Weidenzweigen schmücken, tanzen und für alle Hausgenossen Loblieder im Stil der Koledalieder singen. Die geschenkten Speisen werden den nächsten Tag gemeinsam verzehrt.[70] Maretić nimmt an, daß dieser bei den Serben und Bulgaren übliche Umzug in volksetymologischer Anlehnung von *Lazar* an *laziti* »gehen« wurzle.[71] — Auch an diesen Tag hat sich Abwehrzauber (Feuer, Lärm, Zaubersprüche) gegen die Schlangen geknüpft, wohl auf Grund des Gleichklangs *Lazarica — plazarica.* In Bosnien[72] ruft der Hirt, während er auf ein Metallgefäß schlägt:

Kuca, kuca Lazarica,	Es klopft, es klopft L.,
Bjež od kuće, plazarica,	Flieh vom Hause, Kriechtier,
Bježi, plazo, od kuće,	Flieh Schlange vom Hause,
Jer je Lazo kod kuće!	Denn L. ist zu Hause!

Palmsonntag, *Cveti, Cvetnica, Cvetna nedelja.* Der Name gehört zu *cvet* »Blüte« und hängt mit der seit dem 9. Jh. in der ganzen christlichen Kirche

[67] Einzelheiten und Bilder im GEM II 18—20.
[68] Einzelheiten über alten Schatzzauber bei Ilić, NSO 124.
[69] J. Bolte in ZVfV XV 127.
[70] Lieder: ZbNŽ XXVI 318; SEZb I 99, XIV 48, XVI 298.
[71] Rad LX 136.
[72] SEZb XXXII 371.

üblichen Weihe von Palmen (bzw. blühenden Öl-, Lorbeer-, Weiden- und Hartriegelzweigen) zusammen.[73] Die geweihten Zweige steckt man über die Tür, auf die Dächer (zur Abwehr des Blitzes), auf Bienenstöcke sowie in Garten und Feld. Viele schmücken oder gürten sich damit, um die magische Kraft auf sich zu übertragen. Bei schweren Gewittern legt man Palmzweige ins Feuer, um Blitz- und Hagelschlag abzuwehren. — Der Name *Cveti* hat folgende Bräuche ausgelöst: Am Vorabend legen sie Blumen ins Wasser und waschen sich den nächsten Tag damit. Die Mädchen säen Blumen- und Leinsamen, die Hirten schmücken ihre Hürden mit Blumen und Zweigen. In Slavonien pflegen die Mädchen die Brunnen vor jenen Häusern zu schmücken, in denen heiratsfähige Burschen wohnen.[74]

Die Woche vor dem Palmsonntag heißt *gluha nedelja* »taube, stille Woche«, *glušnica* (Slavonien), weil alle Festlichkeiten in und außerhalb der Kirche aufhören,die Karwoche heißt *velika nedelja* »große W.« oder *strásna ned.* »Leidenswoche«.

G r ü n d o n n e r s t a g , *Veliki četvrtak* »großer Donnerstag«. — Mit Vorliebe werden an diesem oder am folgenden Tag die Ostereier gefärbt (Abb. 27). Man färbt sie meist rot und zwar mit dem Farbstoff *varzilo* (zu Brasilien) oder mit Färberröte, *broć,* in alter Zeit mit gewissen Pflanzenstoffen, selten gelb (mit Zwiebelschalen, Wolfsmilch oder Nießwurz) oder grün (mit Brennesseln). Schwarz gefärbte Eier, *korotna jaja* »Trauereier«, legen die Frauen beim Stamm Kuči auf die Gräber. Familien, welche Trauer haben, lassen die Eier ungefärbt (Montenegrinische Küste) oder kochen sie in Alaun, so daß sie schwarz werden (sogenannte *kaluđeri* »Mönche«: Boka). Über die Technik des Färbens bzw. Bemalens haben Milićević, M. Žulić, A. Matasović, M. Gavazzi geschrieben (s. Lit. Verz.). Gefärbte Eier heißen in Ostserbien ebenso wie in Westbulgarien *peraška,* sonst *uskrsno jaje, broćka, alena* (Homolje), bei den kajkavischen Kroaten *pisanica* (zu *pisati* »schreiben, bemalen«). Dem zuerst gefärbten Ei schreibt man besondere magische Kräfte zu: Man bestreicht damit die Kinder, damit sie gesund bleiben; im Weinberg vergraben, wehrt es den Hagel ab, daher sein Name *čuvar* (zu *čuvati* »hüten«), in der Ls. Resava *stražar* »Wächter«. Am Kosovo heißt es *strašnik:* Die Benennung hängt wohl mit der Karwoche, *strasna nedelja,* zusammen. Volksetymologisch wurde das Wort mit *strah* »Schrecken« verbunden. Es gilt als heilkräftig gegen *strah* »Schrecken«. Bei Hagelgefahr legt man es auf den Tisch. — Den roten Eierschalen schreibt man Heil- und Abwehrkraft zu. Ostereier stecken die Serben und Kroaten auch auf die österlichen Gebildbrote und backen sie mit.[75] Als gemeinschaftliche Gabe pflegen die serb. Bauern, besonders im westlichen Serbien und im mittleren Bosnien ihrer Kirche eine stattliche Kerze zu schenken.[76]

---

[73] Kellner, Heortologie[3] 49.
[74] Einzelheiten im ZbNŽ II 402; XIX 172.
[75] Parallelen zu den Eierbräuchen: HDA s. v. Ei.
[76] Einzelheiten: GEM VII 113 ff.; ib. VIII 95 ff.

In den katholischen Kirchen verstummen von Donnerstag (vom Gloria der Messe an) bis Samstag (Auferstehung) die Glocken, an ihrer Stelle ertönen Ratschen: *regetaljka, škrebetaljka.* Während dieser Zeit ist Ackern und Graben verboten, denn da hat Christus in der Erde geruht. Bemerkenswert ist der aus der Ls. Homolje bezeugte Brauch, *puštanje vode* »Wasser schütten«[77], s. oben S. 139.

Karfreitag, *Veliki petak* »Großer F.«, serb. dial. *raspeti p.* »gekreuzigter F.«. Er gilt als großer Feiertag, dem am Vorabend eine feierliche Vigil (s. *bdenije* zu *bdeti* »wachen«) vorangeht, bei der die serbischen Frauen brennende Kerzen für Christus halten. Viele Kranke legen sich in die Kirche, um gesund zu werden. — In den Küstengebieten trinkt man recht viel Wein, denn man glaubt, daß er sich in Blut verwandle.

Karsamstag, *Velika subota* »großer S.« — In katholischen Gegenden besteht die Sitte, vor der Kirche das Feuer neu zu weihen, an dem dann die Kirchenlichter und die Osterkerze entzündet werden. Von diesem Feuer trägt jeder mittels Feuerschwamm nach Hause, um damit das Herdfeuer zu erneuern. Diese kirchlichen Feuer sollten wohl die altheidnischen Frühlingsfeuer ersetzen.[78] Das Feuer heißt *vuzmenak* »Osterfeuer«, um Karlovac *vuzmenka, vazmenka.* Um Lobor trieben sie das Vieh über glühende Asche, damit ihm die Hexen nichts anhaben können. Solche Feuer werden heute noch im nordwestlichen Kroatien abgebrannt (Abb. 26). — Weit verbreitet ist auch die Sitte, an diesem oder am folgenden Tage Brot, Fleisch, Eier, Käse und Salz in die Kirche mitzunehmen und dort weihen zu lassen (Abb. 28). Der ursprüngliche Zweck dieser Weihe von Speisen war wohl der, daß ihr Genuß nach der langen Fastenzeit nicht sinnliche Lüsternheit hervorrufen möge.[79] — Die Katholiken begehen die kirchliche Auferstehungsfeier, *uskrsnuće, gorestajne,* am Abend des Karsamstags mit anschließender Prozession um die Kirche, die Orthodoxen am Sonntag früh. Den Höhepunkt bildet bei letzteren das Lied *Voskrsъ Isusъ otъ groba* »Christus ist erstanden aus dem Grabe.[80] Bis zum Spasov-dan gilt bei ihnen der Gruß »*Hristos vaskrs!*« als Antwort »*Va istinu vaskrs!*« (Christ ist erstanden — Wahrlich, er ist erstanden!).

Ostern heißt skr. *uskrs* (zu *uskrsnuti* »vom Tode auferstehen«), *vaskrs,* kroat. dial. *vazam, vuzam* (zu abg. *vъzęti* »nehmen«), eigentlich Nehmen des Fleisches nach der langen Fastenzeit. Vgl. magy. *hus-vét* »Fleischnahme, Ostern«.

Am Morgen des Ostersonntags, s. *Velik-dan* »großer Tag«, waschen sich die Serben der Gesundheit halber mit Wasser, in dem ein rotes Ei und gewisse Heilpflanzen (*zdravac* »Geranium macrorrhizum«, Basilienkraut, Salbei, Brennesseln) gelegen haben. Man ißt auf nüchternen Magen eine Anaphora (eine Art Hostie) oder von den kirchlich geweihten Speisen, besonders Eier. Besucher und Heischegänger werden mit gefärbten Eiern beschenkt. — Den Tag

---

[77] SEZb XIX 41.
[78] Vgl. Fehrle, DFV 58.
[79] Kellner, Heortologie 68.
[80] Mirković, Pravoslavna liturgika II 143.

über unterhält sich die Jugend mit Tanz und Gesang sowie mit Eierstoßen, *tucanje jaja:* Je zwei schlagen mit den Eierspitzen gegen einander, wessen Ei zerbricht, der hat verloren. Dieser Brauch ist schon aus dem 14. Jh. bezeugt. Als österliche Gebildbrote (mit aufgesetzten und mitgebackenen Eiern) begegnen: *uskršnjak* mit 4 Brotstempeln, der zu Mittag vom Hausvater feierlich gebrochen wird (Ls. Homolje), *kolačići,* in Slavonien für jedes Kind ein *buzdovan* »Keule«. Als Festbraten am Spieß dient ein Schweinchen, nur wenn der Georgstag vor Ostern fällt, ein Lamm. — Dem deutschen Osterspaziergang entspricht die kroatische Sitte, vor Sonnenaufgang auf die Berge zu steigen oder die Weinberge zu besuchen und sie mit Weihwasser zu besprengen. — In Syrmien, in der Bačka und in Slavonien begegnet uns der Wasserguß am Ostermontag, daher *vodeni ponedeljak* »Wassermontag«, doch hat der Brauch hier den Charakter einer Strafe angenommen: Burschen und Mädchen, die nicht im Frühgottesdienst waren, werden begossen. Der Brauch scheint über die Magyaren von den Westslaven her gekommen zu sein.

An der Oktave des Ostersonntags, *mladi uskrs,* gedenkt man um Osijek in besonderer Weise der Toten: Der Priester führt die Prozession auf den Friedhof, begießt und beräuchert die Gräber, dann findet ein gemeinsames Totenmahl statt. Anderswo werden Feuer angezündet wie zu Ostern (Retkovci in Slavonien).

FRÜHLING

An allen Donnerstagen von Ostern bis Pfingsten (*zeleni četvrtci* »grüne Donnerstage«) beobachten die Serben, um vom Hagel verschont zu bleiben, gewisse Arbeitsverbote: Man unterläßt das Ackern, das Einspannen der Ochsen, das Weben, Wäscheklopfen und Jäten. — Am ersten Freitag nach Ostern, dem *biljani petak* »Kräuterfreitag«, gehen sie vor Sonnenaufgang heilkräftige Kräuter sammeln. Viele waschen sich der Gesundheit halber in einem östlich von ihrem Wohnort fließenden Gewässer. In vielen serbischen Gegenden pflegt man am zweiten Montag nach Ostern die Gräber zu besuchen und daselbst den Rasen, *bus,* zu erneuern, daher heißt der Tag *pobusani ponedeljnik* »Rasenmontag«. Nach Murko geht diese Sitte auf die Bekränzung der Gräber bei den Römern zurück. Der Name des Tages, *družičalo* (in Syrmien *ružičalo*), rührt offenbar von der an diesem Tage geübten Sitte *družičanje* her, derzufolge je zwei Burschen, bzw. je zwei Mädchen auf ein Jahr lang feierlich Freundschaft schließen, *pobratimstvo* bzw. *posestrimstvo* (s. S. 176). Ich halte es für wahrscheinlich, daß der Name *(d)ružičalo* auf den Namen des römischen Totenfestes *rosaria, rosalia* zurückgeht.[81]

[81] Vgl. auch W. Klinger, Doroczne święta ludowe a tradycje greckorzymskie, Krakau 1931, S. 31 ff.

Die Kroaten halten zu Ehren des Weinheiligen *Sv. Vinko* (5. IV.), der sein Patronat volksetymologischer Anlehnung an *vino* »Wein« verdankt, zu Hause oder im Weinberg ein feierliches Mahl ab.

24. April, Georgstag, s. *Đurđev-dan*, kroat. *Sv. Đurađ, Đurđevo, Jurjevo, Juraj*. Er gilt allgemein als Frühlingsbeginn und ist demnach ein Zeitabschnittsfest erster Ordnung. Mit dem Tagesheiligen haben die Bräuche nicht viel zu tun (bloß bei den Kroaten gilt er als Pferdepatron und man spendet der Kirche Almosen für die Gesundheit der Pferde), es sind meist alte Hirtenbräuche, die vieles mit dem römischen Hirtenfest der Palilien (21. IV.) gemein haben: Besprengungen mit Wasser, grüner Laubschmuck, Kranz, Hindurchtreiben des Viehs durchs Feuer, Feuersprung, Opferkuchen u. ä. Bei den Serben findet an diesem Tage das Absetzen der Lämmer von den Muttertieren, das feierliche erste Melken und Bereiten des ersten Käses (Opfer!) und der erste Viehaustrieb statt. Deshalb heißt der Tag vielfach *stočarski praznik* »Viehfest«, *stočna slava* »Vieh-Slava«; für das Vieh wird ein eigener Festkuchen gebacken. Das erste Melken, *promuz*, wird unter Beobachtung besonderer Zeremonien durch Ring, Kranz, Ringkuchen usw. vollzogen.[82] Damit sich die Schafe nicht verlaufen, werden sie durch einen Reifen, Gürtel oder ein Faß hindurchgetrieben. Um die Milchhexen abzuwehren, umwandelt der Hirt am Vorabend die Hürde und streut unter Zaubersprüchen Asche oder Hirse: Erst wenn die Hexe diese Dinge aufgesammelt hat, kann sie den magischen Kreis überschreiten und schaden. Ein Schuß über die Herde soll ebenfalls Hexen abwehren. Man bindet die Herdkette, damit Hexen und wilde Tiere dem Vieh nicht schaden können (Analogiezauber). Abwehrkraft verleiht ihm auch Füttern mit Salz. In Dalmatien, Bosnien und Kroatien schneiden die Knaben Pfeifen und blasen darauf, um Hexen zu vertreiben. Damit sich das Vieh gut vermehre, legt man ein Ei und die Knochen des Bratentiers in einen Ameisenhaufen. Zum ersten Mal im Jahre wird an diesem Tage ein Lamm gebraten, jeder Hausgenosse muß davon essen (Opfercharakter!). Vielfach wird dieser erste Braten, auch die Festbrote und der erste Käse vom Priester geweiht.

Mit dem Frühlingsbeginn hängt der Brauch zusammen, am Vorabend oder vor Sonnenaufgang Zweige und Kräuter einzuholen und damit die Häuser zu schmücken, um Menschen und Tieren Gesundheit zu sichern.[83] Kreuzlein aus Haselzweigen steckt man auf Häuser, in Felder und Weinberge. Um den Milchreichtum der Muttertiere zu heben, wird ein Kranz von Wolfsmilch über der Haustür angebracht, der das ganze Jahr hängen bleibt. Nicht nur den Kräutern, sondern auch dem Wasser schreibt man am Georgstag besondere Kraft zu (vgl. Weihnachts-, Oster-, Neumondwasser). Um gesund zu bleiben, nimmt man vor Sonnenaufgang im Fluß oder zu Hause das erste Bad. Erhöht wird die Wirkung des Waschwassers, wenn man vorher Kräuter hineinlegt. Frauen und Mädchen waschen sich gern mit dem vom Mühlrad (Löffelrad) wegfliegenden

[82] Einzelheiten: SEZb XIV 63.
[83] Gute Schilderung: SEZb XIX 51.

Wasser: In ähnlicher Weise soll alles Üble und Ungesunde von ihnen abfallen. Manche waschen sich mit Tau, andere backen aus Mehl und Tau einen Ringkuchen, durch den sie den geliebten Burschen anschauen (Liebeszauber). — Der Gesundheit halber pflegt man sich am Georgstag zu schaukeln, in Sarajevo tun dies Frauen und Kinder vor Sonnenaufgang. In der Skopska Crna Gora schaukelt man mit einem Osterei unter der Achselhöhle. — Wie an den Beginn jedes wichtigen Zeitabschnitts hat sich auch an den Georgstag viel Zauber- und Orakelwesen geheftet. Das Ziel der Zauberhandlungen ist vor allem Gesundheit, Fruchtbarkeit, gute Ernährung und Milchreichtum des Viehs (Segenzauber) und Schutz desselben gegen Hexen, wilde Tiere, Krankheiten usw. (Abwehrzauber). Ledige Mädchen trachten durch Liebeszauber ihre baldige Verheiratung herbeizuführen und stellen diesbezügliche Orakel an.[84]

Die beim nächtlichen Kräutersammeln und am Georgstag gesungenen Lieder haben die Wiederkehr des Frühlings und die Freuden des Tanzes und der Liebe zum Gegenstand. — In den Städten pflegt man in der Georgsnacht nicht zu schlafen, sondern die Bevölkerung zieht unter Musikbegleitung vor die Stadt (die Belgrader in den Park Topčider), wo sich ein frohes nächtliches Fest mit Gesang und Tanz entwickelt.

Die Georgsbräuche der Kroaten stimmen im großen und ganzen mit denen der Serben überein. Die Angst vor den Milchhexen hat hier noch viel mehr Abwehrbräuche hervorgerufen. Wir hören auch von nächtlichen Hirtenfeuern, durch deren Asche das Vieh hindurchgetrieben wird (Lobor).

Im größten Teil Kroatiens finden am Georgstag Umzüge mit dem *Zeleni Juraj*, dem Grünen Georg, statt (Abb. 30, 31). Ein aus grünen belaubten Zweigen geflochtener Korb wird ihm über den Kopf und den Oberkörper gestülpt und so wird er unter Absingen von rituellen Liedern von Haus zu Haus geführt. Die Geschenke, die sie erhalten (Eier, Backwerk u. a.), werden dann im Rahmen einer gemeinschaftlichen Festveranstaltung verzehrt oder verteilt. (Einzelheiten über diesen Brauch und Beispiele diesbezüglicher Lieder bei Gavazzi, G. D. I 42 ff.). — Jagić, Der grüne Georg, Arch. f. sl. Ph. XII 306-307.

Der Georgstag ist bei den Skr. ein alter Termin für Dienstbotenwechsel und Zahlungen. Auch die Hajduken pflegen sich an diesem Tage zusammenzufinden und bis zum Mitrovdan (26. Okt.) beisammenzubleiben, daher das Sprichwort:

Đurđev-danak — hajdučki sastanak,
Mitrov-danak — hajdučki rastanak.

Zum Schluß sei erwähnt, daß der hl. Georg in skr. ebenso wie in russischen Volkserzählungen als Herr des Waldes und Beschützer der Wölfe erscheint, daß also Züge eines heidnischen Waldgeistes auf ihn übertragen worden sind.[85]

25. April, Markustag, kroat. *Markovo*. Bei den Kroaten findet die erste Flurprozession, *precesijun, obašašće*, mit Weihung der Saatfelder statt. Jeder

[84] Beispiele: SEZb I 117 ff.; XIV 59; Vuk, Rj. 157; Zs. Karadžić III 123, IV 166.
[85] Vgl. Polívka, Vlčí pastýř, Tille-Fs., S. 159 ff.

rupft von dem geweihten Feld etwas Saat ab und streut davon auf sein Feld und in seinen Getreidekasten. — Die Katholiken in Bosnien und Hercegovina zeichnen nach dem Gottesdienst die Kirchenbeiträge für das laufende Jahr.

1. M a i. Bei den Serben besteht der Brauch, am Tage des *Jeremija* (wegen Anklangs an *zmija* »Schlange«) vor Sonnenaufgang durch Lärmen mit Glocken, Geschirr und Metallgeräten die Schlangen zu vertreiben mit dem Ruf:[86]

Jeremija u polje!	J. ins Feld!
A sve zmije u more!	Und alle Schlangen ins Meer!

Vielfach wird dieser Brauch in Form eines Heischegangs vollzogen. Analoge Bräuche bei den Bulgaren: Marinov NV 464.

Von den Deutschen her ist zu den nordwestlichen Kroaten und auch nach Slawonien die Sitte des M a i b a u m s gedrungen: kr. *maj, majuš* (fehlt im Rj. Akad.). Man verwendet dazu geschmückte, junge Bäumchen oder Äste. Burschen bringen sie ihren Mädchen, die Dorfbewohner ihrem Vorsteher. Vielfach schmükken die Burschen damit die Brunnen und heben von den um Wasser Kommenden ein Geschenk ein (Lobor, Samobor).

2. M a i. Der Tag heißt in vielen serb. Gegenden *Poljobranija* »Schutz der Felder«: Man arbeitet nicht, damit die Felder von Hagel und Hochwasser verschont bleiben.

4. M a i. Der hl. F l o r i a n gilt bei den Kroaten als Schutzpatron gegen Feuersgefahr und als Schutzherr aller Gewerbe, die mit Feuer zu tun haben. — Damit das Feuer keinen Schaden anrichte, holt die Hausfrau frühmorgens vor dem Feuermachen Wasser (Lobor).

Dem Gedeihen der Saaten gelten die F l u r p r o z e s s i o n e n, s. *krstonoše* »Kreuzträger«, *litija* (aus gr. λιτή »Prozession«, kr. *procesija, litanija,* welche bei den Serben gewöhnlich am 9. Mai (*Mladi sv. Nikola*), zu Christi Himmelfahrt und zu Pfingsten stattfinden,[87] bei den Kroaten an den Bittagen, *prosni dani.* Hierher gehört auch der zu einem Heischegang herabgesunkene Umzug der *križari*[88] und *krstari.*[89]

12. M a i. Wie in Bulgarien der hl. *German,* so wird auch in den serbisch-bulgarischen Grenzgebieten *Džerman,* der Gehilfe des *Ilija,* gegen Hagel und Überschwemmung angerufen. Sein Patronat verdankt er wohl volksetymologischer Anlehnung des Namens an bg. *grъmъ* »Donner«, s. *grmljeti* »donnern«.[90]

C h r i s t i H i m m e l f a h r t, s. *Spasov-dan* »Erlösertag«, kr. *Spasovo, Križi.* Bei den Serben begegnen ähnliche Bräuche wie am Georgstag: Schießen über das Vieh, Salzfütterung, Fackelläufe, Grünschmuck der Häuser, Kreuzlein auf den Dächern, Flurprozessionen und Volksfeste mit Gesang und Tanz bei Serben und Kroaten.

---

86 Varianten: SEZb I 124; Brankovo Kolo IV 1209.
87 Einzelheiten: SEZb I 127; V 562; XXII 94; XXIII 149.
88 S. Ilić, NSO 136; ZbNŽ XXV 302; VIII 113.
89 ZbNŽ II 406: Otok, mit Bild.
90 Einzelheiten: SEZb XVII 136; Marinov, NV 468.

P f i n g s t e n: skr. *Duhovi* »Geister«, s. *Trojica* »Dreieinigkeit«, *Trojice* (pl. f.), *Rusalje*, n. (Dubrovnik), *Rusalji*, pl. m. (Boka). Die zwei letzten Namen gehen zurück auf das römische Totenfest *rosaria; Trojaki* bei den Kajkaven. Die Woche nach Pfingsten heißt vielfach *rusalna nedelja:* Arbeitsverbot, damit die Kinder nicht die *rusa bolest* »eczema bullosum« bekommen.[91] Auf den Pfingstsamstag fällt bei den Serben das Frühjahrstotenfest, an dem sich nach dem Volksglauben die Gräber öffnen, so daß man mit den Toten sprechen kann. Flurprozessionen bei Serben und Kroaten. Noch zu Vuks Zeiten blühte der Pfingstumzug der *kraljice* »Königinnen«,[92] heute ist er bis auf einige Orte in Slavonien (ZBNŽ II 408: Otok, mit Bild) ausgestorben (Abb. 32). Im Mittelpunkt des Umzugs, der ausschließlich von Mädchen bestritten wurde, stand die verschleierte Königin und der König. Burschen gingen bloß als Beschützer und als Gabenträger mit. Mit Tänzen und Liedern (im Stil der Koledalieder) zogen die Mädchen von Haus zu Haus und wurden für ihre Darbietungen beschenkt. Parallelen zu diesem Brauch finden wir in fast ganz Europa.[93] Bemerkenswert sind die zu Pfingsten bei den Rumänen in und um Duboka (Ostserbien) üblichen orgiastischen Tänze, die bei vielen Teilnehmern epileptische Zustände hervorrufen. Genaue Beschreibung und Analyse bei M. Majzner,[94] der die Sitte von heidnisch-thrakischen Kulten ableitet.

F r o n l e i c h n a m, kr. *Brašánčevo* (zu abg. *brašьno* »Speise, Nahrung«, vgl. sorb. *brošma* »Fronleichnam«) *Tijelovo* (zu *tijelo* »Leib«). Bei den Katholiken feierliche Prozession, seit 1264 (Papst Urban IV.) allgemein in der katholischen Kirche gefeiert.

11. J u n i, s. *Vartolomije*, dial. *Vr(a)tolom.* Volksetymologische Ausdeutung des Namens hat das Verbot hervorgerufen, an diesem Tage auf die Bäume zu steigen, sonst könnte man den »Hals brechen«: *vrat lomiti.* Viele beobachten Arbeitsverbot, damit die Schafe nicht die Drehkrankheit bekommen: Anlehnung des Namens an *vrteti* »drehen«.

13. J u n i, Antonius von Padua, kr. *Sv. Antun.* Er gilt als Patron der Schweine (Koprivnica). Dieses Patronat beruht wohl auf Verwechslung mit Antonius, dem Einsiedler (17. Jänner), der in Italien, in der Schweiz und in Deutschland als Schutzpatron der Haustiere, besonders der Schweine, gilt.[95]

14. J u n i, Elisaeus »Elisa«, skr. dial. *Alisej, Elisej.* Bauernregel: s. *Alisej, proso sej* »A., Hirse säe!« kr. *Elisije proso sije* »E. sät Hirse«.

15. J u n i, *Sv. Vid.* Es ist der Gedenktag der Schlacht am Kosovo »Amselfeld«(1389), nach serbischem Volksglauben fließen dort um Mitternacht alle Gewässer rot. Da der Name des Heiligen an *videti* »sehen« anklingt, wird er als

---

[91] Ähnlich wie bei den Bulgaren: Marinov, NV 476.

[92] Vuk, Rj. 309; zusammenfassend S. Ivković im Brankovo Kolo XV 697 ff.

[93] HDA V 1535, s. v. Maikönig, Maikönigin: »Das Maipaar ist ein menschengestaltiges Seitenstück zum Maibaum und soll durch eine Art Analogiezauber die Fruchtbarkeit der Natur fördern.« Vgl. L. Franz, Alteuropäische Tänze, MAG LIII 192.

[94] Godišnjica Čupića 34, S. 226 ff.

[95] HDA I 503.

Patron gegen Augenleiden verehrt. Die Serben sammeln das *vidovita trava, vidovč(ev)ica, vidičak* u. ä. genannte Kraut, legen es in Wasser und waschen sich mit diesem die Augen. Manche tun dies mit dem Tau dieses Morgens (Lobor). Die dem Sv. Vid geweihte Kapelle auf dem Vrhovčak bei Samobor ist an diesem Tage das Ziel vieler Wallfahrer, die wegen Augenleiden ein Gelübde gemacht haben. Auf volksetymologischer Deutung des Namens beruht auch der Brauch der serbischen Mädchen, an diesem Morgen ihre Ausstattung ins Freie zu hängen, *da se vidi* »damit man sie sehe«. — Nach Fortis feierten die Hirten von Poljica den Tag durch Anzünden wohlriechender Hölzer. Im südlichen Dalmatien brennt man am Vorabend Feuer ab. Erklärung: Auf den Veitstag fiel vor Einführung des Gregorianischen Kalenders die Sonnenwende. Vgl. ähnliche Feuer in Deutschland.[96]

20. Juni, *Sv. Naum.* Großes Kirchenfest in dem ihm geweihten Kloster am Südufer des Ohrida-Sees mit zahlreichen Besuchern aus ganz Mazedonien. Die Tuchmacherzünfte verehren ihn als Patron und brachten dem Kloster an diesem Tage reiche Spenden. — Über die Legende, nach der der hl. Naum einen Bären vor den Pflug spannte, s. S. 125. — Irrsinnige bringt man ins Kloster, damit sie der hl. Naum heile (Anklang des Namens an serb. *um* »Verstand«).[97]

SOMMER UND HERBST

24. Juni, Johannes der Täufer, s. *Ivanj-dan,* kr. dial. *Ivańe,* in Dalmatien *Sv. Ivan Svitnjak.* Als die christliche Kirche die Geburt Christi auf den 25. Dez., den Dies Natalis Solis Invicti (Wintersolstitium) festgesetzt hatte (354 n. Chr.), ergab sich nach Lucas I 36 der 24. Juni, das Sommersolstitium des alten römischen Kalenders, als Geburtstag des Johannes. Da sich so eine günstige Zweiteilung des Kirchenjahres ergab, hat man den Geburtstag dieses Heiligen als Hauptfesttag gewählt und nicht den Todestag wie bei den übrigen Heiligen. Das Johannisfest gehörte bei den Katholiken bis ins 19. Jh., da die Reduktion der Kirchenfeste einsetzte, zu den höchsten Kirchenfesten. Vielfach beobachtet man auch heute noch Arbeitsverbote, um von Blitzschlag und Feuersbrunst verschont zu bleiben. An einem so bedeutsamen Wendepunkt des Jahres kann man einen Blick in die Zukunft tun: Liebesorakel der Mädchen.[98] Wessen Kopf bei Sonnenaufgang keinen Schatten wirft, wird binnen Jahresfrist sterben. — In der Johannisnacht gepflückte Kräuter gelten als besonders heil- und zauberkräftig. Die serb. Mädchen sammeln am Vorabend oder vor Sonnenaufgang unter Absingen spezieller Lieder *ivanjsko cveće* »galium verum« und flechten daraus Kränze,

---

[96] Sartori, SB III 221.
[97] Zs. Delo IV (1894) 225.
[98] Vuk, Rj. 224; SEZb I 134.

die sie an Häuser, Zäune, Hürden und in Gärten und Felder hängen. Man verspricht sich davon Segen und Gesundheit für Haus und Feld, für Menschen und Tiere. Wunderbare Kräfte verleiht einem der in der Johannisnacht gesammelte Farnsamen. — Dreimal öffnet sich der Himmel: Wer das sieht und einen Wunsch äußert, dem wird er von Gott erfüllt (Boka). — Bei Sonnenaufgang macht die Sonne angeblich drei Sprünge, daher der Beiname des Heiligen: *Igritelj* »Tänzer«. — Nach Maretić[99] ist dieser Beiname im Evang. Luk. I 41 begründet, wo es heißt, daß bei der Begegnung Elisabeths und Marias das Kind ersterer im Mutterleibe hüpfte — *zaigra dijete u utrobi njezinoj.* Mit Rücksicht auf die Sommersonnenwende sei das Hüpfen vom Tagesheiligen auf die Sonne übertragen worden. Vergrabene Schätze brennen um Mitternacht mit bläulicher Flamme: Wer sie sieht, soll seine Kappe darauf werfen und am nächsten Tag nachgraben (Slavonien). — Die auflodernden Johannisfeuer, *kres, krijes* sollen einerseits Hexen und schädliche Dämonen abwehren — die Hirten werfen neben den Hürden Fackeln in die Luft — anderseits Gesundheit und Fruchtbarkeit fördern: Feuersprung und Hindurchschreiten durch die Asche. In der Ls. Poljica rufen sie hierbei: »*Od Ivana do Ivana dne, da me noge ne bole!*« »Von Johanni bis Johanni sollen mich die Füße nicht schmerzen.« Bei Serben und Kroaten begegnet der Glaube, daß die Johanniskäfer, *krijesnica,* f., aus den Funken des Johannisfeuers entstehen.

Auch dem Johanniswasser schreibt man besondere Kraft zu, Menschen und Tiere sollen am Johannismorgen darin baden.

In Podmilačje bei Jajce (Bosnien) fanden früher Teufelsaustreibungen (aus Kranken) durch Franziskaner statt. — Die serb. Weinbauern vermeiden es, drei Tage vor und drei Tage nach Johanni in den Weinbergen zu arbeiten. Diese Tage nennen sie *kresovi vinski.* Im nordwestlichen Kroatien finden Umzüge der *ladarice, ladanjke, kresnice* statt (Gavazzi, G. D. I 81, 93, dort Bilder und Beispiele der gesungenen Lieder). Abb. 33.

29. Juni, Peter und Paul, s. *Petrov-dan.* kr. *Petrovo.* Da der Tag in die Zeit der stärksten Gewitter fällt, feiern ihn die Serben vor allem wegen Blitz und Hagelschlag. Am Vorabend legen sie Kränze von *Petrovo-cveće* auf Dächer, Hürden und Bienenstöcke. Die Hirten veranstalten mit brennenden Fackeln Heischegänge und verzehren den Ertrag im Rahmen eines nächtlichen Festes bei Gesang und Tanz. Am Morgen werden die Schafe mit frischem Wasser besprengt. — Eltern, denen Kinder gestorben sind, essen erst an diesem Tage das erste Obst, vorher verteilen sie solches für das Seelenheil dieser Kinder. Kinder, deren Eltern dieses Verbot übertreten, gehen im Himmel bei der Verteilung der Äpfel durch den hl. Petrus leer aus und fluchen ihren Eltern. — Im Vorkriegsserbien ist es fast überalle Sitte, einen Pferdeschädel oder sonstigen Tierknochen als Abwehrmittel auf den Zaun zu stecken.

---

[99] Rad 60, S. 134.

1. Juli, s. *Sveti Vrači* »die hl. Ärzte« (Cosmas und Damian). In vielen serb. Ls. (Levač, Homolje, um Boljevac) beobachtet man Arbeitsverbot wegen der Gesundheit, ebenso im benachbarten Bulgarien.[100]

8. Juli, *Sv. Prokop.* Da der Name des Heiligen an *kopati* »graben« anklingt, wird er bei den Serben als Beschützer der Imker (wie in Bulgarien) und Bergleute sowie als Helfer gegen Schlangenbiß und Kinderkrankheiten (damit man sie nicht »begraben« muß) gefeiert.

13. Juli, *Sv. Randel* (Gavril). Erzengel Gabriel: Die Hirten am Timok feiern ihn als Beschützer gegen die Wölfe.[101] — Großer Sabor beim Kloster Klisura.[102]

15. Juli, *Sv. Ćirik.* An diesem Tage soll man die Kinder nicht schlagen, damit sie keine *čirevi* »Geschwüre« bekommen (Homolje, Boljevac).

17. Juli, s. *Ognjena Marija* »feurige Maria«. So heißt im serb. Volksmund die Märtyrerin Marina von Antiochia (gest. 262). Arbeitsruhe, um von Blitz und Feuersbrunst verschont zu bleiben. Handwerker, die mit Feuer zu tun haben, wie Schmiede und Bäcker heizen an diesem Tage nicht. — Euphemistisch heißt sie auch *Blaga M.* »gute M.«.

20. Juli, *Sv. Ilija Gromovnik* »Elias, der Donnerer«. Er ist nach serb. und bulg. Volksglauben der Bruder der genannten Heiligen: Sie verheimlicht ihm angeblich seinen Festtag, sonst würde er verheerende Gewitter entfesseln. Arbeitsverbot wegen Blitzschlag, auch bei den Moslims. Im östlichen Serbien und in Bulgarien schlachtet der Hausvater den alten Hahn, sonst müßte er angeblich selbst sterben. In Veles geschieht das Braten der Hähne im Rahmen eines Gemeinschaftsfestes auf dem nahen Berg Sv. Ilija.[103] Als Verkünder des Tageslichts wurde der Hahn schon bei den alten Griechen Attribut des Sonnengotts Helios (spätgr. Ilios) und ist in christlicher Zeit mit dem ähnlich klingenden Namen des Wetterheiligen Ilija verbunden worden, zumal man aus seinem Krähen Schlüsse auf das Wetter zieht. — In der Ls. Poljica hängt man die Kleider ins Freie, damit sie nicht von Motten gefressen werden.

22. Juli, *Maria Magdalena.* Sie gilt als ältere Schwester des Ilija und an ihrem Tag wird ebenfalls wegen Blitzschlag gefeiert.

26. Juli, *Sv. Petka* (griech. Παρασκευή zugleich »Freitag«). Die serb. Frauen feiern diesen Tag zu Ehren der Sv. Petka (s. S. 20). — Bei den Katholiken ist der Tag der hl. Anna, der Schutzpatronin der Schwangeren und Gebärenden geweiht.

27. Juli, skr. *Pantelija.* Der Name stammt aus ngr. Παντελῆς, das zu Παντελεήμων gehört. Er gilt bei den Serben als Verwandter des hl. Elias und als Herr der Stürme und Winde. Daher hat er im östlichen Serbien und im angrenzenden Bulgarien das Attribut *putnik »Wanderer«*. Wer diesen Tag feiert, den beschützt

[100] Marinov, NV 506.
[101] GEM IV 46.
[102] GEM V 96.
[103] Marinov, NV 510.

er auf der Reise. — In der Ls. Bukovica (Dalm.) wird der Tag für die Gesundheit der Pferde gefeiert.

29. Juli, kroat. *Sv. Todor.* Er ist der Schutzpatron der Stadt Korčula (Curzola). Nach dem Festgottesdienst wird vor dem Südtor dieser Stadt ein altertümliches, mit Schwerttänzen verbundenes Spiel aufgeführt, genannt *Moreška.* Die Hauptperson, nach welcher das Spiel so heißt, ist der schwarze König Moro, der ein von ihm geraubtes weißes Mädchen, das er heiraten will, gegen den weißen König, ihren Geliebten, verteidigt. Der Kampf beider Parteien endet mit dem Siege der weißen. — Der Text dieses Kampfspiels, das im 15. Jh. zur Erinnerung an die Kämpfe mit den Mauren in Spanien entstanden ist, ist in der ikavischen Mundart von Korčula abgefaßt. Die Matrosen von K. haben es früher auch im Ausland aufgeführt, besonders in Konstantinopel vor den Großvezieren, ja sogar vor dem Sultan.[104]

1. August, s. *Makeveja* (= 7 Makkabäer). Aus dem Namen der M. hat das serb. Volk einen hl. *Makeveja, Makevije* abstrahiert, den es als Schutzpatron gegen Irrsinn feiert. Irrsinnige beräuchert man mit Basilienkraut, das man samt den Wurzeln an diesem Tage gesammelt hat' (Homolje). Früher gingen Geistliche in die Häuser und weihten Basilienkraut und Weihwasser, wofür sie ein Huhn bekamen (Boljevac).

2. August, s. *Stevan Prvomučenik* »Stephan, der erste Märtyrer«, kr. *Stipan.* In Dalmatien findet eine große Wallfahrt nach Omiš statt.

6. August, s. *Preobraženje* »Verklärung Jesu« übersetzt griech. Μεταμόρφωσις (τοῦ χριστοῦ). In den serb. Ls. pflegt man die ersten Trauben zu pflücken und in der Kirche weihen zu lassen; sie gelten dann als heilkräftig. — Manche schneiden den ersten Honig aus. — Vielfach herrscht der Glaube, daß sich in der vorhergehenden Nacht der Himmel dreimal öffne (vgl. oben S. 169). Nur Gerechte können das sehen: Äußern sie hierbei einen Wunsch, so wird er ihnen von Gott erfüllt. — Aus dem Timokgebiet wird von nächtlichen Zusammenkünften der Mädchen berichtet, verbunden mit Feuersprung und Liebeszauber.[105]

15. August, skr. *Velika Gospođa* »Großfrauentag« (= Mariä Himmelfahrt). Großer Feiertag, die meisten *sabori* »Versammlungen«, auch *sajam,* dernek* genannt, mit Gottesdienst in Klöstern und Kirchen mit anschließendem Volksfest, finden an diesem Tage statt.[106] — Um Otok gehen die Frauen vor Sonnenaufgang vor das Dorf: Sie glauben, die hl. Maria mit dem Jesuskind vor der aufgehenden Sonne schreiten zu sehen. — Das Ziel vieler Tausender von katholischen Wallfahrern ist die Kirche in Marija Bistrica (Ls. Zagorje). Zum Dank für Rettung aus Krankheit und Lebensgefahr, für Kindersegen und Heilung von Haustieren legen die Gläubigen diesbezügliche Votivgaben, *zagovori,* aus Wachs auf dem Altar

[104] M. Milenović in der Nar. Enc. s. v. Moreška; gefilmt F. Pospíšil in Brünn, der die Schwerttänze ganz Europas studiert.

[105] GEM IV 46.

[106] Einzelheiten: SEZb I 141; Vuk Vrčević, Pomanje srpske narodne svečanosti, S. 64 ff.; Petter, Dalmatien II 265.

nieder: Haustiere, Körperteile (Kopf, Hand, Fuß, Augen, Ohren) Hausmodelle (Rettung aus Feuers- oder Überschwemmungsgefahr); ein Frosch aus Wachs (Symbol der Gebärmutter wie in Süddeutschland) wird zum Dank für Kindersegen und Befreiung von Frauenleiden und Fieber gespendet.[107] Welch großer Verehrung sich die *Majka boža bistrička* erfreut, ersieht man daraus, daß man in der Landschaft Prigorje bei Hochzeiten den ersten Trinkspruch auf ihre Kirche ausbringt.[108]

In Sinj (Dalmatien) wird zur Erinnerung an die siegreich überstandene Türkenbelagerung (8.—15. August 1715) am ersten Sonntag nach dem 15. August jedes Jahres ein großes, oft von über 10 000 Leuten besuchtes Volksfest begangen. Es heißt *Sinjska alka* »Ringreiten von Sinj«, so genannt nach der *alka** »Ring«, der in einer Höhe von 4 m über der Straße hängt und den die Reiter mit ihrer Lanze im Galopp durchstechen müssen.

Dem deutschen Frauendreißiger (Zeit zwischen dem 15. August und 8. September einschließlich der Oktave) entspricht bei den Serben die *međudnevnica* (Zeit zwischen der *Velika* und *Mala Gospođa*), kr. *medmašno vreme*. Man sammelt Heilkräuter, denn in dieser Zeit haben sie die größte Kraft, und hebt Eier auf, da sie sich lange halten. Auch in dieser Zeit gefälltes Holz ist besonders haltbar.

16. August, s. *Sv. Roman*. Wegen des Anklangs an *hrom* »lahm« feiern ihn die Serben vielfach, um nicht lahm zu werden. — Die Kroaten feiern den *Sv. Rok(o)* als Pest- und Viehpatron wie in Deutschland. Da sein Name an kr. *ruka* »Hand« anklingt, ruft man ihn bei Hand- und Fußleiden an (Koprivnica).

29. August, s. *Sv. Jovan Glavosek(a)*, kr. dial. *Sv. Ivan Usikovańe Usikovac, Sv. Ivana* »Johanni Enthauptung«. Bei den Serben gilt das Verbot, Fleisch zu essen, Rotwein zu trinken, schwarze Trauben und rote Melonen zu essen. Die Kroaten rufen ihn gegen Kopfweh an und vermeiden es, an diesem Tage zu hacken und zu schneiden.

1. September, s. *Sv. Simeon*. Man soll mit dem Säen beginnen: Anklang des Namens an *sijem* »ich säe«.

8. September, *Mala Gospođa* »Kleinfrauentag« (= Mariä Geburt), kr. dial. *Mala maša* (Samobor). Große Wallfahrt nach Solin (Dalm.) mit Volksfest.

14. Oktober, s. *Paraskeva, Sv. Petka, Petkovača*. Im östlichen Serbien, besonders in den von Rumänien durchsetzten Gebieten, feiert man sie als Schutzpatronin des Viehs. Vielfach wird ein Festkuchen, *leturgija*, für die Gesundheit des Viehs gebacken (s. S. 20).

18. Oktober, *Sv. Luka*. Wegen des Anklangs an *luk* »Lauch« wird er bei den Serben als Patron der Gärtner verehrt. — Die Winzer der Boka pflegen den ersten jungen Wein zu kosten, was in Kroatien erst zu Martini geschieht.

---

[107] Vgl. die Abb. aus Daruvar: M. Filipović im GEM VIII 99; Kus-Nikolajev im Etnolog II 36 ff.; R. Kriss im Etnolog IV 87 ff.

[108] ZbNŽ XIII 60: Prigorje.

26. O k t o b e r, s. *Mitrov-dan* »Demetriustag«. Am Samstag vorher begehen die Serben das herbstliche Totengedenkfest mit Gräberbesuch und Speisung der Toten. — Der Tag selbst gilt als volkstümlicher Winterbeginn, als Termin für Dienstbotenwechsel, Abgaben usw. Der an diesem Tage wehende Wind wird den ganzen Winter vorherrschen. Man soll keine Schafe scheren, um den Wölfen den Winter über das Maul zu versperren (Analogieglaube).

27. O k t o b e r, s. *Sv. Nestor* (als Märtyrer gest. 288), dial. *Nistor, Mistor.* Wegen des Anklangs an *miš* »Maus« feiert man den Tag im östlichen Serbien und in Bulgarien, damit die Mäuse keinen Schaden anrichten: s. dial. *Mišji-dan,* bg. *Mišinъ-denь* »Mäusetag«.

1. N o v e m b e r, kr. *Svi Sveti,* dial. *Sisveti, Sesveti* »Allerheiligen«. Herrichtung der Gräber für das kath. Allerseelenfest — Seelentisch für die in der Nacht wiederkehrenden Seelen der Verstorbenen (Koprivnica). Festtag der Hirten, welche einen gemeinsamen Schmaus veranstalten und über Nacht etwas Wein im Glase lassen »für die durstigen Seelen«. — In der Nacht läuten die Glocken, damit sich angeblich die Seelen der Verstorbenen zu einer Messe versammeln.

2. N o v e m b e r, kr. *Dušni dan, Mrtvi dan* »Allerseelen«. Seelenmesse, nachher Prozession auf den Friedhof und Segnung der Gräber durch den Priester. Vielfach haben früher auch Katholiken Speisen auf die Gräber gelegt.[109]

8. N o v e m b e r, s. *Sv. Aranđeo (Mihail)* »Erzengel Michael«. Er gilt bei den Serben als Seelenführer, der den Sterbenden die Seelen aus dem Körper nimmt (s. bg. *dušovadnik)* und sie zu Gott geleitet. Wer ihn als Hausheiligen verehrt, bereitet kein *žito,* denn der Erzengel ist ebenso wie Elias nicht gestorben.

11. N o v e m b e r, kr. *Sv. Martin.* In den kroat. Gegenden schickt man den Hirten Speisen und Wein auf die Weide, damit sie zu Ehren des Viehpatrons ein frohes Gelage veranstalten (Schluß der Weidezeit; vgl. auch HDA V 1710). Wie in anderen weinbauenden Gegenden Mitteleuropas wird auch in Kroatien zu Martini, da sich angeblich der Most in Wein verwandelt, der erste junge Wein getrunken. Im Rahmen eines Gelages, bei dem die Martinsgans nicht fehlt, wird in humoristischer Weise die Taufe des Mostes zu Wein, *krštenje mošta,* vollzogen.[110] In der Boka wird der junge Wein schon am Lukastag gekostet.

Die Serben feiern den *sv. Mrat,* trotzdem er kein Heiliger des orthodoxen Kalenders ist, als Schutzherrn der Wölfe und schlachten ihm zu Ehren einen Hahn auf der Schwelle des Hauses. Einige Tage vorher oder nachher hält man wegen der Wölfe Arbeitsverbot: Diese Tage heißen *Mratinci.*[111] — Wetterregel: *Sv. Mrata — Sneg za vrata* »Hl. M. — Schnee hinter der Tür«.

---

109 ZbNŽ XIX 175.
110 Proben solcher Taufreden und Weinlitaneien: ZbNŽ XVIII 85; XXIV 319.
111 Analoge Vorstellungen und Bräuche bei den Bulgaren: Marinov, NV 520.

Reste christlicher Festbräuche bei den jugoslavischen Mohammedanern

Die ehemals christlichen Mehammedaner in Jugoslavien haben auch nach ihrem Übertritt zum Islam eine große Menge ihrer altererbten Bräuche lange bewahrt, viele davon sogar bis zum heutigen Tag.[112] Hier seien bloß die markantesten Beispiele herausgegriffen: Färben von Ostereiern im montenegrinischen Küstenland. Feier des Georgtags bei den Mohammedanern in Bosnien: Erster Lammbraten und Schaukelbräuche. Johannistag in Bosnien: Feuersprung, Fackelläufe, Liebeszauber, Bad der Menschen und Haustiere vor Sonnenaufgang. Peterstag: Fackelläufe in der Umgebung von Sarajevo. Eliastag: Großer Feiertag bei allen Mohammedanern, große Volksfeste *(teferič*)* mit Lammbraten, Tanz, Gesang und Spiel. Barbaratag: Kochen von *vara* »Brei aus einem Gemisch von Getreidekörnern« (s. S. 110). *Slava* (s. S. 148): Viele mohammedanische Familien können heute noch angeben, welchen Hausheiligen ihre Altvordern gefeiert haben, und laden für diesen Tag ihre Freunde zu einem frohen Gelage ein.

Schlußwort zu den Festen und Bräuchen des Kirchenjahres

Die im vorausgehenden Abschnitt besprochenen Bräuche stammen zum größten Teil aus der heidnischen Zeit, sie haben sich bloß um die christlichen Feste gruppiert und sind deshalb vielfach im christlichen Sinne umgeformt und umgedeutet worden. Da die vergleichende Heortologie der indogermanischen Völker heute noch in ihren Anfängen steht, können wir noch nicht genau sagen, welches die jährlichen Feste der indogermanischen Urzeit waren. Winterliche und sommerliche Sonnwendfeste lassen sich nach dem heutigen Stand der Forschung nicht erweisen, wohl aber regelmäßige Festzeiten, die an das Erscheinen des Neu- und Vollmonds geknüpft waren. Ich habe in meinem Buche »Feste und Volksbräuche der Lausitzer Wenden« (S. 122 ff.) wahrscheinlich gemacht, daß die ältesten Festelemente (heilkräftiges Wasser, Kräuter und Zweige, Schlag mit der Lebensrute, nächtliche Feuer, Opferspeisen, Totengedenken, Anfangszauber usw.) schon in den alten Neumondfesten enthalten sind und daß sie von da aus in christlicher Zeit auf die Hauptfeste des Jahres übertragen worden sind. Außer diesen Neumondbräuchen lassen sich noch andere skr. Festelemente bis in die idg. Zeit zurückverfolgen: Die verschiedenen Jahresfeuer und Fackelläufe (zu Weihnachten, Fastnacht, Ostern, Georgi, Christi Himmelfahrt, Johanni, Martini), die mehreren Zwecken dienen können: Der Abwehr von Dämonen, der Reinigung,

[112] Einzelheiten bei Tihomir Đorđević, NNŽ VI 1932, 30—38.

der Gesundheit und Fruchtbarkeit, der Erfreuung und Wärmung der Seelen, der Stärkung der Sonne (Sonnenzauber); Ahnenkult (Speisung der Seelen zu Hause und an dem Grabe, Feuer und Lichter, Tänze); Opfer (Panspermie, Gebildbrote, Festbraten); Umzüge (Tiervermummungen, Flurumzüge, Umritte); Naturverehrung (Bäume, Spenden an Feuer, Wasser und wilde Tiere); Zauberformen (Übertragung magischer Kräfte, Ähnlichkeitszauber, Beschwörungen, magischer Kreis, Abwehrzauber usw.); Zukunftsbefragung (Traumorakel, Omina aus Opferspeisen, aus Naturerscheinungen und aus dem Verhalten gewisser Tiere, Angang u. ä.).

Die heutige Zeitlage der Jahresfeste ist gegeben durch den christlichen Kalender. Da die orthodoxe Kirche bis heute bei dem julianischen Kalender verharrt, feiert sie die Kirchenfeste stets 13 Tage nach den Katholiken, die sich nach dem Gregorianischen Kalender richten. Abgesehen davon lassen sich trotz großer Übereinstimmungen im Festkalender der Serben einerseits und der Kroaten anderseits auch große Verschiedenheiten feststellen: Bei ersteren längere und strengere Fasten, drei große Totengedenkfeste mit Speisung der Toten, Epiphanienfest mit feierlicher Wasserweihe, Umzug der Lazarice usw., bei letzteren ein Allerseelenfest, Dreikönigstag u. a. Große Verschiedenheiten zeigen sich auch auf dem Gebiete der Heiligenverehrung. Im allgemeinen läßt sich sagen, daß die mit den Jahresfesten verbundenen Bräuche und Anschauungen bei den Serben viel altertümlicher sind als bei den Kroaten. Schon aus der Darstellung der Weihnachts-, Georgs- und Johannisbräuche geht dies deutlich hervor. Erklären läßt sich diese Tatsache vor allem aus dem toleranteren Verhalten der orthodoxen Kirche gegenüber den volkstümlichen Bräuchen, ferner aus der Jahrhunderte währenden Abgeschlossenheit der Serben während der Türkenzeit, aus der geographischen Lage (westöstliches Kulturgefälle!) und nicht zuletzt aus der strengen patriarchalischen Familienverfassung der Serben, welche der Bewahrung alter Überlieferungen günstig war.

Das Christentum brachte vor allem den neuen Rahmen für die Jahresbräuche, und wir sehen deutlich, wie die christlichen Hauptfeste zu Kristallisationspunkten einheimischer Bräuche werden, die meist in christlichem Sinne umgeformt worden sind, vgl. die Weihnachtsumzüge, die Flurprozessionen, die verschiedenen Weihen, den Ersatz vieler Dämonen durch Teufel usw. — Mit dem Christentum zieht eine große Schar von Heiligen ein, zu denen das Volk in seinen Nöten Zuflucht nimmt, wobei sich aus der volksetymologischen Ausdeutung der Heiligennamen besondere Patronate und Bräuche ergeben. Vgl. *Varvara* (S. 110), *Vincek* (S. 125), *Jeremija* (S. 138), *German* (S. 138), *Vratolom* (S. 139), *Alisej* (S. 139), *Vid* (S. 139), *Naum* (S. 140), *Prokop* (S. 142), *Ćirik* (S. 142), *Roman* (S. 144), *Rok* (S. 144), *Simon* (S. 144), *Luka* (S. 144), *Nistor* (S. 145), *Trifun* (S. 125), *Lazar* (S. 132), *Blagovesti* (S. 131). Viel weitere Verbreitung über den Volksboden der Skr. hinaus haben Patronate, die in Legenden und in der Bibel begründet sind: *Anna* (S. 142), *Apollonia* (S. 126), *Ilija* (S. 142), *Nikola* (S. 111) usw.

Ein Volk, dessen Reichtum vor allem im Viehbesitz begründet ist, schätzt Viehpatrone, wie den *Sv. Đorđe* (Zeit des ersten Austriebs!) *Mitar* und *Martin* (Zeit des Abtriebs!), *Todor* und *Pantelija* (Pferde), *Antun* (Schweine) sowie Schutzheilige gegen wilde und schädliche Tiere: *Andrija* (Wölfe und Bären), *Mrat* (Wölfe), *Trifun* (Mäuse und Ungeziefer), *Lazar* und *Jeremija* (Schlangen). Zu den Attributen der christlichen Heiligen vgl. den Aufsatz von Kałużniacki in der Jagić-Festschrift, S. 504 ff.

Aus der geographischen Lage und aus der Zugehörigkeit zur selben Konfession erklären sich einerseits die vielen Übereinstimmungen im Brauchtum der Serben und Bulgaren, anderseits die Beeinflussung der Kroaten von Deutschösterreich her: Vgl. kr. *križbam, maj(uš), fašnik, lafra, Valentin* als Helfer gegen die hinfallende Krankheit, hl. Florian als Schutzpatron gegen Feuersgefahr, das Blockziehen, die Nikolausumzüge, Weihnachtsspiele und Lieder usw. Geringer ist der Einfluß von seiten der Italiener (Verbrennen des Karnevals in Dalmatien, skr. *maškara* aus it. *máschera*, skr. *korizma* aus it. *quaresima)*, Magyaren (kr. *kinč* »Weihnachtszweig« aus magy. *kincs* »Schatz, Kleinod«) und Russen (s. *vertep* »Weihnachtskrippe« aus russ. *vertep* »Höhle, Weihnachtskrippe«).

DAS FEST DES HAUSPATRONS

Jede serbische Familie verehrt in ganz besonderer Weise einen Heiligen als ihren Schutzpatron und Fürsprecher bei Gott. Die größte Verehrung genießen folgende Heilige: Nikola, Jovan, Đorđe (Georg), Mitar, Ilija und der Seelenführer Aranđeo (Michael). Der Kult des Hausheiligen vererbt sich in männlicher Linie, in der Crna Gora ist er also dem ganzen Brastvo (Sippe) gemeinsam. Alle diejenigen, welche denselben Heiligen verehren (sie nennen sich nach ihm *Nikolštaci, Jovanštaci* usw.) fühlen sich innerlich verbunden und geistig verwandt, früher waren vielfach Ehen zwischen solchen Familien verboten. Erlischt die Familie in männlicher Linie, dann geht der Kult auf die weibliche Erbin des Bodens über.

Der Serbe hält seinen Heiligen, dessen Bild im Hause hängt, hoch in Ehren, ruft ihn bei Beteuerungen und Schwüren zum Zeugen an *(Krsnoga mi imena! Moga mi Svetoga!)* und empfindet die Beschimpfung seines Heiligen als schwerste Beleidigung. Um seinem Schutzpatron für die erwiesenen Wohltaten zu danken und um sich dessen Hilfe für die Zukunft zu sichern, begeht er den Tag des Heiligen in der festlichsten Weise. Dieses Fest, an dem man sich seinen Patron unsichtbar teilnehmend denkt (vgl. Vuk. SNP II Nr. 20: Der Heilige steht während des Festes auf der rechten Schulter des Festgebers und fächelt ihn mit seinen Flügeln), heißt *slava, krsno ime* »Taufname«, *blag-dan,* in Altserbien und Mazedonien auch *sveti, svetac* »Heiliger«, *služba, sluga* »Dienst«. Für die schwierige Frage der Entstehung und Herkunft des Slavafestes ist der Umstand von Wichtigkeit, daß es nicht bloß von allen orthodoxen Serben begangen wird, sondern daß es sich auch bei den Katholiken Dalmatiens, Bosniens und Slavoniens nachweisen läßt.[113] Allerdings ist es bei letzteren im Schwinden begriffen. Auch die katholischen Stämme Nordalbaniens begehen den Tag ihres Schutzpatrons in festlicher Weise.[114] Reste dieses Kultes finden sich sogar noch bei den dortigen Mohammedanern.[115] In Mazedonien war der Brauch unter dem Einfluß griechischer und bulgarischer Geistlicher besonders in den Städten zurückgegangen, lebt aber seit 1918 wieder kräftig auf.[116]

Das Fest dauert im allgemeinen drei Tage (Vorabend, Festtag, Nachfeier), selten vier, in der Crna Gora nur einen Tag, denn hier hatte schon Knez Danilo die Dauer eingeschränkt, um der Verschwendung und den in der Trunkenheit entstehenden, oft blutigen Streitigkeiten zu steuern. — Einige Tage vorher schickt der Hausvater ein männliches Mitglied der Familie mit einem geschmückten Gefäß voll Wein oder Schnaps zu den Verwandten und Freunden, um sie einzuladen. Doch ist die Einladung nicht überall üblich, zur Slava kann eigentlich jeder kommen, auch ganz fremde Gäste. Wird einem der Besuch der Slava von einem Bekannten nicht erwidert, dann unterläßt man ihn in Zukunft. Je mehr Gäste erscheinen, eine um so größere Ehre ist es für den Festgeber.

Für das Fest werden unter anderem vorbereitet: Ein oder mehrere Festbrote aus Weizenmehl (*slavski kolač; liturđija; panagija; krsnjak; krsnica; krsna česnica; sveti leb; kulak*) und kleinere Brote (pogače, pl., *poskurice, čureci*) zur Verteilung, eine womöglich zu Hause hergestellte stattliche Wachskerze, *slavska sveća*, eine Schüssel voll gekochten Weizens, *koljivo, žito, pšenica,* wie er auch im Totenkult üblich ist, Wein (in den südwestlichen Landschaften *punje* genannt, dieses nach Kuzmić,[117] aus ἐπώνιον »Kauftrunk«), schließlich Weihrauch und Öl für die unter dem Heiligenbild brennende Lampe. Das Wasser zum Anmachen des gesäuerten Festbrots soll geweiht sein, oft kommt der Pop zu diesem Zweck ins Haus.

Am Vorabend des Festes, *naveče, navečerje, k'na* (Skopska Crna Gora), *zasluga* (Veles), werden die Gäste vom Festgeber, *svečar, krsnjak* (Bosnien und Hercegovina), *svetogar* (Skopska Crna Gora) begrüßt und bewirtet. Der Hausvater eröffnet das Fest in althergebrachter, zeremonieller Weise mit Räuchern und Gebet. Während des Essens, das durch eine Reihe von Trinksprüchen unterbrochen

---

113 Vrčević, Tri svečanosti 106: Dubrovnik; ZbNŽ VII 238: Bukovica; ZbNŽ XIX 154: Retkovci in Slavonien; ib. XXI 143: Varoš in Slavonien: Gottesdienst und Arbeitsverbot am god patrona kuće.

114 Erdeljanović im Delo XXXIX 309 ff.

115 SEZb XXVII 125 ff.

116 SEZb XL 207; Ivanić, Macedonija II 95 ff.

117 Nastavni Vjesnik XXXV 339.

wird, wird manchmal ein eigens für den Vorabend gebackener Kuchen, *večernjača, večernica* in feierlicher Weise gebrochen.[118]

Am eigentlichen Festtag geht der Hausvater in die Kirche und nimmt mehrere Kuchen (vielfach kreuzförmig, daher der Name *krstak*), etwas Koljivo, Wein, Öl, Weihrauch und die Kerze mit, die während des Gottesdienstes auf seinem Koljivo brennt. Der Priester spricht ein Gebet, in der Hercegovina dasselbe wie bei der Totenfeier, überschüttet den Weizen mit Wein, dann schneidet er den Kuchen an der Unterseite, überschüttet ihn ebenfalls mit Wein und spricht einen Segen, z. B.: »Ihr sollt Kuchen brechen, zu Gott beten, den Kuchen mit Wein überschütten, das Haus aber soll überfließen von Frieden, Leben, Gesundheit und allem Guten, das gebe Gott!« Hierauf drehen Priester und Hausvater den Kuchen von links nach rechts, brechen ihn, legen beide Hälften aufeinander, schlürfen von dem Wein und küssen einander. Hierbei spricht der Priester: *Hristos po sredi nas!* »Christus ist mitten unter uns!« Der Hausvater antwortet: *Vek i amin!* »In Ewigkeit Amen!« Die Hälfte des Kuchens behält der Pop, die andere Hälfte trägt der Feiernde heim oder verteilt sie vor der Kirche.[119] In den südwestlichen Landschaften bringt jeder Festgeber die *čitula*, das Verzeichnis der Toten des Hauses, in die Kirche mit, der Priester verliest ihre Namen und schließt sie in sein Gebet ein. Ist die Kirche weit entfernt, dann kommt der Pop wohl auch ins Dorf und vollzieht das zeremonielle Kuchenschneiden im Festhause. Viele brechen den Kuchen zu Hause während des großen Festessens mit dem Popen oder einem guten Freunde, dem *kolačar*. Den Höhepunkt des ganzen Festes, zu dem sich die Gäste mit dem Gruß *Sretna vam Slava!* »Glückliche Slava!« oder *Čestit vi svetac!* (Südserbien) einfinden, bildet das während des Festmahls vom Hausvater oder dem *dolibaša* »Tischältesten« geleitete Trinken zur Ehre Gottes (*u slavu Božju*) und des Hausheiligen, von dem das Slavafest seinen Namen hat. Alle stehen dabei auf, *diže se u slavu*, der Hausvater erhebt ein volles Glas, bekreuzt sich und spricht etwa: *Poklon svima, Bogu pa nama! Pili smo čašu vina za pomozi Bože, a ovu da pijemo u slavu Božju. Gde se slava slavila, tu i pomagala! Slava da nam pomogne, da u zdravlju i veselju više godina slavimo. Ove godine kako smo mogli, a do godine bolje i više. Da Bog poživi nas, koji slavimo, i goste, koji su došli!* »Gott zum Gruß und uns! Wir haben ein Glas Wein getrunken, auf daß uns Gott helfe, und dieses lasset uns trinken zur Ehre Gottes. Wo man die Slava feiert, dort möge sie auch helfen! Die Slava möge uns helfen, auf daß wir in Gesundheit und Fröhlichkeit viele Jahre feiern. In diesem Jahre feierten wir, wie wir eben konnten, übers Jahr hoffentlich besser und reicher. Gott erhalte uns, die wir feiern, am Leben sowie die Gäste, die gekommen sind!«[120]

---

118 Gute Schilderungen im SEZb XIV 198 ff.: Boljevac; ib. XIX 197: Homolje.

119 Milićević, Slave u Srba 125.

120 SEZb XIV 200: Boljevac. Allerdings wird hier schon am Vorabend *u slavu* getrunken.

Während des nun folgenden Umtrunks singen sie zu zwei und zwei: *Ko za slave vino pije, pomozi mu Bog,* »Wer auf der Slava Wein trinkt, helfe ihm Gott«. Zwei andere antworten: *Pomogla mu slava božja i sam Gospod Bog!* »Es helfe ihm Gottes Ehre und der Herrgott selbst!« Um Užice trinkt der Tischälteste *u slavu: Pomogao ti Bog i slava nebeska, sveti Luka, tvoje krsno ime; ti njegu slavio, a on tebe neostavio! Bio ti u pomoći i u dnevi i u noći. Ti njega slavio, on tebi pomagao, Bože daj!* »Helfe dir Gott und die himmlische Ehre, der hl. Lukas, dein Patron; du mögest ihn feiern und er dich nicht verlassen! Er sei dir hilfreich bei Tag und bei Nacht. Du mögest ihn feiern und er dir helfen, das gebe Gott!«

Auch hier muß jeder Gast aus der nun kreisenden *buklija* trinken (Opferidee). Dieses Trinken heißt um Užice *uzeti slavu* »die Slava nehmen«. — Außer dem Trinkspruch zur Ehre Gottes werden noch andere ausgebracht, so auf die Gesundheit und das Glück des Festgebers, seiner Verwandten und Freunde.

Wo das Brechen des Festkuchens auch zu Hause stattfindet, sei es am Vorabend (z. B. Boljevac, Levač) oder am Festtag, wird auch dieses sehr feierlich ausgeführt: Der mit Basilienkraut und einer Kerze geschmückte Festkuchen wird von der Hausmutter aufgetragen und mit einem reinen Tuch zugedeckt. Der Hausvater zündet diese Kerze an, schneidet den Kuchen von unten her an, überschüttet ihn mit Wein, schüttet den Wein ins Glas zurück, wobei er den Wunsch äußert, daß in ähnlicher Weise, die Fässer von Wein, die Speicher von Weizen überfließen mögen, und dreht dann mit einem Freund den Kuchen dreimal von links nach rechts, wobei jeder der übrigen Gäste bloß mit einem Finger drehen hilft; beide heben den Kuchen hoch mit dem Ruf: *Veličaj, Gospode, dom i domaćina!* »Groß mache, o Gott, dieses Haus und den Hausvater!« und brechen ihn dann mit dem Rufe: *Hristos po sredi nas!* Dann brechen sie auch noch die beiden Hälften entzwei und kreuzen die Stücke mit dem Rufe: »So sollen sich auf dem Felde die Getreidemandeln kreuzen!« (Analogiezauber). In der Ls. Levač hebt der Kolačar ein Viertelstück hoch mit dem Wunsche, daß das Getreide so hoch wachsen möge, der Hausvater aber legt ein Stück in ein Sieb *(sito): Neka je sita godina, da Bog da!* »Auf daß ein sattes Jahr komme, gebe es Gott!« (Ls. Levač, Homolje). Jeder Festteilnehmer muß von dem Kuchen kosten, auch von dem Koljivo, das der Pop in der Kirche oder im Haus geweiht hat, muß jeder einige Körner genießen. In der Crna Gora bricht der Hausvater den Kuchen mit zwei guten Freunden. Im Lužnicatal, einem ausgesprochen serbisch-bulgarischen Übergangsgebiet, gibt es kein *pijenje u slavu,* sondern nur vereinzelte Trinksprüche, *blagoslovi.* — In den Städten werden wegen Raummangels nur Verwandte und einige gute Freunde zum Festessen eingeladen, die übrigen kommen bloß in den Nachmittagsstunden gratulieren und werden, nachdem sie einen Löffel *žito* genommen haben, mit Süßigkeiten, Wein und Kaffee bewirtet. Nach 10—15 Minuten entfernen sich die Gäste, um neuen Gratulanten Platz zu machen. In Belgrad sind 120 Gäste, die im Laufe des Nachmittags kommen und gehen, keine Seltenheit. Am Nikolaustag z. B., einem ausgesprochenen Slavatag, den ein Drittel von Belgrad feiert, ist fast die ganze Stadt zu Gratulationsbesuchen unterwegs.

Am Lande bleiben die Gäste bis spät in die Nacht hinein sitzen, die Jugend vergnügt sich bei Gesang und Tanz. Trotz aller Fröhlichkeit gedenkt man an diesem Fest auch dankbar der lieben Toten des Hauses, betet für sie in der Kirche und zu Hause, zündet für sie Kerzen und Öllampen an und verteilt Kuchen für ihre Seelenruhe. In der Skopska Crna Gora besuchen die Frauen am Vorabend die Gräber und spenden *zadušje,* in Tetovo tun sie das am Morgen des Festtags.

Der zweite Tag des Festes heißt *okrilje, patarica* (besonders in den Städten), *praćenje* oder *ispratnja* »Begleitung (der Gäste)«, *ispraćuška* (Lužnica), *pojutrica* (Boljevac, Timočka Krajina) *pojutarce, ustavci, posluga* (Kosovo), *komšiski dan* »Tag für die Nachbarn«(Užice). Am Lande wird das Fest bei Essen und Trinken, Gesang und Tanz fortgesetzt, manche Gäste bringen auch einen Beitrag, *čast,* zum Mahle mit, wie bei Hochzeiten. Selten wird am zweiten Tag noch in feierlicher Weise ein Festbrot gebrochen (z. B. Levač, Homolje). In der Stadt hat der zweite Festtag geringe Bedeutung, es kommen meist nur Frauen und Mädchen zu Besuch.

Selten wird noch ein dritter Festtag angehängt. Er heißt *ustavci* (zu *zaustaviti* »aufhalten« — die weggehenden Gäste), *prijateljski dan* (Verwandtentag), *gostinski dan* »Gästetag« oder scherzweise *korkin dan* »Krustentag« (Boljevac), weil man die Speisereste, auch die Brotkrusten verzehrt. In manchen Landschaften ist es Sitte, daß die weggehenden Gäste als Geschenk für die Hausfrau einige Münzen, Äpfel oder Kuchen auf den Tisch legen; daß ein altes Opfer an den Hausheiligen zu Grunde liegt, sehen wir aus dem Namen dieses Brauches: *darivanje sveca* »Beschenkung des Hausheiligen«.[121] Um Boljevac rufen sie beim Hinwerfen dieser Münzen: *Ovo Bogu i svetomu!* »Dies dem lieben Gott und dem Hausheiligen!«

Außer der Hauptslava begehen die meisten serbischen Familien noch eine Nebenslava: *preslava, prislužba, prisluga, poslužbica, prekada, mala slava.* Wer z. B. den Heiligen Nikola als Hauspatron feiert, feiert den *Nikola ljetni* (9. Mai) als Nebenslava. Dem Đurđevdan (24. April) entspricht Sv. Đorđe (3. November), dem Sv. Aranđeo (8. November) der Klein- oder Großfrauentag usw. Keine Nebenslava hat der hl. Sava, Ilija, Lazar, Alimpija u. a.[122] In der Hercegovina feiern sie die Nebenslava an dem Tag, auf den die Slava der Dorfkirche fällt. — In vielen Fällen geht die Preslava auf ein Gelübde zurück. Im Janjtal bei Jajce ist es Sitte, daß die Tochter die Slava ihres Vaters, der ohne männliche Nachkommen gestorben ist, als Preslava übernimmt.[123] Die Nebenslava wird in bescheidenem Rahmen abgehalten und dauert gewöhnlich nur einen Tag. Man geht vormittags in die Kirche, nimmt Kuchen *(proskura, krstak, leturđija),* Wein, Kerze

---

[121] SEZb XIX 204: Homolje.
[122] SEZb XIV 211; ib. XIX 207.
[123] SEZb XXXII 367.

und Weihrauch mit, der Pop gedenkt der Toten des Hauses, aber es gibt kein Koljivo. Während des Festessens, das im engsten Kreis stattfindet, brennt die geweihte Festkerze, man trinkt wohl auch *u slavu Božju* und bringt heitere Trinksprüche aus, doch wird nicht überall ein Festbrot gebrochen. — Um Jagodina feiern manche zwei Heilige als Nebenslava: Einen, damit sich die Kinder halten, und einen für die Gesundheit des Viehs.[124]

Es gibt Fälle, in denen der Hauspatron trotz aller Verehrung, die man ihm zollt, durch einen andern ersetzt wird: Wenn alle Kinder bis auf eines sterben, bäckt die Mutter 5 bis 6 Kuchen und weiht jeden davon einem andern Heiligen; nach welchem der vorgelegten Kuchen das Kind greift, davon hängt die Wahl des neuen Hausheiligen ab (Temnić). — Der Erbe muß im allgemeinen die Slava dessen übernehmen, den er beerbt hat (Temnić). — Der Adoptierte, *posinak,* übernimmt die Slava seines Adoptivvaters, seine eigene Slava wird zur Preslava (Užice). — Der Eingeheiratete, *domazet, privuk,* feiert, solange seine Schwiegereltern leben, deren Slava und seine eigene Slava nur als Preslava, letztere ohne Einladung von Gästen. — Eine Witwe feiert die Slava ihres verstorbenen Mannes, in dessen Hause sie lebt; hat sie aber als einzige Tochter ihren Vater beerbt, dann feiert sie nach dem Tode ihres Vaters dessen Slava. — Als die Blutrache noch blühte, flohen viele, um der Rache zu entgehen, in eine entferntere Landschaft und änderten die Slava, um nicht so leicht erkannt zu werden.

In den Kreis des Slavafestes gehört auch das Fest zu Ehren des Heiligen, dem die Kirche des Ortes geweiht ist, die *seoska, opštinska, crkvena slava; panađur* (um Đevđelija), aus ngriech. πανανύρι, altgr. πανήγυρις, *chram* (Tetovo); *selski god* (Katholiken in Slavonien); *blagdan* oder *brgulja* (Katholiken der Landschaft Poljica). In den orthodoxen Landschaften ist mit diesem Feste gewöhnlich ein feierlicher Flurumgang und Erneuerung des in den heiligen Baum eingeritzten Kreuzes, *zapis,* verbunden. Das anschließende Brechen eines Festbrots und Trinken *u slavu* stellen Opferbräuche dar, durch die man sich die Gunst und Hilfe des Kirchenpatrons sichern will, der durch seine Fürbitte bei Gott Erntesegen und Gesundheit bei Mensch und Vieh erwirken soll. Besonders deutlich tritt diese Opferidee im Lužnicatal hervor, wo für das ganze Dorf ein Schaf in einem Kessel gekocht wird, das der Pop weiht. Dieses Opfer, von dem jeder kosten muß, heißt *molitva* (Grundbedeutung »Opfer«, vgl. Berneker EW II 65: russ. *molitó* »zu bestimmter Zeit schlachten, zum erstenmal im Jahre nach einer gewissen Zeit essen«; bg. *molítva* »Gebet, Opfergabe, blutiges Opfer«). Die Vlasi in der Timočka Krajina schlachten bei ihrem Kirchenfest ein solches Opferlamm in zeremonieller Weise unter ihrem heiligen Baum und lassen das Blut in eine Grube zwischen den Wurzeln rieseln.[125]

Manche Dörfer begehen eine Slava mit Umzug auf Grund eines Gelübdes, *zavetina* (Bewahrung vor Epidemien, Trockenheit, Hagel u. ä.). — Besonders

[124] Milićević, Slave u Srba 147.
[125] Milićević in der Godišnjica Čupića I 156.

feierlich gestalten sich die Slavafeste großer Klöster, wobei Tausende von Menschen zusammenkommen (Abb. 34). Sie werden vom Kloster bewirtet und hinterlassen als Gegengeschenk Geld oder Geldwert (Strümpfe, Tücher, Leinwand usw.). — In den Städten feiert jede Zunft an dem Tag ihres Schutzheiligen ihre *esnafska slava* mit Kirchgang, feierlichem Kuchenbrechen und großem Gelage, *pir*.[126] — Am feierlichsten begehen ihre Zunft-Slava die Schiffer und Fischer in Belgrad am Tage des hl. Nikola auf einem Schiff.

Verhälnismäßig jungen Datums ist die Schulfeier, *školska slava,* die am 28. Jänner neuen Stils zu Ehren des serbischen Kirchen- und Schulheiligen Sava begangen wird. Nach Milićević (Slave u Srba, 160) geht die erste Verordnung dazu auf Fürst Miloš zurück (1827), durch das Gesetz vom 13. Jänner 1841 wurde der hl. Sava zum serbischen Schulheiligen erklärt. Am glänzendsten war diese Feier an der Belgrader Universität, wo sie im Beisein des Königspaars und des Ministerrats abgehalten wurde. Der Rektor erstattete Bericht über die Arbeit der Universität im verflossenen Jahr. Studenten, welche die besten wissenschaftlichen Arbeiten geliefert hatten, erhielten Preise und speisten an diesem Tage an der Tafel des Königs. Über Reste der Slava bei den Kroaten Norddalmatiens und der Lika sowie bei den Bunjevei s. Gavazzi, G. D. II 58.

Zur Herkunft der Slava. Das Verbreitungsgebiet der Slava in ihrer heutigen Form deckt sich im allgemeinen mit dem Siedlungsraume der orthodoxen Serben, bloß in Dalmatien, Hercegovina (Popovo Polje) und Nordalbanien greift sie, allerdings etwas verblaßt, auch auf Katholiken über. Was das Alter des Festes betrifft, so sind einige Elemente allerdings urslavisch (bei vielen slavischen Völkern wirkt bis heute der Glaube an einen schützenden Hausgeist nach), doch ist ein Hauspatronfest als solches den andern slavischen Völkern unbekannt. Die bisherigen Arbeiten über den Ursprung der Slava[127] haben das Dunkel, in das die Anfänge der Slava gehüllt sind, nicht vollkommen gelichtet. Sicher ist die Slava erst in christlicher Zeit entstanden, das antike Geburtstagsfest, an dem man dem schützenden Genius Kerzen und Wein opferte, wirkt deutlich nach. Für das Alter der Slava spricht der Umstand, daß, wie Ć. Truhelka gezeigt hat, von den 24 am häufigsten gefeierten Hausheiligen 22 in die Zeit vor Justinian fallen. Die für die serbische Slava charakteristische enge Verbindung von Heiligenkult und Ahnenkult (das *koljivo* aus gr. κόλλυβον — griech. β erscheint bereits als slavisch v! — ist vom Totenkult her in die Slava eingedrungen) läßt sich auf folgende Weise erklären: bei der Annahme des Christentums wählte der Vorstand jeder Großfamilie oder jeder Sippe einen christlichen Heiligen als Schutzpatron und ließ sich auf diesen Namen taufen, daher *krsno ime* »Taufname«; auch die Kirche (meist nur Kapelle) des Ortes oder Ortsteils wurde dem-

---

[126] S. GEM II 33.

[127] Die besten sind von V. Skarić, Postanak krsnog imena, GZM XXXII 1920, S. 245—272 und M. Kuzmić, Krsno ime, Nastavni Vjesnik XXXV 1927, S. 202—204, S. 334—345; Grujić, Truhelka (s. Lit. Verzeichnis).

selben Heiligen geweiht. In oder bei der Kirche wurden auch die Toten des Dorfes bestattet. An dem Feste des Kirchenheiligen (Kirchenpatron und Hauspatron decken sich in patriarchalischen Verhältnissen!) gedachte man auch des gleichnamigen ersten christlichen Ahnen und der übrigen Toten durch Opfer (Brot, Koljivo, Kerze) und Gebete. Solche Totenopfer konnte das Volk aber auch auf den Kirchenheiligen beziehen, von dem eine Reliquie in der Kirche niedergelegt war: Dem hl.Ilija und dem heiligen Aranđeo (Mihael) opfert man kein Koljivo, denn sie sind nicht gestorben. In den streng patriarchalischen Gegenden (Crna Gora, Rascien), wo Kirchenpatron und Hauspatron zusammenfielen, mag das Fest sehr bald zu großer Blüte und Wertschätzung gelangt sein und scheint sich zugleich mit der Ausdehnung des altserbischen Reiches verbreitet zu haben. Wurde das Fest einmal als spezifisch serbisch empfunden, dann darf uns seine Bekämpfung von seiten der katholischen Kirche nicht wundern, die in ihrem Machtbereich die bei den Orthodoxen geduldeten Totenopfer ausgemerzt hat. Trotzdem haben sich Reste der Slava, wie wir oben gehört haben, bei vielen Katholiken Dalmatiens, Bosniens und Slavoniens und bei vielen Moslims in Bosnien erhalten, doch muß untersucht werden, ob es sich nicht um katholisierte Serben handelt.

Das Fest des Kirchenpatrons, von dem die serbische Slava nach dem Gesagten nur eine Abart darstellt, begeht die katholische Kirche bei slavischen und nichtslavischen Völkern in feierlichster Weise.

BRÄUCHE DES ALLTAGS

HAUS UND HÄUSLICHES LEBEN

Vor dem Bau eines neuen Hauses stellt der serbische Bauer Orakel an, ob der in Aussicht genommene Bauplatz glückhaft sei. Als glückhaft gilt er, wenn ein am Abend dorthin gestelltes Glas Rotwein oder ein Gefäß voll frischen Weizenmehls am nächsten Morgen keine Abnahme aufweist, oder wenn sich unter jedem von vier Steinen, die man an die geplanten Hausecken gelegt hat, nächsten Tag Insekten finden. Für glückhaft hält man auch einen Platz, auf dem Pflaumenbäume gedeihen, oder wohin sich eine Schafherde über Nacht hinlegt (Šumadija).

Bauopfer. Jeder Neubau erfordert ein Bauopfer. Es gibt zahlreiche an alte Brücken und Burgen geknüpfte Volkssagen von eingebauten Menschen.[1] Wie lebendig dieser Glaube heute noch im Volke ist, ersieht man daraus, daß 1928 Insassen eines gelben Autos bei Smederevo verdächtigt wurden, Kinder zu sammeln, die man angeblich in die große von den Deutschen erbaute Brücke von Belgrad nach Pančevo einbauen wollte. — Allgemein schlachtet der serbische Bauer als *kurban** »Opfer« beim Bau eines neuen Hauses über dem Grundstein ein Lamm oder einen Hahn: Der Kopf des Tieres wird eingebaut, das Fleisch wird verzehrt (Abb. 36). Eine verchristlichte Form des Bauopfers ist das Begießen des Grundsteins mit geweihtem Wasser. Mit diesen Bauopfern verfolgt das Volk den Zweck, das Haus und seine Bewohner unter Gottes Schutz zu stellen und ihnen Glück und Gesundheit zu sichern. Die Sitte ist auch bei andern Völkern stark verbreitet und war ursprünglich zum Teil ein Sühnopfer, zum Teil sollte es dem Gebäude einen Schutzgeist verschaffen, zum Teil dem Bau magische Festigkeit verleihen, zum Teil sollten die Opfer als Zaubermittel Böses abwehren und Glück bringen.[2] Manche glauben, daß die Bauleute gern den Schatten eines vorübergehenden Menschen und das Maß einbauen, um dem Bau größere Festigkeit zu verleihen, der Mensch selbst müsse dann zugrunde gehen. Über Geister aus solchen Menschen s. S. 11.

Richtfest. Ist der Dachstuhl aufgesetzt, dann bekommen die Handwerker Handtücher, Hemden, Strümpfe, Handschuhe usw. geschenkt, die sie mit lautem Dank an einen grünen Ast binden und am First befestigen. Vielfach bringen

---

[1] Vgl. Vuk, SNP II Nr. 26: Zidanje Skadra »die Erbauung Skutaris«; über dieses weitverbreitete Motiv der eingemauerten Mutter, die durch eine Maueröffnung ihr Kind stillt, s. Arnaudov, Očerki 569 ff., der Herkunft aus Griechenland annimmt.

[2] L. Weiser im HDA III 1561, wo Lit.

auch die Nachbarn, die übrigens während des Baus jede Hilfe leisten, solche Geschenke und sprechen ihre Glückwünsche aus. Der Hausvater sorgt für reichliches Essen und Trinken.

Hausweihe und Übersiedlung. Man übersiedelt am liebsten zur Zeit des Vollmonds, damit das Haus immer reich und voll sei, und vermeidet die Fastenzeit. Wer es sich halbwegs bieten kann, veranstaltet eine feierliche Hausweihe, *osvećenje kuće*, durch den Geistlichen mit anschließendem Gelage für die Verwandten und Freunde, welche Beiträge für das Mahl und Geschirr für das neue Heim mitbringen. Das alte Geschirr und die alte Herdkette soll man nicht übersiedeln. Von den Haustieren bringt man zuerst den Hahn ins neue Heim, wohl deshalb, weil sein Krähen Dämonen verscheucht. Aus Bosnien ist das Schlachten eines Hahns auf der Türschwelle bezeugt, ebenso das Eingraben eines Hühnerkopfs unter der Herdstelle und eines Pferdeschädels unter der Haustürschwelle.[3] — Vielfach wird das erste Feuer als Neufeuer durch Feuerstein oder Reiben von Hölzern erzeugt. — Wenn die Hauswirtin zum erstenmal Wasser holt, wird sie dort von den Nachbarinnen besprengt und beglückwünscht: »Wie viele Tropfen, so viel Glück im neuen Heim!« (Homolje). Im ersten Jahr nach der Übersiedlung soll jeder Hauswirt in seinem Hof einen Obstbaum pflanzen.

Sicherheit des Hauses. Um von Blitzschlag und Hagel verschont zu bleiben, soll man beim Herannahen eines Gewitters die Kochgeschirre ins Freie tragen, den Dreifuß umgestürzt hinlegen und Messer und Beile mit der Schneide nach oben in die Erde stecken. Empfohlen werden auch gewisse Zaubersprüche und Gebete, sowie Schießen gegen die Gewitterwolken. — Schutz gewähren dem Hause auch die zu Georgi und Johanni an die Tür gehängten Kränze und die auf Dächer gesteckten Kreuzlein aus dem Weihnachtsklotz oder aus geweihtem Holz.

Herd und Herdfeuer. Der Herd ist der Mittelpunkt des Hauses und der Sitz der schützenden Hausgeister, deshalb spielt er im Familienleben eine wichtige Rolle. Ich verweise auf die Bräuche zu Weihnachten (S. 114), bei Geburt (S. 50), Hochzeit (S. 74) und Tod (S. 89). Zahlreich sind die an das Herdfeuer geknüpften Omina, Orakel und Verbote. Wenn man ein Geschirr vom Herde hebt, soll man die betreffende Stelle mit Asche bedecken. Nach Sonnenuntergang soll man kein Feuer aus dem Hause leihen, am Vorabend des Freitags überhaupt nicht (Kragujevačka Jasenica). Als läuterndes Element ist es sehr wichtig in der Volksmedizin. — Um Hexen abzuwehren, soll man einen Knoten in die Herdkette machen oder einen Kessel voll Wasser daran hängen (Spiegelwirkung).

Brunnen. Auch beim Graben eines Brunnens werden vielfach Bauopfer (männliches Lamm, Truthahn) dargebracht. Kinderlose Frauen sollen das erste Wasser trinken, dann werden sie Kindersegen haben (Kragujevačka Jasenica).

Essen und Trinken. Die Hauptmahlzeit, *ručak, objed*, wird zu Mittag, vielfach aber schon im Laufe des Vormittags eingenommen. Unserem Frühstück entspricht s. *doručak, prekusak* (Skopska Crna Gora), kroat. dial. *fruštik*. Zwischen

[3] SEZb XVII 54 ff.; Parallelen bei Sartori, SB II 10.

der Hauptmahlzeit und dem Abendessen, *večera,* liegt die *(j)užina* (zu *užiti* »genießen«), daraus d. Jause. — Vor jeder Mahlzeit findet die Händewaschung statt, und zwar in der Form, daß ein Mädchen oder die jüngste Schwiegertochter den Hausgenossen Wasser auf die Hände gießt und ihnen ein Handtuch reicht. — Auf den Tisch wird zuerst Brot und Salz gelegt. Als erster setzt sich der Hausvater, dann dem Alter nach die Männer und Burschen, zuletzt die Frauen und Kinder. In den Großfamilien pflegten die Frauen und besonders die Mädchen vielfach stehend zu essen. Im Hochzeitsritual (s. S. 75) hat sich das getrennte Essen der Männer und Frauen bis heute erhalten: In Bosnien sitzen die Männer, bedient von der in der Ecke stehenden Braut, in der Stube, die Frauen und Kinder im Herdraum. Der Hausvater eröffnet die Mahlzeit mit einem Gebet oder indem er sich als erster bekreuzt, und langt auch als erster zu. Vielfach ist es auch Aufgabe des Hausvaters, den Braten zu teilen. Verbote bezüglich des Essens: Während des Essens soll man den Hunden keine Abfälle zuwerfen, sonst kommt Zank ins Haus (Analogieglaube). Angehörige des weiblichen Geschlechts sollen keine Tierhoden essen. Manche Speisen und Früchte dürfen vor einem gewissen Kalenderdatum nicht gegessen werden (s. oben S. 141). Sauerteig, Essig und Labmagen soll man nach Sonnenuntergang nicht verleihen (Levač). Bevor man einen Laib Brot anschneidet, soll man ihn bekreuzen; die Schnittfläche soll der Mitte des Tisches zugekehrt sein. Herabgefallene Brocken soll man aufheben, reinigen und sprechen: »*Bože prosti!*« »Gott, vergib!« — Bevor man mit einem Stück Brot in der Hand ein fremdes Haus betritt, soll man davon etwas vor die Tür werfen, sonst trägt man Zank ins Haus (Boljevac). Vom ersten Teig der neuen Ernte schmiert die Hausmutter ein Kreuz an die Tür.[4] — Hirten pflegen, wenn sie im Freien gegessen haben, immer etwas Brot und Käse für die Vögel und Ameisen zurückzulassen. — Mörder lecken von dem Blute des Opfers, um nicht verfolgt und entdeckt zu werden.

Schnaps oder Wein wird aus e i n e m Trinkgefäß der Reihe nach getrunken, wobei der Älteste beginnt. Jeder bekreuzt sich und ruft seinem Nachbarn zur Rechten einen Trinkspruch zu z. B.: »*Da si živ i zdrav!*« »Du sollst leben und gesund bleiben!« Das Volk verfügt über einen reichen Schatz von geistreichen Trinksprüchen, *zdravice, napitnice,* die bei festlichen Anlässen, besonders beim Fest des Hauspatrons, auf das Wohl des Hausvaters und des ganzen Hauses ausgebracht werden.[5] — Viele Tischsitten sowie Omina und Orakel aus Festspeisen wurden bereits oben besprochen: Geburt (S. 51), Hochzeit (S. 75), Tod (S. 99), Weihnachten (S. 117), Ostern (S. 135), s. Georgstag (S. 136), Slavafest (S. 148 ff.) usw.

K l e i d u n g u n d K ö r p e r p f l e g e. Im Heilzauber werden Hemden verwendet, die im Verlaufe einer Nacht gesponnen, gewebt und genäht worden

---

[4] SEZb XVII 30.

[5] Beispiele: SEZb XVI 384 ff.; ZbNŽ X 159; ib. XIII 158: Lika; Vuk Vrčević, Pomanje srpske nar. sveč. 137 ff.

sind. — Wenn beim Nähen eines Kleidungsstücks ein langer Faden übrigbleibt, wird der Besteller lange leben. Wer gegen Überfälle gefeit sein will, soll, wenn er ein neues Hemd anzieht, ein Messer hindurchfallen lassen, sodaß es in der Erde stecken bleibt (Šabac). Bei Neumond soll man keine Hemden waschen, sonst zerreißen sie. Damit neues Schuhwerk lange halte, stellt man einen Kater mit den Pfoten hinein und spricht: »Bis die Schuhe des Katers zerreißen, dann auch meine!« (Šabac.) Wer ein neues Hemd oder Gewand trägt, den zwickt man mit den Worten: »*Koliko žica, toliko godinica!*« »Wieviel Fäden, soviel Jahre«, dann werden die Kleider lange halten. In Kleider und Strümpfe soll man am Abend nach dem Ablegen Knoten binden, damit sie während der Nacht nicht von Geistern getragen werden (Kragujevačka Jasenica). Hierher gehören auch in den Kapiteln Geburt, Hochzeit und Tod besprochene Bräuche. — Nägel soll man an gewissen Tagen nicht schneiden (Šabac: nicht am Freitag, Sonntag, Dienstag). Abgeschnittene Nägel soll man verstecken, wohl aus Angst vor Schadenzauber. — Wenn man im Frühling den ersten Kuckuckschrei hört, soll man von dem Baume, auf dem der Vogel sitzt, einen Zweig abbrechen und ins Haar stecken, dann wird es gut wachsen (Stari Vlah). Über die erste Haarschur der Kinder s. S. 56, über Beigaben zum Waschwasser S. 44, zum Brautbad S. 66. Damit die Hände nicht schwitzen, reiben sich sie die Mädchen mit einer abgeworfenen Schlangenhaut ein (Crna Gora). — Bevor sich die Kinder in den Fluß wagen, um zu baden, sammelt jedes sieben oder neun Steinchen, wirft davon abwechselnd eines ins Wasser und eines hinter sich ans Land mit dem Ruf: »Der Engel ins Wasser, die Schlange hinaus!« (Samobor.)

H ä u s l i c h e A r b e i t e n. Über Arbeitsverbote zu gewissen Zeiten und Anlässen s. Register. Weibliche Arbeiten wie Wollekämmen, Garnfärben, Zuschneiden von Wäsche und Kleidern soll man am Montag oder Donnerstag beginnen, auf keinen Fall Mittwoch oder Freitag, auch nicht vor Neumond. Am Freitag nach dem Neumond vermeidet man weibliche Handarbeiten und Brotbacken. In der Angst vor dem »Berufen«, *urok*, ist das Verbot begründet, weibliche Handarbeiten Fremder zu loben. Die ersten Strümpfe, die ein Mädchen gestrickt hat, wirft man in fließendes Wasser, damit ihm die Arbeiten so von der Hand gehen, wie das Wasser fließt (Nišavatal). Vielfach wirft man die ersten Handarbeiten ins Feuer.

Die r e c h t e S e i t e gilt als glückhaft, deshalb soll man darauf achten, daß man mit dem rechten Fuß aufsteht, den rechten Schuh und den rechten Ärmel zuerst anzieht; dasselbe gilt bezüglich des Auskleidens (vgl. die Bevorzugung der rechten Seite in den Festbräuchen, s. Register).

Z e i t r e c h n u n g. Das serbische Landvolk unterscheidet eine winterliche Jahreshälfte vom Demetriustag bis zum Georgstag und eine sommerliche vom Georgstag zum Demetriustag (bei den Kroaten bis zum Martinstag). Diese Termine gelten für Zahlungen, für Dienstbotenwechsel, für den ersten und letzten Austrieb u. ä. — Ein wichtiger Zeitmesser ist der Mond (skr. *mesec* zur idg. Wurzel **mē-* »messen«), dessen Phasen aufmerksam beobachtet werden: Es entspricht dem Analogieglauben des Volkes, daß dem Zunehmen des Mondes am Himmel auch Wachstum und Vermehrung der irdischen Wesen und Dinge entsprechen. Der Neumond, *mladi mesec* »der junge Mond« gilt auch als Vermehrer der Gesundheit und wird deshalb freudig begrüßt: *Zdrav zdravljače, nov novljače!* »Gesunder Gesundmacher, neuer Erneurer!« Dabei schütteln Männer ihre Geldbörsen, Frauen ihren Münzenschmuck. Wer beim Anblick des erneuten Mondes kein Geld bei sich hat, der wird einen Monat lang kein Geld und kein Glück haben. In der ersten Woche nach dem Neumond soll man wichtige Unternehmungen, wie Reisen, Übersiedlungen, Heiraten beginnen, Bäume pflanzen, säen, Schafe scheren, Schweine schlachten usw., doch gelten anderseits für Frauen gewisse Verbote: Waschen, Hanfeinweichen, Garnfärben, Bleichen, Kopfwaschen, Verleihen und Brotbacken. Sehr verbreitet ist der Glaube an die besondere Heilkraft des Quellwassers am Freitag und Sonntag der Neumondwoche.[6] Auch für allerhand Zauber ist die Zeit sehr geeignet. In der ersten Woche nach dem Vollmond soll man keinen Knoblauch und Hanf säen, keine Bäume pflanzen usw.

Bei der Einteilung der Tageszeiten richtet sich das Volk nach der Sonne und nach den Sternen. Als unheimlich gilt die Zeit von 11—1 Uhr nachts, *gluvo doba* »die taube, stille Zeit«, denn da treiben Geister ihr Unwesen, die erst beim ersten Hahnenschrei, *prvi petli*, verschwinden.

Ausgang und Heimkehr. Wer beim Antritt einer Reise einem Menschen mit leeren Wasserkrügen oder einem Popen begegnet, wem ein Hase über den Weg läuft, der soll lieber umkehren, denn er wird kein Glück haben. — Der Heimkehrende soll nicht mit leeren Händen kommen, deshalb gibt man jedem Gast etwas mit, und sei es bloß eine Nuß.

ACKERBAU UND ERNTE

Der Feldbau ist von zahlreichen Bräuchen umwoben, die eine reiche Ernte sichern und alle schädlichen Einflüsse (Mißwachs, Dürre, Schädlinge, Hagel usw.) fernhalten sollen.

Beginn des Pflügens. Man soll Montag oder Donnerstag mit dem Pflügen beginnen. Der Pflüger bekreuzt sich und besprengt seine Ochsen unter einem Segenswunsch mit Weihwasser. Oft bringt man ihm einen eigens gebackenen Kuchen aufs Feld, *brazdanica* (zu *brazda* »Furche«), dessen eine Hälfte er einackert und dessen andere Hälfte man aufhebt, um sie später gegen drohende Hagelwolken zu schwingen (Čačak).

Aussaat. Sie wird am liebsten bei zunehmendem Mond durchgeführt. Getreide wird von Männern gesät, Lein und Hanf von Frauen und Mädchen. Der

---

6 S. Čajkanović, SNP I 177, 179, 549.

Sämann hat einige Zeit vorher ehelichen Verkehr zu meiden. An Sätagen soll man nichts verleihen, wohl zur Vermeidung von Schadenzauber; man soll nicht mit Lauge waschen, damit das Getreide keinen Brand bekomme. Die Zugochsen läßt man vor der Aussaat über die mit Glut bestreute Pflugschar schreiten (Lužnicatal) und besprengt sie mit Weihwasser.

Opfer. Im Lužnica- und Nišavatal läßt man im Saatgut eine geweihte Kerze abbrennen und schlachtet einen Hahn, sodaß es mit Blut besprengt wird. Den Kopf ackerte man früher in die erste Furche ein. Am Kosovo polje schlachten die Frauen einen Hahn auf der Dreschtenne, braten ihn und schicken ihn dem Sämann aufs Feld. — Als Opfer ist auch das Ei zu betrachten, das mit dem Saatgut eingeackert oder an dem Ochsenjoch oder an der Stirn des Ochsen zerschlagen wird.

Beigaben. Dem Saatgut werden in zauberischer Absicht verschiedene Gegenstände beigemischt: Ein reines Handtuch, damit das Getreide rein und ohne Unkraut sei, kirchlich geweihte Getreidekörner (am Tag des Simeon!), ein Ring, eine Bürste oder ein Flachskamm, damit die Saat dicht wachse, die Pflanze *zdravac* (Geranium macrorrhizum) und Brennesselwurzeln, letztere gegen Ungeziefer; an den Getreidesack binden sie ein Stück Blei und eine Silbermünze, damit das Getreide schwer sei und einen guten Preis habe. — Der an den rechten Zeigefinger des Sämanns gebundene rote Faden hat erstens Abwehrkraft (rote Farbe!), zweitens soll er langes Getreide und langen Flachs gewährleisten (Analogiezauber). — Aus einem Trauerhaus soll man kein Saatgut nehmen.

Das wachsende Getreide. Wer heimlich eine Maisstaude stiehlt und sie auf sein Feld verpflanzt, überträgt damit den fremden Getreidesegen (Homolje). Beim Hacken des Maisfeldes bindet man Knoten in einige Halme, *zavezak:* Soviel Fuhren wird man haben (Boljevac). In ein Zwiebelfeld soll man einen Stab stecken, mit dem man vor dem Georgstag eine Schlange erschlagen hat. Ins Krautfeld gesteckte Pappelzweige vertreiben angeblich Ungeziefer (Otok). — Flurumgänge sind bei Serben und Kroaten allgemein üblich.

Regenzauber. Zu Zeiten der Dürre nimmt das Volk Zuflucht zu zauberischen Maßnahmen, die Regen bewirken sollen. Hierher gehört vor allem der Umzug mit dem Regenmädchen, das für das deutsche Gebiet schon Burchard von Worms († 1025) erwähnt. Das serbische Regenmädchen wird nackt ausgezogen und mit Gras und Blumen so verhüllt, daß bloß die Augen sichtbar sind. Begleitet wird es von anderen Mädchen, welche das Regenlied singen, das in der Ls. Podibar lautet:

Mi idémo preko polja, oj Dȍdo, oj Dodole!
A ȍblāci preko neba, oj Dodo, oj Dodole!
Naša Dȍda Boga moli, oj Dodo, oj Dodole!
Da ùdarī rosnā kiša, oj Dodo, oj Dodole!
Da òrosī rosnā polja, oj Dodo, oj Dodole!
I òvnove vìtorogē, oj Dodo, oj Dodole!

»Wir ziehen über das Feld,
Aber die Wolken über den Himmel.
Unsere Doda bittet Gott,
Daß Regen sich ergieße,
Daß er beriesle die tauigen Felder
Und die Widder mit gewundenen Hörnern.«[7]

Vor jedem Hause dreht sich das Regenmädchen im Tanze (nach rechts) und wird von den Hausbewohnern mit Wasser begossen. Zu den Hauptelementen des Ritus (umhüllendes Grün als Symbol der Vegetation, Zaubertanz und Zauberlied, die den Gang der Wolken am Himmel beeinflussen sollen, und Wasserguß als Analogiezauber) können sich noch andere den Zweck des Zaubers unterstützende Elemente gesellen: Vielfach wird das Mädchen oder wenigstens ihr Kranz, bisweilen auch eine schwangere Frau, zum Schluß ins Wasser geworfen (Boljevac). Am Kosovo hängen die Mädchen einen Lappen mit eingebundenem Kirchenkehricht einige Zentimeter über einem fließenden Wasser auf: Das Wasser soll steigen und das Bündel wegschwemmen. Um Boljevac reißen sie am Vortag das hölzerne Grabkreuz eines unbekannten Toten heraus, binden es dem Regenmädchen an den rechten Fuß und ziehen so zum Fluß, wo sie das Kreuz versenken und mit einem Stein beschweren, um es am nächsten Tag zu Beginn der Regenzauberprozession schwimmen zu lassen. Auch in der Ls. Levač wird ein solches Kreuz ins Wasser getaucht mit dem Ruf: »Kreuz ins Wasser, Regen ins Feld!« oder »Vom unbekannten Grab das Kreuz, vom unbekannten Berg der Regen!« In der Ls. Homolje stecken sie nach dem Umzug ein mit Blumen geschmücktes Kreuz aus Weidenruten an das Ufer des Flusses: Er soll steigen und es wegtragen; ist das binnen drei Tagen nicht der Fall, so reißt man es aus und läßt es davonschwimmen. — Das Regenmädchen muß gewissen Bedingungen entsprechen: Vor allem soll es jungfräulich sein (über die magische Kraft der Jungfräulichkeit s. HDA. s. v. Jungfrau); oft wird verlangt, daß es das letzte Kind oder Waise sei. — Im letzten Jahrhundert ist der ganze Brauch in Verfall geraten, es gehen meist nur noch Zigeunermädchen als *dodole, dȍdolice, dodolke, dudulej(ke)* (Abb. 37). — In Norddalmatien, im Kroatischen Küstenland und in Istrien liegt der Brauch in der Hand der Burschen: Der von wildem Wein umkleidete *prpac* wird von seinen Begleitern, den *prporuše, preporuše,* von Haus zu Haus geführt und von den Bewohnern mit Wasser begossen. Alle Teilnehmer tragen grüne Eichenzweige. — *Dodole* und *prporuše* werden überall mit Lebensmitteln beschenkt, die sie nachher gemeinsam verzehren. Daß der Name des Regenmädchens, *dodola,* aus dem Kehrreim des Zauberlieds abstrahiert ist, ist bekannt. Den Namen *rosomanka,* der aus der Gegend von Pirot, Niš, Vranje und aus Bulgarien bezeugt ist,[8] deute ich als *rosomamka* »Regenlockerin«: *rosa* »Tauregen« und *mamiti* »locken«. — Der Name *prporuša, prpac* gehört jedenfalls zu bg. und maked. *peperuda,*

[7] SEZb I 136: weitere Beispiele bei Vuk Karadžić, SNP I 111—114.
[8] Marinov 551.

peperuga »Regenmädchen«, das über neugr. περπεροῦνα, auf ital. *parpaglione* (lat. *papilio)* zurückgeht. Die Endung *uda* erklärt sich wohl im Neugriech. durch Einfluß von πεταλοῦδα »Schmetterling« (nach Vasmer).[9] In vielen bulg. Regenzauberliedern (s. Marinov 548 ff.) heißt es, daß die *peperuda* zu Gott fliegt und ihn um den so dringend notwendigen Regen bittet. Die Gleichsetzung von *peperuda* = Regenmädchen = Nachtfalter = Hexe bedarf noch der Klärung durch eine Studie, die diesen interessanten Brauch bei allen Balkanvölkern im Sinne der Wörter und Sachen verfolgen müßte.

Eine andere Form des Regenzaubers, die in Bulgarien in Blüte steht[10] und in dekadenter Form bis Ostserbien reicht,[11] besteht darin, daß man eine männliche Puppe, genannt *German,* sehr zeremoniell bestattet (in Bulgarien oft im Beisein des Popen) und klagt, daß er infolge der Dürre gestorben sei. — Deutung: Wir haben oben (S. 138) gesehen, daß der hl. German auf Grund volksetymologischer Anlehnung seines Namens an s. *grom* »Donner«, *grmljeti* »donnern« im östlichen Serbien und in Bulgarien zum Gewitterheiligen geworden ist. Deshalb sieht Gesemann in dem Brauch mit Recht »eine Provokation des in seinem Amte als Regenmachers lässigen Heiligen«. Nach Vasmer ist der christliche Heilige *Germanos* vielleicht an die Stelle eines thrakischen Gottes der Dürre getreten, dessen Name mit alb.-geg. *zjarm,* Feuer, Hitze, gr. ϑερμος, lat. *formus,* slaw. gorěti zusammenhängt. — Vgl. hierzu den rumän. *Skalojan* (*skali-eni* in Bessarabien),[12] der begraben oder ins Wasser geworfen wird.

Eine weitere Abart des Regenzaubers bilden die Begießungen der Gräber von Selbstmördern oder der Grabkreuze unbekannter Toter.[13] Gesemann[14] bringt zu diesem Brauch Analogien aus Deutschland, Rußland und der Türkei bei: »Der Regen, der auf ein Grab fällt, hat lustrative Kraft, er reinigt den Toten von seinen Sünden ... Darum beerdigt man in Oberhessen noch vielfach die ungetauft gestorbenen Kinder unter der Dachtraufe der Kirche.« Aus solchen Vorstellungen heraus läßt sich der serbische Brauch erklären, doch tritt bei den Serben noch etwas anderes hinzu: Nach weitverbreitetem serbischem Volksglauben werden die Seelen der Selbstmörder und der Ertrunkenen zu Gewitterdämonen. Das Begießen eines solchen Grabes soll also den darin ruhenden Gewitterdämon zu einer analogen Tätigkeit veranlassen. Im Mai 1934 ging durch die europäische Presse die Nachricht, daß man in einem bosnischen Dorfe, um Regen zu bekommen, das Grab eines vor kurzer Zeit Verstorbenen öffnete, ihm die rechte Hand abhackte und in den Fluß warf.

Als periodischer Regenzauber stellt sich ein serbischer Brauch dar, demzufolge die Burschen am Georgstag die Mädchen mit Wasser beschütten und sie ins

[9] Vgl. Gerov, Rěčnik na bъlgarski jazyk IV 23.
[10] Marinov 533 ff. und Abb. 466.
[11] SEZb XIV 337.
[12] SbNU XVIII 651.
[13] SEZb XIV 334.
[14] Regenzauber in Deutschland, S. 60.

Wasser werfen, wobei sie den Wunsch äußern, daß es im Laufe des Jahres viel regnen möge (Homolje). In der Gegend von Vranje werden die ersten Maiskolben ins Wasser geworfen, in Bosnien ein Armvoll des zum Dörren bestimmten Grases. — In der Ls. Homolje zerstören sie, um Regen zu bekommen, einen Ameisenhaufen mit einem Hartriegelstab und rufen: »Wieviel Ameisen, soviel Tropfen!« Lebhaftes Hin- und Herlaufen der Ameisen kündet bekanntlich Regen, es wird hier also absichtlich das Vorzeichen herbeigeführt. — Eine christliche Form des Regenzaubers ist die Prozession *nošenje krsta* »Kreuztragen«, die der Pop unter Vorantragen des Kreuzes und der Kirchenfahnen zu einem Fluß geleitet. Dort betet er um Regen, die Fahnträger aber tauchen die Fahnen ein mit dem Ruf: *Orosi, Bože, orosi, Gospodi!* »Lasse es regnen, o Gott, gib Regen, o Herr!«[15] Um lange dauerndes Regenwetter zum Aufhören zu bringen, hängen sie Regenwürmer an die Herdkette, andere vergraben eine lebende Katze in die Erde.[16] — Um Negotin stoßen sie ein Messer und eine Axt mit der Schneide in die Erde. Außerdem muß ein grauäugiges Mädchen einen Kürbis anzünden und an den Zaun hängen.[17]

Bei Hagelwetter tragen viele die Eßscheibe mit den Löffeln vor das Haus, manche auch einen umgestürzten Sessel, den Dreifuß, den Besen, die Axt und die Feuerschaufel, andere werfen eine Schaufel voll Glut ins Freie oder einen angezündeten Lorbeerzweig.[18] Viele schießen mit geweihtem Pulver gegen die Hagelwolken, denn sie glauben, daß der Hagel durch den Kampf der Gewitterdrachen verursacht werde. Abwehrkraft schreibt man auch dem Lärmen mit Metallgegenständen zu. — In Azbukovica graben sie zur Zeit des Frauendreißigers eine lebende Forelle in den Acker ein, um die Fruchtbarkeit zu fördern und um vom Hagel verschont zu bleiben.[19] Über Abwehrzauber mit dem Kuchen *brazdanica* s. oben S. 160.

Ernte, *žetva*. Die erste Garbe schneidet und bindet vielfach der Hausvater, dann stellt er sie auf, während die andern Garben liegen bleiben (Boljevac). Um Lobor läßt man die ersten drei Garben bis zum Ernteschluß liegen. Am Kosovo schneidet jeder Schnitter zu Beginn der Ernte hinter seinem Rücken mit der Sichel drei Ähren ab und steckt sie in den Gürtel, damit ihn während der Arbeit der Rücken nicht schmerze, in Bosnien umgürtet sich jeder Schnitter in derselben Absicht mit einigen Halmen.[20] — Weitverbreitet ist der Brauch, den letzten Ährenbüschel stehen zu lassen, zu binden und zu schmücken. Er heißt *božja brada* »Gottes Bart«. Wenn sie abends heimgehen, reißen sie davon einige Halme aus und binden sie mit Blumen zu einem Strauß zusammen, den sie zu Hause aufheben, um die Körner dem nächsten Saatgut beizumischen. Manche binden ihn

[15] SEZb XIX 211.
[16] SEZb XIV 337: Boljevac.
[17] Zs. Karadžić III 235.
[18] Vuk, Rj. s. v. gräd.
[19] SEZb XVII 22.
[20] Vgl. Sartori, SB II 79.

an den Tennenpfahl, andere legen ihn in den Getreidespeicher. Dieser Brauch, der bei den Bulgaren, Russen und Polen unter ähnlichen Namen bekannt ist,[21] soll die Kontinuität der alten und der kommenden Ernte verbürgen. — Um Kragujevac heißt der letzte Getreidebüschel *mlada* »Braut«, man läßt ihn für die Vögel auf dem Felde. Auch Erntekränze werden aus dem letzten Büschel geflochten, besonders in den westlichen Landschaften, und zu Hause aufgehängt. In Syrmien z. B. erhält nach altem Brauch die Hausmutter einen Erntekranz, der bis zum Mathiastag hängen bleibt. An diesem Tag werden die Körner daraus in der Kirche geweiht und dem Saatgut beigemischt.[22] — Um Knin wird die letzte Garbe *(dovršak)* in einem Feuer von Wacholdersträuchern, das die Ledigen umtanzen, verbrannt.

Das Dreschen. In den meisten skr. Landschaften wird mit Rücksicht auf das günstige Klima im Freien gedroschen, entweder nach alter Weise mit Hilfe von Pferden oder Ochsen, die das Getreide auf der Tenne, *gumno,* austreten, oder mit Maschinen. Vor Beginn des Dreschens wird eine schwere Garbe auf den Tennenpfahl gesteckt, die wird zuletzt gedroschen. Während des Drusches darf niemand auf der Tenne Wasser trinken, damit es nicht regne. Vor Beginn des Worfelns zieht der Hausvater mit der Schaufel ein Kreuz über die Tenne mit dem Tennenpfahl als Mittelpunkt. Bleibt das ausgedroschene Getreide über Nacht im Freien liegen, so steckt man eine Axt hinein. Zum Abschluß des Dreschens wird um Nisch neben dem Tennenpfahl ein Hahn geschlachtet, sodaß das Blut auf die Getreidekörner rieselt. Solche Körner mischt man später dem Saatgut bei. Ohne Zweifel liegt hier ein alter Opferbrauch vor (Erntehahn), für den sich aus ganz Europa aus alter und neuer Zeit Parallelen beibringen lassen.[23]

Die Heumahd, *kosidba, koševina.* Sie beginnt bei den Serben bei schönem Wetter am Veitstag (15. VI.). Es beginnt der Hausvater oder der älteste Mäher, u. zw. womöglich von der Ostseite. Vom ersten gemähten Gras pflegt man in Slavonien etwas aufzuheben und Frauen bei schwerer Geburt damit zu beräuchern.[24] Über Regenzauber mit dem ersten Heu s. oben S. 164. — In Kroatien wird vielfach am ersten Mähtag der alte Hahn geschlachtet.[25]

Die Weinlese, *berba.* Sie wird womöglich vom ganzen Dorf gleichzeitig begangen und hat einen festlichen Charakter, der durch schöne Kleider, geschmückte Gefäße, spezielle Lieder[26] und Lammbraten am Spieß zum Ausdruck kommt. Übertragung eines Erntebrauchs liegt vor, wenn man in der Župa die letzte schöne Traube mit Basilienkraut und einem roten Faden schmückt und als *bogu brada* hängen läßt. — Beischlaf in der Weinberghütte ist streng verboten, denn der Wein würde verderben (Zagorje).

---

21 Parallelen bei Bystroń, Zwyczaje żniwiarskie w Polsce, Krakau 1916, 49 ff.
22 Ilić, SNO 183.
23 HDA III 1328.
24 Ilić, NSO 172.
25 ZbNŽ XV 211.
26 Z. B. SEZb XIV 275.

Die Obsternte. Die Frucht von einem Propfreiser desselben Jahres soll man einer Frau zu essen geben, die Kinder wünscht. — Manche beräuchern die erste Pflaume der neuen Ernte. Vielfach läßt man das Obst eines ganzen Astes hängen, um im nächsten Jahre guten Ertrag zu haben. — Das erste Glas des neuen Sliwowitz hebt man auf, man schreibt ihm Heilkraft zu.

DIE HAUSTIERE

Für die Wertschätzung des Viehs bei den skr. Hirten und Bauern spricht schon die doppelte Bedeutung des Wortes *blago* »Vieh, Schatz«. Bei allen wichtigen Jahresfesten begegnen wir Maßnahmen, welche Gesundheit und Vermehrung des Viehs fördern und ihm Schutz gegen Krankheiten und wilde Tiere gewährleisten sollen. Demselben Zweck dienen die zahlreichen Arbeitsverbote (s. Register).

Hund. Er gilt als geistersichtiges Tier. Sein Heulen kündet Tod oder Feuersbrunst (früher auch Türkeneinfälle); Regen ist zu erwarten, wenn er Gras frißt oder sich wälzt. Über seine Verwendung im Liebesorakel s. oben S. 122.[27] — Ein Hund, der eine Lerche frißt, wird toll, denn die Lerche atmet nach dem Volksglauben die Luft ein, welche die Gewitterdrachen ausblasen. Wo ein Hund gescharrt hat, soll ein Mensch nicht hintreten, sonst zieht er sich eine Krankheit zu. Deutung: Die Krankheitsgeister suchen Unterschlupf in solchen Löchern; vielleicht spielt auch die Tatsache mit, daß man gern Krankheiten auf Hunde überträgt.

Katze. Eine neue Katze trägt man dreimal um die Herdkette über dem Feuer. Aus dem Verhalten der Katze schließt man auf das künftige Wetter. Kehrt sie den Rücken dem Herdfeuer zu, so steht Kälte bevor. Wendet sie sich beim Putzen gegen Osten, dann schließt man auf schönes Wetter, wendet sie sich gegen Westen, dann auf schlechtes Wetter. Putzt sie sich in der Stube, dann hofft man auf Gäste. Über die Katze im Wetterzauber s. oben S. 164.[28]

Das Geflügel. Vor dem Ansetzen der Bruteier bekreuzt man sie mit glühenden Kohlen, damit recht viele junge Tiere auskriechen: Feuer - Leben. Diese Eier legt die Hausmutter in ein Sieb und führt es dreimal um die Herdkette, damit die Hühnchen später immer beisammen bleiben. Manche legen die Tiere in ihre Schürze und umwandeln dreimal das Haus. — Wer mehr Hühner als Hähne erzielen will, setzt die Eier an einem Tag mit weiblicher Endung an: *sreda* »Mittwoch«, *subota* »Samstag«. Das erste Ei einer Henne, *pronosak,* soll man niemandem schenken. Es wird nicht gegessen, sondern über einen Fluß geworfen. Manche mischen es ins Hühnerfutter oder ins Badewasser eines bruchleidenden Kindes. Da es besonders hart ist, wird es gern beim Eierstoßen zu

[27] Vgl. Schneeweis, Weihn. Skr. 136.
[28] Parallelen im HDA IV 1107.

Ostern verwendet. Das letzte Ei, *iznosak*, nur so groß wie ein Taubenei, zerschlägt man an einem Kreuzweg: Ist es ohne Dotter, dann wird jemand im Hause binnen Jahresfrist sterben (Homolje). Damit die Hühner fleißig legen, legt man Alant in die Nester und gibt ihnen etwas Paprika ins Futter. Das Gegenteil tritt ein, wenn man Eierschalen ins Feuer wirft. Manche verbrennen einen Splitter von einem fremden Hühnerstall und mischen die Asche dem Futter ihrer Hühner bei (Übertragungszauber). — Das unnatürliche Krähen einer Henne kündet Tod, deshalb muß man sie töten, um das drohende Unheil abzuwehren. Aus demselben Grunde tötet man einen Hahn, der vom Holzstoß herab kräht. — Als Opfertiere sind uns Hahn und Henne im skr. Brauchtum öfters begegnet (s. Register unter Hahn, Henne, Huhn).

Die Bienen. Die Biene erfreut sich ganz besonderer Verehrung, denn Gott hat sie angeblich den Menschen als Vorbild des Fleißes und der Zusammenarbeit erschaffen. Da sie den Blütensaft aller Pflanzen, also auch aller Heilpflanzen einsammelt, gilt der Honig als Allheilmittel. Aus dem Wachs werden Kerzen für den Gottesdienst hergestellt, was ebenfalls einen Grund ihrer Verehrung bildet. Man glaubt, daß sich die Bienen ohne Begattung vermehren, und achtet sehr darauf, daß sich nicht andere Tiere im Bienenhaus paaren, denn dann würden die Bienen eingehen. — Wenn eine Biene »stirbt«, wird sie vom Imker begraben. — Wer als erster einen herrenlosen Bienenschwarm in einem Waldbaum entdeckt, darf sein Eigentumszeichen in den Baum ritzen und sich später den Bienenstock oder den Honig holen. — Um den Bienenstand gegen Beschreiung zu schützen, steckt man einen Pferde- oder Rindsschädel auf einen Pfahl. Am Weihnachtsabend schmieren die Frauen etwas Kuchenteig an die Bienenstöcke, und am Weihnachtsmorgen beräuchert man sie mit Weihnachtsstroh und Glut vom Weihnachtsklotz (s. S. 119) und besprengt sie mit Weihwasser. Um Boljevac hängt man die Gedärme eines schwarzen Widders auf den Bienenstand. Vom ersten Eis legt man ein Stück hinein, *da bude meda kao leda* »damit so viel Honig sei, wie Eis«. Eine Reihe von Maßnahmen, die in das Gebiet des Analogiezaubers gehören, soll bewirken, daß neue Bienenschwärme um die alten Stöcke kreisen und nicht davonfliegen: Dinge, mit denen man eine drehende Bewegung ausführt, werden in den Bienenstand gelegt, z. B. die Garnwinde (*motovilo*) oder die Speiche eines Mühlrads; einen Bohrer bohrt man am Weihnachtsabend in den Bienenstand und läßt ihn bis Neujahr stecken. Um Užice spinnt ein Mädchen am Weihnachtsmorgen um den Bienenstand herum einen Faden, der an dessen Tür befestigt ist. Manche werfen über schwärmende Bienen einen Gürtel, einen Schlüssel, den Strick eines Gehängten oder ein Stück der Hochzeitstracht (drehende Bewegung anläßlich der Umwandlung bei der Trauung. — Beim Einfangen eines Schwarmes reibt man vorher den Korb mit wohlriechenden Pflanzen *matočina, matičnjak* ein und lockt die Königin *matica*

[29] Z. B. SEZb VII 320, XIV 354, XIX 404.

»Mütterchen« häufig durch spezielle Lieder,[29] in denen ihr als *blaga buba* »gutes Insekt« geschmeichelt wird. — Als Patron der serbischen Imker gilt der hl. Prokop (8. Juli), wohl auf Grund seines Namens: *kopati* »graben, stechen«. An diesem Tage schneidet man Honig aus und gibt allen Hausgenossen und Hunden davon, denn er gilt als besonders heilkräftig. Von der ersten Honigwabe wird vielfach etwas ins Feuer geworfen (Bosnien und Hercegovina, Crna Gora).

Schafe und Ziegen. Wegen seiner guten Eigenschaften und seines großen Nutzens erfreut sich auch das Schaf hoher Verehrung. Am Georgstag werden die Lämmer von den Muttertieren abgesetzt, und in zeremonieller Weise wird das erste Melken und die Herstellung des ersten Käses vollzogen. Früher wurde auch die Schafschur, *strižba,* in feierlicher Weise begangen, am liebsten am 9. Mai (Sv. Nikola), sie war mit einem Gelage verbunden, abgeschlossen mit Gesang und Tanz.[30] — Für die Zeit vom Vidovdan bis *Velika Gospođa* vereinigen mehrere Familien ihre Schafe und Ziegen zu einem gemeinsamen Weidebetrieb, *bačija.* Im östlichen Serbien heißt der Leiter dieses Betriebs *ćaja, ćeja, čoban-baša**, ihm unterstehen die Hirten, *čobani.* Die einzelnen Familien, denen die Schafe gehören, sind abwechselnd durch einen *bačar* vertreten, der die Milchprodukte übernimmt. — Besonders feierlich gestaltet sich die Eröffnung eines solchen Weidebetriebs, verbunden mit dem ersten Melken, *premlaz, promuz,* dessen Ergebnis für die Verteilung der Milchprodukte maßgebend ist.[31] Wie zu Beginn, so wird auch vor dem Abtrieb ein frohes Gelage bei Essen und Trinken, Singen und Tanzen abgehalten. Damit die Schafe und Ziegen bei diesem *promuz* recht viel Milch geben, besprengt man sie mit Morgentau, den man von verschiedenen Pflanzen gesammelt hat, andere tränken sie mit Wasser, in dem über Nacht *mlečika* »Wolfsmilch« gelegen hat (Homolje). Beim Abtrieb lassen die Hirten etwas Brot und Käse in der Hirtenhütte zurück. — Zauberische Bräuche finden wir auch an die Begattung der Schafe geknüpft, die gewöhnlich vor dem Mitrovdan stattfindet: In Bela Reka füttert ein weibliches Familienmitglied an diesem Tag die Schafe, nachher reitet sie auf einem Widder oder Ziegenbock, damit sich die Tiere angeblich gut vermehren. Den Hirten schickt man eine Henne oder (um Trebinje) einen Hirsebrei, *prazarica* zu *praz* »Widder«. — In der Hercegovina war es früher Sitte, daß derjenige, der mehr als 1000 Schafe hatte, den Überschuß ins Gebirge trieb für die Armen.

Abwehrbräuche: Um eine Kuh nach dem Abkalben gegen Hexen und bösen Blick zu schützen, bindet man ihr rote Wolle an den Schwanz, jungen Kälbern und Lämmern aus demselben Grunde ein rotes Band um den Hals. — Gegen den bösen Blick hilft auch ein schwarzes Schaf innerhalb einer weißen Herde oder ein *zapis* »Gebetszettel«, den man den Hammeln und Rindern in ein angebohrtes Horn steckt.[32]

---

[30] Einzelheiten: SEZb VII 318; XIV 345.
[31] Einzelheiten: SEZb XIX 324.
[32] GEM V 110: Gebirge Prokletija; ib. VI 72: Vasojevići.

Opferbräuche: Bei Schafblattern wird das erste erkrankte Schaf lebendig im Feuer verbrannt. Von der Glut machen sie in der Nähe ein neues Feuer an und treiben alle Schafe darüber; die Asche des verbrannten Schafes mischen sie den übrigen ins Futter.[33] In der Ls. Dragačevo verbrennen sie bei Schafblattern einen Salamander und mischen die Asche ins Futter (ib. 46). Bei Drehkrankheit schneidet der Hausvater dem kranken Schaf den Kopf ab und steckt ihn auf einen Pfahl am Kreuzweg; in das Maul des Schafskopfs legt er einen Stein, *da se bolest kameni* »damit die Krankheit versteinere«.[34]

D a s P f e r d. Einem Fohlen bindet man als Abwehrmittel einen Löffel an den Hals (Kragujevačka Jasenica). — Wer nach der Christmette fremden Pferden Heu stiehlt und den eigenen gibt, dem werden sie gedeihen, erstere aber werden mager werden (Otok). Ebenda tragen manche den Bratspieß in einen fremden Stall, damit dort die Pferde mager werden (Analogiezauber). — Wenn ein Pferd nicht harnen kann, führen sie es über Hochzeitskleider oder gürten es mit einem Hochzeitsgürtel (Šabac: Magische Kraft geweihter Sachen). — Über Umrittsbräuche s. oben S. 130.

D a s R i n d. Wer ein Kalb (bzw. Fohlen oder Lamm) nach der Geburt auf die Beine stellt, soll sprechen: *Pusti leskovu, uzmi drenovu!* »Laß das Haselrutenbein, nimm ein Hartriegelbein!« (Ls. Levač; vgl. Kindsbräuche S. 54). Die Hand muß der Betreffende an dem Rasen abwischen (Wachstum!). Wer zuerst sieht, daß die Kuh ein Kalb geworfen hat, der werfe einen Ziegel über die Kuh damit das Kalb gesund bleibe (Otok). Wer von der ersten Milch, *grušava*, zuerst kostet, dem schüttet die Hausmutter Wasser in den Nacken (Bosnien). Dasselbe tut die Sennerin den Kindern, wenn sie am Georgstag die erste Milch kosten (Kragujevačka Jasenica). In beiden Fällen handelt es sich um einen Analogiezauber: Wie das Wasser fließt, so soll die Milch fließen. — Um Otok melkt man die erste Milch nach dem Kalb durch das Öhr einer Axt, dann besprengt man mit Milch kreuzweise die Füße der Kuh, damit sie nicht die Milch verliere. Um Obrenovac schüttet man die erste Milch in ein fließendes Gewässer mit dem Ruf: »Gebe mir Gott soviel Milch, wie im Flusse Wasser fließt!« Einer Kuh, welche nach dem Abkalben zum erstenmal auf die Weide geht, bindet man ein rotes Band an den Schwanz, damit das Euter nicht vom bösen Blick leide (Otok). — Das Volk kennt zahlreiche Abwehrmittel gegen die Hexen, welche den Kühen die Milch rauben wollen, und die zu gewissen Zeiten (Georgstag, Christi Himmelfahrt, Johannestag, Weihnachten, bei den Kroaten auch an den Quatemberfreitagen) besonders gefährlich sind.[35] Um Otok streut man Mohn um den Stall oder legt Dornsträucher herum (Ls. Zagorje). Kühen, welche die Milch verloren haben, gibt man *(po)vratič* (zu *vratiti* »zurückgeben«) — Tanacetum crispum «Reinfarn» zu fressen oder hängt ihn an der Stalltür auf. — Besondere Abwehrmaßnahmen sind

---

[33] SEZb XVII 46.
[34] Ib. 47: Ls. Resava.
[35] S. Register, s. v. Hexe; SEZb XXII 140; ZbNŽ VII 180.

auch bei der Herrichtung des Labmagens geboten.[36] Wenn man Milch oder Milchprodukte verkauft, soll man etwas davon zurückbehalten, sonst gibt man den Segen aus dem Haus. Wenn die Kuh vom Stier kommt, schütte man dreimal Wasser über sie und sperre den Strick ein, mit dem man sie geführt hat, damit sie trächtig bleibe (Zagorje). — *Volovska bogomolja* in der Ls. Temnić (Südserbien). Bei Rinderseuchen werden alle Herdfeuer im Dorfe gelöscht und durch Reiben von Hölzern wird Neufeuer, *živa vatra* erzeugt. Alle Rinder werden durch einen Erdtunnel und über das Neufeuer getrieben. Einzelheiten im GEM. II 18—20; auch im SEZb. 70, S. 538 ff. (Abb. 35).

Viehkauf und -verkauf. Abgeschlossen wird der Kauf durch Handschlag, bei den Serben außerdem durch den Ruf: *Alal da su ti pare!* »Segen soll Dir das Geld bringen!« Antwort: »Segen bringe Dir die Sache!« Nach Auszahlung des Geldes zahlt der Verkäufer oder beide Parteien einen Trunk, *krčma, đaba*°, *likov(o)*, letzteres aus mhd. *litkouf* »Kauftrunk«; in der Vojvodina und in einem Teil Kroatiens *aldumaš* (aus dem Magy.). Auch beim Abschluß eines Tauschgeschäftes, *trampa,* wird getrunken. — Wer Ochsen gekauft hat, soll sie mit seinem Harn besprengen, dann bleiben sie vor den Wirkungen des bösen Blicks bewahrt.

EINZELNE TÄTIGKEITEN UND BERUFE

Das ländliche Handwerk ist bei den Serbokroaten, besonders in den Landschaften mit patriarchalichem Leben wenig entwickelt, was mit der geringen Arbeitsteilung zusammenhängt. Viele serbische Bauern bauen ihre primitiven Häuser aus Flechtwerk mit Lehmbewurf größtenteils selbst, auch die Kleider werden dort, wo noch die bodenständige Tracht herrscht, aus selbstgebautem Hanf oder Flachs und aus der Wolle der eigenen Schafe im Hause hergestellt, ebenso Decken und Polster. Das Getreide mahlt er in seiner eigenen Mühle, Essen und Trinken wird aus dem eigenen Besitz gewonnen. Bloß Salz, Gewürze, Kaffee, werden durch Kauf und Tausch aus der Stadt bezogen. Volksmedizinische Kenntnisse und Zaubersprüche erben sich, ängstlich behütet, in gewissen Familien fort. Selbstgenügsam und anspruchslos lebte der südslavische Bauer seit Jahrhunderten auf seiner altererbten Scholle. Erst in den letzten Jahrzehnten beginnen von den Städten her Produkte der Zivilisation ins Dorf zu dringen: Billige Textilwaren und Schuhe, eiserne Sparherde, welche das offene Herdfeuer verdrängen, hohe Tische an Stelle der niedrigen Eßscheiben, Bettgestelle, Küchengeschirr usw.

Das Schmiedehandwerk, das sich bei den meisten europäischen Völkern seit alter Zeit besonderer Wertschätzung erfreut, ist bei den Serben verachtet,

[36] SEZb VII 162: Levač.

denn es ist fast ausschließlich in den Händen von Zigeunern, die allerdings seßhaft sind und sich erhaben fühlen über ihre nomadisierenden Brüder. Bezüglich der montenegrinischen Schmiede sagt Vuk (Rj. s. v. Dukljan), daß sie am Weihnachtsmorgen vor Sonnenaufgang auf den Amboß klopfen. Der Sage nach ist Car Dukljan (Diocletian) an eine Kette gefesselt, an der er das Jahr über nagt und die zu Weihnachten so dünn ist, daß er sie durchbeißen und die ganze Welt in Brand stecken könnte. Durch einen Schlag mit dem großen Hammer auf den Amboß wird die Kette wieder fest.[37] In Mazedonien feiert die Schmiedezunft den Tag des hl. Andreas.

Wenn die Fischer zum Fang ausziehen, wirft ihnen die Hausmutter einen Stein und Samenkörner nach mit den Worten: *Na kamen teško, na seme mnogo!* »Schwer wie ein Stein und zahlreich wie die Samen!« (Homolje.) Am Kosovo legen sie vor dem Aufbruch das Netz auf den Boden und treiben eine Katze darüber (Symbol des guten Fanges). — Manche Frauen reißen sich drei Haare über dem rechten Ohr aus und wickeln sie um den Fischspeer. Fischern und Jägern soll man nicht Glück wünschen. Damit sie einen schlechten Angang vermeiden — besonders alte Frauen bedeuten Pech — meiden sie Wege, sondern gehen über Felder und Wiesen. Vor Beginn des Fischens bekreuzt sich jeder und spuckt in seinen Brotsack und auf seinen Speer. Wer den ersten Fisch gefangen hat, spuckt ihn an, streicht mit ihm über die Haupt- und Barthaare mit den Worten: »Sie sollen sich vertausendfachen!« Dasselbe tun nach ihm die andern (Homolje). — Als Patron der Fischer und Schiffer gilt allgemein der hl. Nikolaus.

Jäger. Um Glück zu haben, beräuchern manche ihre Flinte mit angezündeten Haaren von Jagdtieren oder lassen deren Blut durch den Lauf rinnen (Homolje). Andere treiben eine Katze über die Flinte, damit ihnen die Tiere zulaufen (Kosovo). — Man soll nicht mit nüchternem Magen auf die Jagd gehen, sondern vorher wenigstens etwas Schnaps trinken. Alte Frauen (besonders mit leeren Gefäßen) und Popen im Angang bringen Pech, Zigeunerinnen aber Glück. Fällt ein Jäger am Hinweg hin und verwundet sich, dann sollen lieber alle umkehren, sonst wird ein Unglück geschehen. Wer lange Zeit nichts trifft, der glaubt, daß seine Flinte verhext sei und wendet sich an eine *vračara*, welche durch magische Zeremonien den Zauber löst.[38] Um Glück zu haben, soll der Jäger irgendeine Jagdtrophäe bei sich tragen: Zahn, Schwanzspitze, Kralle oder Haare des Jagdtiers (Sympathiezauber). Viele Jäger reiben sich vor dem Auszug die Hände mit Basilienkraut, Hasen- oder Dachsfett ein. Wenn sie ein Falleisen aufstellen, legen sie gern Erde von einem Ameisenhaufen darunter, darüber aber Kot jener Tiergattung, auf die sie aufstellen, denn sie glauben, daß das Tier den Kot beschnüffeln müsse, an dem es vorbeikommt (Homolje). — Serbische Jägerbräuche hat Tih. Đorđević in der Zs. Lovac (Jg. 1901) veröffentlicht.

---

[37] Parallelen: A. Potebnja, O mitičeskom značenii někotorych obrjadov i pověrij, Moskau 1865, S. 239.

[38] Einzelheiten: SEZb XIX 347.

Müller. Wenn der Müller stiehlt, sei es auch nur den Mehlstaub von den Mahlsteinen, dann fressen ihm nach serbischem Volksglauben die Mäuse die Säcke durch. Letztere bleiben unbeschädigt, wenn er den Mäusen etwas Getreide in die Ecke wirft.[39] Wer Mehl aus der Mühle stiehlt, mit dem wandern die Mäuse aus der Mühle mit.

Volksmediziner. In jedem Dorfe gibt es alte Frauen, welche die Wirkung der verschiedenen Heilkräuter kennen. Solche Frauen, die leicht in den Ruf von Hexen kommen können, heißen *babice* »Großmütter«, *bajačice* (zu *bajati* »zaubern«), *vračare* (zu *vračati* »zaubern«). Männer heißen *vrači, lečnici.* Die Kenntnis der Heilkräuter und der mit Zaubersprüchen verbundenen Heilmethoden erbt sich in gewissen Familien fort.

Bettler, *prosjak, pitač, božjak, bogac, petlar* (aus d. Bettler). Vielfach singen sie fromme Lieder und Gebete,[40] vereinzelt auch Heldenlieder zur *gusle.*[41] — Häufig verfügen sie über volksmedizinische Kenntnisse und erteilen diesbezügliche Ratschläge. Über die Verwendung des Bettlerbrots und des Bettelstabs in der Kindererziehung s. S. 54.

Diebe. Das Volk kennt zauberische Maßnahmen, um Diebe zu bannen und gestohlene Sachen zurückzubekommen. Wenn man ein Messer mit zwei bis drei eingeritzten Kreuzen, das am Weihnachtstisch gelegen hat, in die Fußspur eines Diebes stößt, so wird er aus einer Fußwunde bluten; er wird dann selbst kommen und bitten, man möge das Messer herausziehen. Stößt man dieses Messer in den Unrat des Diebes, so geht er an Verstopfung zugrunde.[42] — Ebenda nimmt man einen Besen, an dem man vom Barbaratag bis Weihnachten gearbeitet hat, mit in die Christmette. Wenn man auf ihm dreimal um ein bebautes Feld reitet, kann ein Felddieb nicht von der Stelle, bis man ihn dreimal mit diesem Besen geschlagen hat. — Damit der Dieb gestohlene Sachen zurückbringe, kocht man zwischen 11—12 Uhr nachts das Skelett einer Totenhand, die man sich vom Friedhof verschafft hat.[43] — Das Volk glaubt an eine Fabelpflanze, mit Hilfe deren man alle Schlösser öffnen könne, daher ihr Name *raskovnik* (zu *raskovati* »zerschmieden«).[44]

GEMEINSCHAFTSLEBEN

Familie und Verwandtschaft. Altpatriarchalisches Leben herrscht heute noch in der Großfamilie oder Hauskommunion, *zadruga, zadružna kuća, velika kuća, skupčina* (Zagorje), die sich bis heute in den dinarischen Landschaften

---

[39] Parallelen zum Opfer an Mäuse: HDA VI 49.
[40] Beispiele: ZbNŽ XXVI 182—186: Dalmatien.
[41] Ib. VI 267: Kralje.
[42] Sympathiezauber, ZbNŽ XII 298: Međumurje.
[43] ZbNŽ XIX 191: Istrien.
[44] S. Vuk, Rj. s. v. raskovnik.

am besten erhalten hat. Auf die juristische Seite können wir hier nicht näher eingehen (s. darüber die zusammenfassenden guten Arbeiten von Vasilj Popović und die Artikel von Ž. Perić in der Narodna Enciklopedija, s. v. Zadruga, wo viel Lit.), hier sei bloß betont, daß die Zadruga eine auf dem Verwandtschaftsverhältnis aufgebaute Besitz-, Lebens- und Arbeitsgemeinschaft darstellt. Vorstand derselben ist gewöhnlich das älteste Mitgilied, der *starešina* »Ältester«, *domaćin* »Hausvater«, *stopanin, gospodar, gazda* (entlehnt aus magy. *gazda,* dieses aus slk. *gospoda*), die weiblichen Arbeiten leitet seine Frau, die *starešica, domaćica, stopanica, gazdarica, gospodarica,* unterstützt von der *redara* oder *reduša* (zu *red* »Ordnung«); letzteres Amt versehen die übrigen Frauen abwechselnd. Wer in das Leben einer solchen Großfamilie Einblick gewinnt, ist erstaunt über die darin herrschende Zucht und Ordnung; vgl. die Erzählung von L. Lazarević, *Na bunaru* »Beim Brunnen«, übersetzt in Reclams Universalbibliothek). Der Gehorsam der jüngeren Mitglieder gegenüber den älteren ist vor allem in der Erkenntnis begründet, daß ihnen die Zugehörigkeit zu einer Großfamilie ein sorgenfreies, frohes Leben, größeren Schutz, bessere Kost, schönere Kleider und größeres Ansehen sichert, den ledigen Mitgliedern überdies bessere Heiratsmöglichkeiten und reichere Ausstattung als in der Einzelfamilie, *inokoština, odvojena kuća.*

Die Hauptsorge ruht auf dem Hausvater: Verwaltung des Vermögens, Verkehr mit den Behörden, Verteilung und Kontrolle der Arbeiten, Leitung des häuslichen Kultes bei Familien- und Jahresfesten, Strafrecht, Schlichtung von Streitigkeiten usw. Alles, was er tut, muß er vor dem Familienrat verantworten können. — Die Hausmutter steht als erste auf, verteilt und leitet die häuslichen Arbeiten (Kochen, Waschen, Melken, Füttern, Spinnen, Weben, Nähen) und beaufsichigt die Erziehung der Kinder, besonders der Mädchen.

Großfamilien mit 50 bis 80 Angehörigen waren früher keine Seltenheit. Seit der zweiten Hälfte des 19. Jh. geht die Zahl der Großfamilien stark zurück, vor allem deshalb, weil die neuere Gesetzgebung die Machtbefugnisse des Hausvaters einschränkt und die Teilung erleichtert. Solche Teilungen sind oft von bemerkenswerten Trennungsbräuchen begleitet. In der Ls. Stari Vlah z. B. versammeln sich alle Mitglieder zu einem feierlichen Abschiedsessen, dann wird im Beisein der Männer die Mütze des Hausvaters geschmückt, von allen gleichzeitig in Stücke zerrissen und ins Feuer geworfen. Der Hausvater küßt hierauf die Schwelle des Hauses und ruft: »*Svak svome gnijezdu!*« »Jeder zu seinem Nest!« Vom gemeinsamen Herd trägt jeder etwas Glut ins neue Heim.[45] In Ivankovo wurde die Teilung durch das Zerschneiden eines Brotlaibs symbolisiert.[46] Wenn bei der Verteilung zweier Feldhälften das Los entscheiden soll, läßt man zwei verschiedene Steinchen durch eine Kette von Bauern weitergeben. Der letzte, der die Zugehörigkeit der Steinchen nicht kennt, legt das eine auf die eine Feldhälfte, das andere auf die zweite.

---

[45] Vortrag des cand. phil. Obrenović im ethnolog. Seminar in Belgrad, 12. 1. 1923.
[46] FS. Krauss, SB 128.

Die Stellung der Frau ist besonders im östlichen Teil Jugoslaviens noch sehr untergeordnet. So groß die Freude über männliche Nachkommen ist, da man in ihnen künftige Träger des Namens und der Waffen sieht, befähigt zur Erfüllung des Ahnenkults und der damit zusammenhängenden Blutrache, so gering ist die Freude über die Geburt eines Mädchens, das von Haus aus als *tuđa kost* »fremder Knochen«, gilt. Ist sie herangereift, bestimmen ihr in den meisten Fällen ihre Eltern den künftigen Mann, der in ihr in erster Linie eine billige Arbeitskraft sieht. Nach volkstümlichen Begriffen konnte sie der Mann früher ohneweiters wegschicken, wenn sie ihm keine männlichen Kinder schenkte. Häufig wird die Frau mit einem Acker verglichen, der Früchte geben muß. In den patriarchalischen Gegenden haben Frauen und Kinder vor jedem eintretenden Mann aufzustehen und ihm die Hand zu küssen. Sie dürfen nicht mit den Männern bei demselben Tische sitzen; bei der Hochzeit muß die Braut die Männer bedienen und ihnen die Hände waschen und küssen. In ähnlicher Weise ließ sich Fürst Miloš von seiner Frau Ljubica bedienen, erst seit 1834 durfte sie mit ihm speisen. Als im Jahre 1838 der englische Konsul ein Abendessen gab, nahmen zum erstenmal serbische Frauen mit der Fürstin Ljubica an einem offiziellen Mahle teil.[47] Beim Gottesdienst pflegten früher die serbischen Frauen im rückwärtigen Teil der Kirche zu stehen, oft durch ein Gitter von den Männern getrennt; den Altarraum darf eine Frau nie betreten.

In dem Bestreben, den Ahnenkult auch beim Fehlen männlicher Nachkommen fortzusetzen, wurzelt folgende bemerkenswerte Sitte: Eine von den Töchtern wird als *momakdevojka* »Mannweib«, eigentlich »Bursche — Mädchen« bestimmt. Sie trägt Männerkleider und Waffen, raucht und macht mit den Männern Jagd und Kriegszüge mit, ohne fürchten zu müssen, daß sie ihr als Weib nahetreten. Ein solches Mannweib, *muškobana*, namens Milica Karadžić, lebt heute noch im Stamm Drobnjak unter dem Durmitor.[48] (Abb. 38) Erdeljanović führt mehrere Beispiele vom Stamm Kuči an und denkt an Beeinflussung durch die Albaner, bei denen ein solches Mädchen *tombelja* heißt, zu türk. *tobe* »Gelübde«.[49] Die Aufgabe eines solchen Mannweibes ist es, den Namen und den Ahnenkult der Familie fortzuführen, bis ein Sohn einer Schwester heranwächst.

In der Furcht, ohne männliche Kinder zu sterben, was das Erlöschen der Slavakerze (s. S. 151 ff.) zur Folge hätte, wurzelt auch die früher häufige Sitte, die Frau, die keine oder nur weibliche Kinder hat, wegzuschicken und eine zweite zu nehmen. Fürst Miloš hat im Sinn der volkstümlichen Anschauungen viele solcher zweiten Ehen bewilligt, die auch von der Geistlichkeit stillschweigend geduldet wurden. Oft verblieb die erste Frau dann als Wahlschwester des Mannes im Hause. — Den volkstümlichen Anschauungen entspricht es ferner, daß sich eine kinderlose Frau mit Wissen ihres Mannes an dessen Bruder oder Freund,

---

47 Tihomir Đorđević, Vortrag in Belgrad 1922.
48 Vortrag Dr. Gušić, Zagreb, in Prag 1931.
49 Albanische Parallelen bei Tih. Đorđević, NNŽ VI 62 ff.

der Knaben hat, um Kindersegen wendet. Es gibt beglaubigte Fälle, wo Geistliche gebeten wurden, als Zeugungshelfer einzugreifen.[50]

Ein anderes Mittel, sich einen Träger des Ahnenkults zu sichern, ist die Verheiratung einer Tochter, wobei der Schwiegersohn den Hausheiligen der Tochter annehmen muß.

Besteht keine Aussicht mehr auf Kindersegen, dann greift man (in kleinen Familien, aber nicht in der Zadruga) zur Annahme eines Adoptivsohns, *posinak*, *posinjenik* (zu *sin* »Sohn«), am liebsten aus der männlichen Verwandtschaft, denn in diesem Falle trägt er schon denselben Namen. Die Adoption ist mit Bräuchen verbunden, welche die Geburt symbolisieren sollen. Im serb. Volkslied *Nahod Momir*[51] heißt es, daß Car Stepan von der Jagd einen Findling heimbrachte und der Carin übergab, die ihn in ihren Gemächern zum Zeichen der Annahme an Kindes statt durch ihr Hemd durchsteckte. — Um Sinj umgürtet die Frau bei der Adoptivzeremonie den Knaben und mit dem andern Ende des Gürtels sich selbst.[52]

Um Boljevac wird die Adoption in der Kirche unter priesterlichem Segen vollzogen. Zum Schluß fällt der Sohn dem neuen Vater, *poočim*, zu Füßen, dieser berührt mit dem Fuß dessen Nacken, hebt ihn dann mit beiden Armen hoch und küßt ihn auf die Stirn mit den Worten: »Heute bist du mein Sohn, heute hab ich dich gezeugt!«[53]

In der Ls. Stari Vlah (Dorf Negbina) wird aus dem Hemd der Adoptivmutter, *pomajka*, ein Hemd für den Knaben hergestellt.[54]

In den patriarchalischen Gegenden wird die Verwandtschaft bis ins 7. Glied empfunden und gepflegt. Heiraten unter solchen Verwandten sind auch von der orthodoxen Kirche aus verboten. Durch Teilung einer großen Hausgemeinschaft, deren Mitglieder aber weiterhin in Fühlung blieben, entstand ein *brastvo* »Bruderschaft, Sippe«, mehrere *brastva* bildeten ein *pleme* »Stamm«. Am längsten hat sich diese Stammesgliederung in der Crna Gora erhalten, wo sie auch die Grundlage für die politische und militärische Gliederung bildete. — Medaković[55] schildert die Proklamierung eines neuen *glavar* (Haupt eines Brastvo), dessen Würde sich gewöhnlich in derselben Familie forterbte: Der älteste Glavar innerhalb eines Stammes faßte den Nachfolger um den Gürtel, drehte ihn dreimal um sich herum und begrüßte ihn dann feierlich als neuen Glavar, während alle Anwesenden eine Salve abgaben. Diese dreimalige Drehung entspricht der drei-

[50] Tih. Đorđević, mündlich.

[51] Vuk, NP II 150.

[52] Antike und neuere Parallelen bei L. Radermacher, Beiträge zur Volkskunde aus dem Gebiet der Antike. SB d. Wiener Ak., phil. hist. Kl., 187. Bd., 3. Abt., Wien 1918, S. 27 ff.; Negelein, Weltgeschichte des Aberglaubens I 288: Gürtel als Stellvertreter des Muttermunds; HDA s. v. Gürtel.

[53] SEZb XIV 301.

[54] Tih. Đorđević, NNŽ IV 66.

[55] ŽOb 81 ff.

maligen Drehung der Braut in der Richtung des Sonnenlaufs, *na oposun* (s. oben S. 67), einen Übergangsritus, der Glück und Segen gewährleisten soll.

Gevatterschaft. Während man bei den Katholiken bei der Taufe der einzelnen Kinder mit der Patenschaft wechselte, fungierte bei den Serben der Kum als Taufpate und als Hochzeitsbestand aller Kinder einer Familie. Daraus erklärt sich das hohe Ansehen, das er bei ihnen genießt. Man holt ihn nicht aus der Nachbarschaft, damit man nicht mit ihm in Streit gerate, sondern aus der weiteren Umgebung. Aus der Volkserzählung von L. Lazarević, *Kumstvo je u kapi*, geht hervor, wie furchtbar der Fluch des beleidigten Kums in Erfüllung geht.

Bisweilen kommt es zur Wahl eines Kums unter besonderen Umständen. Wer in Gefahr ist, ruft den nächsten Menschen um Hilfe an: *Pomozi mi, kumim te Bogom i svetim Jovanom! Prvo ti kumstvo od moje kuće, koje bude!* »Hilf mir, bei Gott und dem hl. Johannes rufe ich dich als Kum an! Die erste Gevatterschaft in meinem Hause soll dein sein!«[56] In ähnlicher Weise wird auch jemand schon auf Grund eines schrecklichen Traumes zum Gevatter gewählt. — Bei der Versöhnung zweier durch Blutrache verfeindeter Familien war es Sitte, daß der Mörder den Rächer um Verzeihung bat und ihn ersuchte, zum Beweis der Verzeihung die Gevatterschaft zu übernehmen: *kumstvo umira osvete* »Gevatterschaft anläßlich der Beilegung der Blutrache«.[57] Bei den Katholiken gibt es außerdem einen Firmpaten, *krizmeni, bermani, fermani kum.* Von geringer Bedeutung ist die Haarschur-Gevatterschaft, *šišano kumstvo* (S. 56), die auch zwischen Christen und Mohammedanern bestehen kann.

Die Wahlbruderschaft, *pobratimstvo,* und Wahlschwesterschaft, *posestrimstvo.* Die Crnogorci, bei denen sich Gemeinschaftsbräuche am besten erhalten haben, unterschieden nach Medaković[58] dreierlei Arten des Pobratimstvo:

1. *Malo pobratimstvo* »die kleine Bruderschaft«, besiegelt durch dreimaligen Kuß und Geschenke, wird zwischen zwei guten Freunden abgeschlossen, die einander in Zukunft brüderlich helfen wollen. — Das ist gewöhnlich die Vorstufe zum

2. *Pobratimstvo pričestno* (zu *pričestiti* »kommunizieren«), feierlich abgeschlossen in der Kirche. Der Pop bedeckt beide mit dem Petrahil (Stola), spricht ein spezielles Gebet,[59] läßt sie aus dem Kelch gleichzeitig Wein trinken und dann Kreuz, Evangelium und Ikonen küssen, zum Schluß wechseln beide drei Bruderküsse. Zu Hause findet ein Gastmahl mit Beschenkung statt.

3. *Pobratimstvo nevolje* »Notbruderschaft«. Ist jemand in großer Gefahr, dann ruft er den nächsten Menschen um Hilfe an: »Hilf mir, bei Gott und dem hl. Johannes, ich nehme dich zum Wahlbruder!« Der Angerufene hilft ihm auf jeden Fall, drei Küsse bekräftigen dann das neue brüderliche Verhältnis.

---

[56] Medaković, ŽOb 61.
[57] Medaković, ib. 63.
[58] ŽOb 73—75.
[59] Abgedruckt bei Miličević, ŽSS 108.

Diese letzte Art begegnet auch in Serbien unter dem Namen *pobratimstvo iz nužde* »Notbruderschaft« unter sehr komplizierten Zeremonien. Um Boljevac z. B.[60] handelt es sich darum, einen dem Tode verfallenen Kranken zu retten: Der erste Mensch, der über einen Kreuzweg kommt, wird von einem dort wartenden Angehörigen des Kranken gebeten, mitzukommen, *da otvara roba od groba* »um einen Sklaven vom Grabe (Tode) zu erlösen«. Der symbolische Ausdruck dieses Lösens ist das Öffnen einer Pferdekoppel an dem Fuße des Kranken durch den Fremden, der von der Zeit an als Pobratim gilt. Oft findet diese Lösung auf dem Grabe eines Unbekannten statt: Als Ersatz des Kranken wird daselbst eine Rute begraben, die dessen Beinlänge entspricht. — In der Skopska Crna Gora[61] wird die Erlösung vom Tode symbolisch dadurch ausgedrückt, daß der künftige Pobratim dem auf einem Grabe liegenden Kranken je ein Kreuz auf Stirn, Brust und rechte Hand legt und auf dessen Bitte »Nimm Bruder, Gottes Kreuz!« die Kreuze wiederum abhebt. Die Kreuze überschüttet man dann mit Wein, fängt ihn in einem Glase auf und beide trinken dreimal davon (vgl. *turanje krstića* um Leskovac).[62] — Hierher gehört auch das oben (S. 95) geschilderte Loskaufen vom Tode, dem bei einem Todesfall jenes Mitglied einer Sippe verfallen zu sein glaubt, das am selben Tag oder in demselben Monat wie der Verstorbene geboren ist.[63]

Die feierlichste und innigste Art der Verbrüderung ist von gegenseitigem Trinken des Blutes begleitet. Beim Stamm Vasojevići (Crna Gora) heißt sie *bratimlenje na so i ljeb* »Verbrüderung durch Salz und Brot«: Beide essen je einen Bissen von einem Stückchen Brot, das man vorher in Salz und Wasser getaucht hat. Hierauf ritzen sie einander eine Wunde an einem Finger und lecken gegenseitig das heraussickernde Blut, dann blasen sie einander in den Mund, um auf diese Weise seelisch und leiblich miteinander verbunden zu werden. Beide schwören einander Treue und gegenseitige Hilfe in jeder Not und in Gefahr und für den Fall der Ermordung Sühne auf dem Wege der Blutrache. Zum Schluß umarmen und küssen sie einander und sprechen den Fluch aus, daß derjenige, der sein Wort nicht hält, zugrunde gehen soll durch das Bruderblut und durch Salz und Brot, das sie gemeinsam getrunken und gegessen haben.[64] — Dieses gegenseitige Bluttrinken ist auch aus anderen Landschaften der Crna Gora und aus Bosnien (Blutstropfen im Wein) bezeugt.[65] — Eine geringe Rolle spielt die Wahlschwesterschaft, *posestrimstvo*, noch seltener verbrüdert sich ein Bursche mit einem Mädchen. Der Wahlbruder tritt in ein näheres verwandtschaftliches Verhältnis zu den Eltern und Geschwistern seines Wahlbruders oder seiner Wahlschwester, das sogar als Ehehindernis gilt. — In Kroatien kennt man bloß das

---

60 SEZb XIV 294 ff.
61 Einzelheiten: SEZb VII 149—153.
62 ZbNŽ V 272.
63 Vgl. auch ZbNŽ XXII 126: Kragujevačka Jasenica.
64 Jelić, život i običaji Vasojevića, Hs, S. 90.
65 Parallelen im HDA s. v. Blutsbruderschaft.

vinsko pobratimstvo »Wein-Bruderschaft«, das dem deutschen Bruderschaft-Trinken entspricht. — Über die Milchbruderschaft s. S. 45.

Die Blutrache, *krvna osveta.* Sie läßt sich bis in die indogermanische Zeit zurückverfolgen[66] und wurzelt in dem Glauben, daß die Seele des Ermordeten erst dann Ruhe finden könne, wenn der Mord gesühnt sei, gehört also mit zum Ahnenkult. Bei den Skr. hat sie sich am längsten bei den Montenegrinern erhalten, da diese die alte Stammesgliederung bewahrt haben und da sie den Albanern benachbart sind, bei denen die Blutrache noch lebendig ist. Trotz gesetzlichen Verboten gibt es auch heute noch vereinzelte Fälle von Blutrache zwischen Montenegrinern einerseits und Albanern anderseits.

Für den nächsten männlichen Verwandten und den Pobratim galt es als heilige Pflicht, den Tod zu rächen, *osvetiti. Osveta* »Blutrache« gehört zum Stamm *svet* »heilig« (ursl. *svętъ*) und ein montenegrinisches Sprichwort lautet: *Ko se osveti, kao da se posveti,* »wer sich rächt, wird sozusagen heilig«. Die Fehde, die zwischen der Sippe des Ermordeten und der des Mörders entbrannte, zog sich zum Schaden beider oft durch viele Jahre hin. Daher suchten die nächsten Verwandten des Mörders (*krvnik,* zu *krv* »Blut«) durch Vermittlung guter Freunde dem Rächer, *osvetnik,* möglichst bald Sühne anzubieten. Fanden sie Geneigtheit zur Versöhnung vor, dann trat eine bestimmte Anzahl von *glavari* »Sippenvorständen« oder *kmetovi* »Dorfältesten« zu einem Gericht, *krvni sud,* zusammen, das das Sühnegeld, *krvnina,* festsetzte, welches beispielsweise bei den Kuči und Vasojevići 260 Taler betrug. Die Versöhnung, *umir, vražda,* wurde unter feierlichem Zeremoniell vollzogen.[67] Der Mörder wurde mit rückwärts gebundenen Händen und verkehrt umgehängter Flinte von den Vermittlern und seinen Verwandten, unter denen sich auch Frauen befanden, die Kinder in Wiegen mittrugen, vor das Haus des zu Versöhnenden geführt. Der nächste Verwandte des Mörders bat mit lautem Ruf um Versöhnung. Formel: *Primi Boga i Svetog Jovana!* »Nimm Gott und den hl. Johannes an«, das heißt »Verzeih ihm und werde Kum seiner Sippe!« Der Verzeihende löste dem vor ihm demütig stehenden oder knieenden Mörder die Hände und küßte ihn über einer Wiege, zum Zeichen, daß er die Patenschaft und damit die verwandtschaftliche Verbindung beider Sippen annehme. Vielfach drehte er dann die Wiege dreimal nach dem Sonnenlauf. Allgemeine Versöhnung beider Sippen. Auszahlung des Sühnebetrags und ein Gastmahl auf Kosten des Mörders bildete den Abschluß.

Da die mit einer solchen Versöhnung verbundenen Kosten (Sühnegeld, Geschenke, Taggelder für die Richter, Gastmahl) über die Leistungsfähigkeit des Einzelnen hinausgingen, pflegte die ganze Sippe in Geld und in natura Beiträge zu leisten.

---

[66] Schrader, RL² I 152.

[67] Einzelheiten: SEZb VIII 220; Medaković, ŽOb 117; Trojanović in der Nar. Enc. II 446; Jelić, Krvna osveta i umir u Crnoj Gori i Severnoj Arbaniji, Belgrad 1926. Jagić im Archiv XIV 141 ff. (= Übersetzung aus einem Augenzeugenbericht des Russen P. Rovinskij in der Zs. Živaja Starina, 1890, II, 68 ff. (1890 in der Ls. Grbalj).

Wenn die Fälle von unversöhnter Blutrache innerhalb eines Stammes überhandnahmen, pflegten die Anführer des Stammes einen Burgfrieden, *věra, amin*, zu verkünden. Wer den brach, dem wurde das Haus angezündet und er mußte auf lange Zeit oder für immer flüchten.

Von der weiten Verbreitung der Blutrache bei den Skr. im Mittelalter zeugen zahlreiche alte Belege aus der Zeit des Königs Uroš (13. Jh.), Milutin (1286) und des Zaren Dušan (14. Jh.). Auch in den Statuten von Vinodol (1280) und von Poljica ist sie erwähnt. Das große Interesse, das ihr die Forschung entgegengebracht hat, ersieht man aus der reichen Literatur.[68]

Gastfreundschaft, *gostoprimstvo, gostoljublje, doček.* Überall steht nach alter Tradition die Gastfreundschaft in hohen Ehren, besonders in den Landschaften der patriarchalischen Zone. Jeder Fremde, der um Unterkunft bittet, wird freundlich begrüßt und bewirtet. Die jüngste Frau des Hauses (in der Zadruga) küßt ihm die Hand, zieht ihm die Fußbekleidung aus, reinigt und trocknet sie, im Bedarfsfalle wäscht sie ihm auch die Füße. Bei Tische nimmt der Gast den Ehrenplatz ein. Beim Weggehen begleitet ihn der Hausvater eine Strecke weit, zeigt ihm den Weg und verabschiedet sich freundlich von ihm. — In Kroatien wird einem gern gesehenen Gast, der zum erstenmal einer Mahlzeit im Hause beiwohnt, der *bilikum* (aus d. Willkommen) oder die *dobrodošlica* geboten: während der Mahlzeit stellt der Hausvater oder der Tischälteste (*stola ravnatelj*) ein größeres Gefäß voll Wein auf einen Teller, legt Brot und Salz und den Hausschlüssel dazu und begrüßt den Gast mit dem Bemerken, daß ihm dieses Haus von nun an jederzeit offen stehe. Der Gast spricht einige Worte des Dankes und trinkt den Wein auf einen oder auf drei Züge aus (Abb. 39). — Lästigen Gästen, die länger als drei Tage bleiben, setzt man eine in *žitna kaša* gekochte Gans vor, zum Zeichen, daß sie bald weiterziehen sollen.

Gruß und Gegengruß. Bei den Katholiken auf dem Lande ist der übliche Gruß *Faljen Isus i Marija!* »Gelobt sei Jesus und Maria!« worauf man dankt: *Na se veke!* »In Ewigkeit!« oder *Vazda Isus i Marija* »Alle Zeit Jesus und Maria!« — Die Jugend grüßt aber auch schon vielfach nach städtischer Art: *Dobro jutro!* »Guten Morgen!« *Dobar dan!* »Guten Tag!« *Dobro veče, dobra večer!* »Guten Abend!« Antwort: *Bog dao dobro!* »Gott gebe es!« Bei den Serben grüßt man am Morgen*Dobro jutro!*, während des Tages: *Pomozi Bog!* »Helf Gott!«, abends: *Dobro veče!* — Die Antwort lautet stets: *Bog ti pomogao!* »Gott helfe dir!« oder *Dobra ti sreća!* »Gut Glück!« (eigentlich »gute Begegnung«: *sreća* zu *sresti* »begegnen«). Wer wandert, grüßt zuerst den, der sitzt oder steht. Eine Frau muß beim Gegengruß aufstehen; spinnt sie, dann muß sie den Spinnrocken aus dem Gürtel heben. — Gute Bekannte erkundigen sich gegenseitig nach ihrem und ihrer Angehörigen Befinden: *Kako si?* »Wie bist du?« *Kako je kod kuće?* »Wie ist es zu Hause?«; bei den Moslims in Bosnien und Hercegovina: *Kako je oko odžaka?* »Wie ist es um den Herd herum?« Wer ißt, den grüßt man:

---

[68] Zusammengestellt von S. Trojanović in der Nar. Enc. II 447.

Na zdravlje! »Zur Gesundheit!« (in Kroatien: *Dobar tek!* »Guten Appetit!« Antwort: *Fala!* »Dank!«). — Beim Weggehen sagt man: *S Bogom!* »*Mit Gott!*« Antwort: *S Bogom pošao!* »Geh mit Gott!« oder man wünscht dem Weggehenden: *Sretan put!* »Glückliche Reise!« Antwort: *Fala!* — Von Weihnachten bis zum Dreikönigstag grüßen die Serben: *Hristos se rodi!* »Christ ist geboren!« Antwort: *Va istinu se rodi!* »In Wahrheit er ist geboren!«, zu Ostern: *Hristos vaskrse!* »Christ ist erstanden!«, zu Christi Himmelfahrt (*Spasov dan*): *Spasi Bog!* »Gott hat erlöst!« Antwort: *Na spasenje Hristovo!* »Auf die Erlösung Christi!«

Beteuerung und Fluch. Die häufigste Beteuerungsformel ist: *Boga mi!* »Bei Gott!« außerdem hört man auch: *duše mi, zdravlja mi, stoke mi, leba mi, sunca mi, slave mi!* »Bei meiner Seele, Gesundheit, Vieh, Brot, Sonne, Sippenfest!« Viele schwören »bei Himmel und Erde, Kirche, Feuer, Sterbekerze« usw. Manche versuchen, falsch zu schwören, indem sie sich einen Stein in die Achselhöhle stecken, damit der Fluch auf den Stein übergehe.[69] — Stark ist der Glaube an die Kraft des Fluches, besonders wenn er von einem Geistlichen ausgesprochen wird.[70] Häufige Flüche: »Gott soll dich töten! Die Seele soll dir herausfallen! Die Slava-Kerze soll dir verlöschen! Das Wasser soll dich wegtragen! Der Teufel soll dich fressen! Die Schlange soll dir ins Herz beißen! Die Krankheit soll dich verzehren! Du sollst dich nicht sattessen! Stumm sollst du werden! Erblinden sollst du! Irrsinnig sollst du werden! Kein Glück sollst du haben und keine Sterbekerze! Die Erde soll deine Knochen nicht aufnehmen!«

Die widerlichste Art des Fluchens, gegen welche sich kirchliche und weltliche Verbote bisher machtlos erwiesen haben, besteht darin, daß man dem andern Gott beschimpft oder dessen Hausheiligen, Vater, Mutter, Schwester *a sve do kučke i mačke* »und alles bis auf Hündin und Katze«.

Fluchhügel. In dem Glauben an die Kraft des Fluches wurzelt die Sitte, den unbekannten Übeltäter (nach einem Mord, Brand, Diebstahl u. ä.) öffentlich zu verfluchen: *staviti prokletiju.* In der Nähe eines Kreuzweges versammeln sich die Dorfbewohner, schlagen ein Holzkreuz ein, und jeder wirft einen Stein oder ein Holzstück daneben mit dem Ruf: »Wer das getan hat, der sei verflucht!« (*anatema ga bilo*). Auch jeder vorüberziehende Wanderer wirft einen Stein oder Erdkloß auf diesen Hügel, *temija,* wobei er denselben Fluch ausspricht.[71] (Abb. 40). Im Falle eines Bienendiebstahls wird ein Bienenkorb auf einen Pflock gesteckt und um diesen entsteht der Fluchhügel (Ls. Gruža).

Gottesgericht. *Božji sud, mazija.* Früher kam es häufig vor,[72] daß derjenige, der eine ihm zur Last gelegte Untat leugnete, seine Unschuld dadurch beweisen mußte, daß er ein in heißes Wasser geworfenes glühendes Eisen (Beil,

[69] ZbNŽ V 271: um Leskovac; SbNU VI 206, 213; VIII 239—248: Štip.

[70] Beispiele: Medaković, ŽOb 139 ff.

[71] Einzelheiten bei Miličević, Godišnjica II 192 ff.; Tih. Đorđević in der Zs. Karadžić II 185, wo weitere Lit.; Parallelen in der ZVfV XXII 326; B. Schmidt in »Neue Jahrbücher f. klass. Philologie«, 1893, S. 369 ff.

[72] Vuk, Rj. s. v. mazija; SEZb VIII 223: Kuči; WMBH II 462: Bosnien; GZM IV 127.

Hufeisen) mit bloßen Armen herausholte, ohne sich zu verbrennen. — Ein ähnliches Ordal begegnet schon bei Sophokles, Antigone 264.[73] Vgl.Dušanov Zakonik: Ordalien mit heißem Wasser und glühendem Eisen (Murko, Geschichte der älteren südslavischen Literaturen, S. 188, Leipzig 1908).

Zweikampf, *dvoboj, mèjdān°, mègdān°*. Die in den epischen Heldenliedern häufig belegte Sitte hat sich am längsten in der Crna Gora erhalten. Beim Stamm Kuči[74] steckte der Fordernde einen Spinnstab vor das Haus des Geforderten, um auszudrücken, daß er ihn für ein Weib halte und nicht für einen Mann. Bei großer Entfernung übersandte der Fordernde einen Apfel, den der Geforderte zum Zeichen, daß er die Forderung annehme, aufaß.[75]

Grenzziehung. Beim Setzen von Grenzsteinen, *međnik, mejaš,* unter die man gewöhnlich Scherben legt, nimmt man auch Kinder mit, zieht sie an den Haaren oder schlägt sie mit den Köpfen zusammen, damit sie sich die Grenze merken. Wer Grenzsteine verrückt, der muß sie im Jenseits ewig tragen. Wenn jemand behauptet, daß der Grenzstein verschoben worden sei, hängt man ihm einen Brotsack voll Erde um den Hals, den muß er von einem Ende des Feldes zum andern tragen. Hierauf fragt ihn die Dorfversammlung: »Trägst du diese Erde am Halse auch im Jenseits?« Bejaht er die Frage, dann schenkt man ihm bezüglich der Grenzverschiebung Glauben.[76]

Gesellige Arbeit. — Spinnabend, *prelo* (zu *presti* »spinnen«), *(po)selo, sedeljka, sedenča,* (zu *sedeti* »sitzen«), *divan* (Bosnien, Bunjevci). Fast überall besteht die Sitte, daß Frauen und Mädchen zusammenkommen, um gemeinsam zu spinnen oder Handarbeiten zu verrichten. Im Westen haben diese Zusammenkünfte, die dort von Allerheiligen bis Fastenbeginn in geschlossenen Räumen stattfinden den Charakter der deutschen »Spinnstuben«, viel urtümlicher sind sie im Osten. Im eigentlichen Serbien treffen sich die Frauen und Mädchen eines Ortsteils vom Ernteschluß bis zum Eintritt der kalten Jahreszeit am Vorabend von Arbeitstagen, außer vor Mittwoch und Freitag, im Freien vor einem Tor oder unter einem Baum bei einem Feuer, das die erste entzündet und zu dem jede ein Bündel Holz oder Hanfabfälle mitbringt. Sobald das Feuer brennt, stimmt die erste ein Lied an, in dem die Nachbarinnen aufgefordert werden sich einzufinden.[77] Die Zahl der Teilnehmerinnen beträgt gewöhnlich 15—30, mit Gesang und Erzählen von Geschichten und Rätseln verkürzen sie sich die Zeit. Auch Burschen finden sich ein, spielen und singen und machen ihren Mädchen den Hof, wobei es unter Rivalen nicht selten zu Tätlichkeiten kommt.

Moba, molba (zu *moliti* »bitten«), »Arbeitshilfe«. Starke Familien bewältigen die erforderlichen Arbeiten in Haus und Feld allein, schwache Familien jedoch

---

[73] Stemplinger, Antiker Aberglaube 57.

[74] SEZb VIII 292.

[75] Schilderungen von Zweikämpfen im GEM III 105; ib. IV 116: Bild.

[76] SEZb VII 433: Skopska Crna Gora. — Ähnlich in Bosnien: WMBH II 472; GZM IV 133.

[77] Beispiele: SEZb VII 153: Levač; ib. XVI 400: Lužnicatal.

oder gar Witwen sind auf die Hilfe der Nachbarn angewiesen, besonders während der Heumahd, bei Erntearbeiten, Hausbau usw. Die *mobari* werden gewöhnlich an gewissen kleinen Feiertagen, an denen sie selbst zu Hause nicht arbeiten dürfen, um Mithilfe gebeten. Die Arbeit leisten sie unentgeltlich, doch erhalten sie eine sehr gute Kost, am Abend erwartet sie Braten, Musik und Tanz. — Im Winter helfen Frauen und Mädchen gern armen Witwen beim Kämmen der Wolle, Spinnen, Stricken usw. — Im mittelalterlichen Serbien hieß die Arbeitshilfe auch *bědóba* (heute um Niš: *bedva*), bei den Moslims in Bosnien und Hercegovina heißt sie *gajret** »Gefälligkeit, Liebe!« — Eine andere Art der Arbeitshilfe beruht auf Gegenseitigkeit: *zamena* »Tausch«, *pozajmica* »Entlehnung«. — Kleinbauern mit wenig Zugvieh helfen einander durch Zusammenspannen ihrer Zugtiere: *sprega* (zu *spregnuti* »zusammenspannen«),[78] *suvez* (Dalmatien).

[78] Einzelheiten in der Monographie von M. Vlajinac, Moba i pozajmica, SEZb XLIV, 1—598, Belgrad 1929, wo weitere Literatur.

Literatur-Verzeichnis

Albers J. H., Das Jahr und seine Feste. 3 Stuttgart 1917.

Andriotis N. P., Ἐτυμολογικὸ Λεξικο της κοινῆς νεοελληνικῆς, Athen 1951.

ArchfslPh = Archiv für slavische Philologie. Berlin 1875 ff.

AR. = Rječnik hrvatskoga ili srpskoga jezika, herausgeg. von der Südslavischen Akademie. Zagreb 1880 ff.

ARW = Archiv für Religionswissenschaft. Leipzig 1878 ff.

Arnaudov M., Die bulgarischen Festbräuche. Leipzig 1917.

Arnaudov M., Očerki po bъlgarskija folklor. Sofia 1934.

Bačić O. P., Izbor seoskoga kralja u Dalmaciji. ZbNŽ. XXVI 319—328.

Banović Stjepan, Vjerovanja (Zaostrog u Dalm.) ZbNŽ XXIII 185—214.

Banović St., Vukodlaci. ZbNŽ XXVI 347—357.

Barić H., Dodole. Prilozi I 1921, 231.

Barjaktarović M., Prilog proučavanju tobelja (zavetovanih devojaka) Zb. filoz. fakulteta I, Belgrad 1948, S. 343—356.

Begović N., Život i običaji Srba Graničara. Zagreb 1887.

Berneker, E. W. = Berneker E., Etymologisches Wörterbuch der slavischen Sprachen. Heidelberg 1908 ff.

Biegeleisen H., Matka i dziecko. Lemberg o. J.

Bilfinger G., Das germanische Julfest. Programm des Eberhard-Ludwigs-Gymnasiums in Stuttgart, 1900—1901.

Bilten IPFS = Bilten Instituta za proučavanje folklora u Sarajevu, 1952 ff.

Bogdan-Bijelić Pavlina, Ženitba (Konavli u Dalmaciji). ZbNŽ 27, 1930, S. 115 ff.

Bogišić V., Zbornik sadašnjih pravnih običaja Južnih Slovena. Zagreb 1874.

Bojničić Ivan, Novi prilozi za povijest progona vještica. Vjesnik Zem. Arkiva XVII 155—172.

Bosanska Vila. Sarajevo 1886 ff.

Bošković Katica, Crnogorski survivali u svadbenim običajima Konavala (Kongreß der Folkloristen Jugoslaviens) Cetinje 1958, S. 29—36.

Bratić T., Lov i narodna gatanja o njemu u Gornjoj Hercegovini. GZM XX 471 ff.

Bratić A. Toma, Svadbeni i pogrebni običaji na selu u Gornjoj Hercegovini. GZM XV 1903, S. 385—401.

Brückner A., Mitologija słowiańska. Krakau 1918.

Buconjić N., Život i običaji Hrvata katoličke vjere u Bosni i Hercegovini, Sarajevo 1908.

Bulat P., Pogled u slovensku botaničku mitologiju. NSt. XXVII (1933) 1—25.

Bulat P., Kukavica. Zagreb 1933.

Bünger, Geschichte der Neujahrsfeier in der Kirche. Göttingen 1911.

Bystroń, SOR. = Slowiańskie obrzędy rodzinne. Krakau 1916.

— Zwyczaje żniwiarskie w Polsce. Krakau 1916.

Carić A. I., Crtice iz narodnog života u Dalmaciji. GZM XII 349 ff.

— Volksaberglaube in Dalmatien. WMBH VI 585—608.

Ciszewski St., Künstliche Verwandtschaft bei den Südslaven. Leipzig 1879.

Cvijić Jovan, Balkansko poluostrvo. I. Belgrad 1922; II. Belgrad 1931.

Cvitanović Vladislav, Dva priloga o „biranju kraljeva“ u Dalmaciji. ZbNŽ 35 (1951) 29—60.

Ćorović V., Narodne tužaljke. Brankovo Kolo 1908, S. 172, 184, 245, 280, 309, 354.
— Sveti Sava u narodnom predanju. Belgrad 1927.
Čajkanović V., Nekolike primedbe uz srpski Badnji dan i Božić. Godišnjica N. Čupića XXXIV (1921) 258—288.
— Imena od uroka. ib. XXXV (1922) 152 ff.
— Ubijanje vampira. SKG, NS IX 1923, S. 268—284.
— Studije iz religije i folklora. SEZb XXXI, 1924.
— O uskršnjim običajima. SKG XXIX 1930, S. 521—526.
— Nekolike opšte pojave u staroj srpskoj religiji. Godišnjica Čupića XI 1932, S. 167—228.
— O srpskom vrhovnom bogu. Belgrad 1941.
— Bosiljak. GEM X 1935, S. 4—9.
Čiplić B., O ženidbi i udadbi u srednjem Potisju. GEM V 113—125.
Čolić I., Godišnji običaji (Varoš u Slavoniji). ZbNŽ XXI 143—147.
Debeljković D., Kosovo Polje. SEZb VII 173 ff.
Delić St., Prstenovanje na selu. Bos. Vila XIII 123 ff.
— Seoska svadba u Gackom. GZM XVIII 509—540. 12 Bilder.
Dieterich Karl, Hellenistische Volksreligion und byzantinisch-neugriechischer Volksglaube. Zs. Angelos I (1925).
Dimitrijević St., Sveti Sava u narodnom verovanju i predanju. Belgrad 1926.
Dimitrijević Sofija, Običaji u ličnom i porodičnom životu Banatske here, Novi Sad 1958 S. 232—263.
— Običaji o praznicima preko godine. Ib. S. 296—313.
Donjokrajski, Nošenje Krsta. Godišnjica Čupića XXIV 220—247.
Dokušec Stjepan, Svatovski običaj. Lupoglav, srez Dugoselo. Vjesnik Etnografskog muzeja u Zagrebu I 1935, 219—250.
Dragičević T., Narodne praznoverice. GZM XIX 313 ff., XX 451 ff.
Đordević Tihomir, Građa za zbornik lovačkih običaja u Srba. Zs. Lovac 1901.
— Građa za srpske narodne obličaje iz vremena prve vlade Kneza Miloša. SEŽb XIV 383 ff.; XIX 443 ff.
— Naši narodni običaji. Sarajevo 1922.
— Pored Toplice. Brastvo VII 14—103 (Viele Grabinschriften).
— Iz Srbije Kneza Miloša. Belgrad I 1922, II 1924.
— NNŽ = Naš narodni život. Belgrad 1930 ff., 10 Bde.
— „Tovijine noći“ u našem narodu. ZbNŽ XXIX 1—17.
— Nekoliko archivskih podataka o našim narodnim običajima. GEM XIII 1 ff.
— Zle oći u verovanju južnih Slovena. SEZb LVII 1938.
— Deca u verovanjima i oblicajima našega naroda. Belgrad 1941.
— Necoliki samrtni običaji u Južnih Slovena. Godišnjica Čupića 48 (1939) 246—292; 49 1940) 70—84; 50 (1941) 174—176.
— Veštica i vila u našem narodnom verovanju i predanju. Vampir i druga bića u našem narodnom verovanju i predanju. SEZb 66, 1953.
Đorđević M., Život i običaji narodni u Luskovačkoj Moravi. SEZb 70, S. 212—545.
Dragić Mil., Porodilja i novorođenče u običajima na Kosovu i u Metohiji. ZbEM u Beogradu, 1951, S. 244—249.
Drobnjaković Borivoje, »Uspomene« na grobovima u Kosmajskim selima. Glasnik Etnografskog instituta Srpske Akademije nauka I, 1—2; 179—204 (1952).
— Svadbeni običaji kod pravoslavnih Srba u okolini manastira Tavne u Bosni. GEM XII 78 ff.
Erdeljanović Jovan, Kuči. SEZb VIII.
— O poreklu Bunjevaca. Veröffentlichungen der Belgrader Akademie, Bd. 79, Belgrad 1930.

— Ispitivanje narodnog života i običaja u Vojvodini. Letopis Matice srpske, Nr. 308 (1926).
— Etnološka građa o Šumadincima. SEŽb 64 (1951).
Fehrle E., Deutsche Feste und Volksbräuche [2]. Leipzig 1920.
Filipović Mil., Slava ili služba (Visočki Gornji Kraj u Bosni). ZbNŽ XXVI 329—341.
— Krsno ime i slične slave u Modriči. BZM 1930.
— Slavonski votivi od voska. GEM VIII 100, mit Bild.
— Život i običaji narodni u Visočkoj Nahiji. SEZb 61 (1949).
— Trački konjanik u običajima i verovanjima balkanskih naroda. Novi Sad 1950.
— Različita etnološka građa iz Ravne. Bilten II 343—357 (1953).
— Das Zerkratzen des Gesichtes bei Serben und Albanern. Revue internationale des études balcaniques III 1936, S. 157—166.
Fischer A., Zwyczaje pogrzebowe ludu polskiego. Lemberg 1921.
Fortis A., Reise in Dalmatien. Bern 1776.
Franić Ivo, Hauptfesttage des landwirtschaftlichen Kalenders und die damit verbundenen Riten, Gebräuche und Aberglauben bei den Südslaven. Vjesnik Etnografskog Muzeja u Zagrebu IV 1938, S. 88—118.
Franić Ivo, Narodni običaji uz prvo oranje i sijanje u srezu slavonsko-požeškom. GEM XI, XII 30—39.
Franz Adolph, Die kirchlichen Benediktionen im Mittelalter. Freiburg i. B. 1909, 2 Bde.
Frazer G. B. = The golden bough. [3]London 1920—1923, 12 Bde.
— G. Z. = Der Goldene Zweig (Deutsche Ausgabe) Leipzig 1928.
Gavazzi M., Sator-Formula u južnih Slovena. NSt. IV 1923, S. 39—46.
— Iz naše narodne umjetnosti: uskrsna šarena jaja. Vijenac II 240—244, 5 Bilder.
— Saonice kod pogreba. ZbNŽ XXVII 88—92.
— Pogrebne saonice. ZbEM u Beogradu (1953) 238—243. 2 Bilder u. eine Karte.
— Kulturna analiza etnografiji Hrvata. NSt. XVII (1928) 115—144.
— Godina dana hrvatskih narodnih običaja, I, II Zagreb 1939.
— Šišano kumstvo u Lici. Lički kalendar za 1941.
— Die Vitalität der Wahlbruderschaft u. der Wahlschwesterschaft in Dalmatien. (Vortrag beim Internat. Ethnologenkongreß in Stockholm 1951.)
GEM = Glasnik Etnografskog Muzeja u Beogradu. Belgrad 1927 ff.
Geramb V., Deutsches Brauchtum in Österreich. Graz 1924.
Glas = Glas Srpske Kraljevske Akademije. Belgrad 1887 ff.
Gligorić D., Slava u Srbovlaha. Bos. Vila IX 120 ff.
— Živa vatra. Bos. Vila X 1895, 58 ff.
Globus, Illustrierte Zs. f. Länder- u. Völkerkunde. Braunschweig 1862 ff.
Glück L., Narodni običaji pri porođaju. GZM I 283—292.
Gönczi F., Die Kroaten in Muraköz (Murwinkel). Ethnolog. Mitteilungen aus Ungarn IV 163 ff.
Grbić M., Srez Boljevački. SEZb XIV.
Grđić-Bjelokosić Luka, Iz naroda i o narodu. Mostar 1896.
— Svadba u Hercegovini. Bos. Vila V 1890, 243 ff.
— Opis Gacka sa starinama i običajima narodnim. Bos. Vila III 55 ff.
— Volksglaube und Volksbräuche in der Hercegovina. WMBH VI 609—632.
Großer Felix, Ein neuer Vorschlag zur Deutung der Satorformel. ARW XXIV (1926) 165—169.
Grujić R., Crkveni elementi krsne slave. Glasnik Skopskog Naučnog Društva. VII 1930, 35—76.
GSUD = Glasnik Srpskog Učenog Društva. Belgrad 1865 ff.
Gušić Marijana, Ostajnica-tombelija-virdžin kao društvena pojava. (3. Kongreß der Folkloristen Jugoslaviens, Cetinje 1958, S. 55—64).

GZM = Glasnik Zemaljskog Muzeja. Sarajevo 1889 ff.
Hadži-Vasiljević, Južna Stara Srbija I (Belgrad 1909); II (1913).
Hangi A., Život i običaji Muslimana u Bosni i Hercegovini. Sarajevo 1907.
HDA = Bächtold H., Handwörterbuch des deutschen Aberglaubens. Berlin 1927 ff.
Hillebrandt A., Das altindische Neu- und Vollmondopfer in seiner einfachsten Form. Jena 1879.
Hirtz M., Zmije kućarice. ZbNŽ. XXVII 243—254.
Hoernes M., Alte Gräber in Bosnien-Hercegovina. MAG XIII, 24 Bilder.
Hovorka-Kronfeld, Vergleichende Volksmedizin. Stuttgart 1908, 2 Bde.
Huznjak Višnja, Zeleni Juraj. Zagreb 1957.
Ilić L., NSO = Narodni Slavonski Običaji. Zagreb 1846.
Ivančević P., Srpski narodni običaji u oči Petrova dne. Bos. Vila VI 203.
— Srpski narodni običaji oko mrtvaca i pri ukopu. Bos. Vila XIII 224 ff.
— Srpski narodni običaji. Bos. Vila XIX 256 ff.
— Šišano kumstvo. Brankovo kolo 1896, 105 ff.
Ivanić J., Bunjevci i Šokci u Bačkoj, Baranji i Lici. Belgrad 1899.
Ivković S., O kraljicama. Brankovo kolo XV 1909, 697 ff.
Jagić V., Zur slavischen Mythologie, AfslPhil. XXXVII 1920 S. 492—511.
— Die Blutrache bei den süddalmatinischen Slaven. A f sl Phil. XIV 141 ff.
Jardas Ivo, Kastavština. ZbNŽ 39, 1957.
Jastrebov, Obyčaji i pěsni tureckich Serbov.[2] Petersburg 1889.
Jedvaj J., Gatanje i čaranje. ZbNŽ XXVII 158—165.
Jelić J., Krvna osveta i umir u Crnoj Gori i Sev. Albaniji. Belgrad 1926.
— Život i običaji Vasojevića. Hs.
Jireček C., Badnjak im 13. Jh. AfslPhil. XV, 1893, 456—457.
— Reiterspiele im mittelalterlichen Serbien. AfslPhil. XIV 73.
Josifović St., Raskršća u antičkom i modernom vjerovanju. Prilozi za književnost, jezik, istoriju i folklor XII 1932, 52 ff.
Kajić Katarina, Magija u pčelarstvu. Istraživanja i građa IV 1942, 65—77.
Karadžić = Zs. Karadžić. Herausgegeben von Tih. Đorđević, Aleksinac 1899—1903.
Karanović M., Krsno ime i zavještina u Zmijanju. GZM 44, S. 85—92.
— Krsno ime u Janju. GZM XLV, 1933, S. 135—148.
Kašiković St., Slava o krsnom imenu. Bos. Vila V 186 ff.
Kellner, Heortologie[3], Freiburg i. B. 1911.
Klarić J. und Carić A., Verlobungs- und Hochzeitsbräuche in Bosnien und Dalmatien, WMBH VI 633—648.
Klarić J., Porod, ženidba i smrt u Kralju u Bosni. ZbNZ XXVII 166—175.
Klinger Witold, Doroczne święta ludowe a tradycje grecko-rzymskie. Krakau 1931.
Knežević Srebrica, Smrtni i posmtrni običaji na Vlasini, Glasnik Etnografskog Instituta SAN. II—III 1954, S. 585—592.
Knežević i Milka Jovanović, Jarmenovci. SEZb. 73, 1958: Odeljenje društvenih nauka Bd. 4.
Kolendić P., Vještice u Šibeniku XV. vijeka. ZbNŽ XXVI 358—370.
Kordunaš M., O sahrani mrtvaca na Ogulinskom Kordunu. GEM VI 77—89.
— Narodne praznoverice iz Deronja u Bačkoj. GEM VII 82—89.
Kostić P., Svetoga-krsno ime-slava u Prizrenu. GEM VI 28-35.
Kovačević K., Mora i vještica. Bos. Vila V 284 ff.
— Vučari. Bos. Vila II 1887, 71 ff.
Krauss SB = Krauss F. S., Sitte und Brauch der Südslaven. Wien 1885.
— Das Bauopfer bei den Südslaven. MAG XVII 1887, S. 16—24.
Kriss R., Volksreligiöse Opferbräuche in Jugoslavien. Etnolog. IV 1930, S. 87—111. 8 Bilder.

Kristić Augustin, Kreševska krsnica. Jugoslavenski list, Sarajevo, XXI 1938, Nr. 305, S. 9 ff.
Kulier A., Ženidbeni običaji u težaka katolika okolice Kotor-Varoške. GZM XIII 608—618.
Kulinović Mehmed Fejzibeg, Volksaberglauben und Volksheilmittel bei den Mohammedanern Bosniens und der Hercegovina. WMBH VII 339—366.
Kulišić Špiro, Tragovi arhaične porodice u svadbenim običajima Crne Gore i Boke Kotorske. GZM, Nova serija, 1956, Bd. XI 211—242.
— Božićna pečenica. GEM XV 1940, S. 19—32.
Kus-Nikolajević, Votivi nerodkinja. Etnolog II 36—45.
— Neki narodni običaji u Gnjilanu. Vjesnik Etnografskog Muzeja u Zagrebu I, 1935, S. 261—264.
Lalević B. und Protić J., Vasojevići. SEZb. V.
Laszowski E., Progon vještica u Turopolju. Vjesnik Zem. Arkiva XVI 1914, S. 196—208.
Lehmann A., Aberglaube und Zauberei von den ältesten Zeiten an bis in die Gegenwart[2] Stuttgart 1925.
Leskien August, Balkanmärchen, Jena 1925.
Liepopili A., Vukodlaci. ZbNŽ XXIII 1918, 277—290.
— Kopanje blaga. ZbNŽ XXV 1921, 177—186.
Lilek E., Gottesurteile und Eidhelfer in Bosnien und der Hercegovina. WMBH II 467—473.
— Volksglaube und volkstümlicher Kultus in Bosnien-Hercegovina. WMBH IV 401—493.
— Vermählungsbräuche in Bosnien und der Hercegovina. WMBH VII 291—338.
Ljubić S., Običaji kod Morlaka u Dalmaciji. Zadar 1846.
Lokotsch, EW = Etymologisches Wörterbuch der europäischen Wörter orientalischen Ursprungs. Heidelberg 1927.
Lopičić St., Bilješke iz običajnoga prava u staroj Crnoj Gori. ZbNŽ XXIV 1919, 273—294.
Lutovac M., Nekoliko stočarskih običaja u podnožju Prokletija. GEM. V 107—113.
Macan T., Čaranje i gatanje u Blatu na Mljetu. ZbNŽ XXVIII 224—234.
Máchal, Nákres slovanského bájesloví. Prag 1891.
MAG = Mitteilungen der anthropologischen Gesellschaft in Wien. Wien 1871 ff.
Majzner M., Dubočke Rusalje, posledni tragovi iz kulta velike majke bogova. Godišnjica N. Čupića 34, 1921, 226—257.
— Oranje -Oboravanje. Jb. XXXV 183—201.
Mannhardt W., Wald- und Feldkulte[2]. Berlin 1904/5. 2 Bde.
Manojlović H., Svadbeni običaji u Peći. GEM. VIII 1933, S. 34—51.
Maretić T., Studije iz pučkoga vjerovanja i pričanja u Hrvata i Srba. Rad 60, S. 117—202; 62, S. 1—44.
Marinov NV, Narodna věra i religiozni i narodni običaji. SbNU XXVIII. Sofia 1914.
Markovac Marijan, Stari svatovski običaji u Andrijevcima. Vjesnik Etnografskog Muzeja u Zagrebu I, 1935, 241—260.
Marković Tomo, Božićni običaji Hrvata u Bosni i Hercegovini. Etnografska istraživanja i građa II, Zagreb 1940, S. 5—86.
Matasović A., Pisanice, uskrsna šarena jaja iz nekih krajeva Hrvatske. Zagreb 1917.
— Svečanosti »Biranih Kraljeva« u Mletačkoj Dalmaciji. NSt. VII 84—90.
Matić, Totenkult bei den Serben. Bleicherode im Harz 1940.
Medaković, ŽOb. = Život i običaji Crnogoraca. Novi Sad 1860.
Medić M., Gatanje u pleće i u kobilicu. ZbNŽ XXI 161—178.
Mićević Ljubo, Krsno ime ili krsna slava u Popovu. GEM V 98—102.
— Život i običaji Popovaca. SEZb. 65 (2. Abteilung, Bd. 29). Belgrad 1952.
Mijatović St., Levač i Temnić. SEZb. VII 3 ff.
— Običaji u Resavi, GEM III 1928, S. 26—39.

Miklosich, Die Blutrache bei den Slaven. Wiener Sitzungsberichte 1888.
Miković D., Paštrovska svadba. Bos. Vila VI 202 ff.
Milčetić Ivan, Koleda u južnih Slavena. ZbNŽ XXII 1917, 1—124.
Milićević Frańo, Ženidba (Broćanska župa u Hercegovini). ZbNŽ XX 184—225.
Milićević M., Slave u Srba. Godišnjica N. Čupića I 89 ff.
— Zadružna kuća na selu. Ib. XVIII 1—52.
— ŽSS = Zivot Srba seljaka. SEZb. I 1894.
Milosavljević S., Homolje, SEZb XIX.
Miodragović J., Ženidba u Srba na selu. Letopis Matice Srpske 122, 1880, 88—121.
Mitrović A., Ženidba i udadba u sjevernoj Dalmiciji. Belgrad 1906.
Mogk E., Das Ei im Volksglauben. ZVfV XXV 1915, 215—227.
Müller A., Die Neujahrsfeier im Römischen Reich. Philologus 68, 1909, 464 ff.
Murko M., Das Grab als Tisch. Wörter und Sachen II 1910, 79—160.
Nar. Enc. = Narodna Enciklopedija Srpsko-Hrvatsko-Slovenačka. Belgrad 1928 ff.
NSt = Narodna Starina. Herausgegeben von J. Matasović, Zagreb 1922 ff.
Niederle, ŽSS = Život starých Slovanů. Prag 1911 ff.
Nikolić V., Iz Lužnice i Nišave. SEZb. XVI.
Nilsson M. P., Studien zur Vorgeschichte des Weihnachtsfestes. ARW XIX 50 ff.
— Die volkstümlichen Feste des Jahres. Tübingen 1914.
Nušić Branislav, Kosovo. Belgrad 1903, 2 Bde.
Pajek, Črtice iz duševnega žitka štajerskih Slovencev. Ljubljana 1884.
Pavičević Mićun, Običaji (Katunska nahija u Crnoj Gori). ZbNŽ XXVIII 157—175.
— Ženidba kod Crnogoraca. Belgrad 1936.
Pavlović Jeremija, Stari život i obicaji narodni u Južnoj Srbiji po narodnim pesmama. Belgrad 1926.
— Kragujevačka Jasenica. SEZb XXII.
— Maleševo i Maleševci. Belgrad 1929.
Pećo Lj., Običaji i verovanja iz Bosne. ZbNŽ XXXII 366 ff.
Petranović B., O osveti, mirenju i vraždi po negdašnjemu srpsko-hrvatskome pravnom običaju. Rad VI 1—19.
— Običaji srpskog naroda u Bosni. GSUD XII 1871.
Petrowitsch, Der Djurdjew-dan bei den Serben. Globus 30 (1876) 93 ff.
Petrović A., Narodno bajanje u nekim selima u Kragujevačkoj Jasenici. GEM VIII 1933, 84—90.
Petrović Petar, Bibliographie der jugoslawischen Volkskunde. GEM. I—VIII (1926-34).
— Lila, Olalija i srodni običaji. GEM II 4—17, 2 Bilder.
— Božićni običaji (Aleksinačko Pomoravlje). ZbNŽ XXVI 139—147.
— Svadbeni običaji u Beogradskom Podunavlju. ZbNŽ XXVIII 94—100, 5 Bilder.
— Život i običaji narodni u Gruži. SEZb. 58 (1948).
Piprek, Slavische Brautwerbungs- und Hochzeitsgebräuche. Stuttgart 1914.
Ploss H., Das Kind in Brauch und Sitte der Völker². Leipzig 1884.
Polívka J., Vlčí pastýř. Festschrift für Tille, Prag 1929.
Popović Đorđe, Bački Bunjevci i Šokci. Belgrad 1907.
Popović Pavle, Kraljice, srpski nar. običaj o Troičinu dne. Zs. Brastvo II.
Popović St., Adeti bosanskih Turaka. Belgrad 1869.
Prćić Kata, Stari božićni običaji kod subotičkih Bunjevaca. Književni Sever VI 203—212.
Prćić Ive, Bunjevački narodni običaji. Subotica 1937.
Prilozi = Prilozi za književnost, jezik, istoriju i folklor. Belgrad 1921 ff.
Protić Ljubiša, Neki običaji oko kupovine, prodaje i trampe. GEM XI 17 ff., XII 40—60.
Rad = Rad jugoslovenske Akademije. Zagreb 1867 ff.
Rajacsich, Das Leben, die Sitten und Gebräuche der im Kaisertum Österreich lebenden Südslaven. Wien 1873.

Rajčević S., O stočarstvu i stočarskom životu u Vasojevićima. GEM VI 55—72.
Reinsberg-Düringsfeld. Das festliche Jahr. Leipzig 1863.
Rj. Akad. = Rječnik hrvatskoga ili srpskoga jezika. Zagreb 1880 ff.
Rohde E., Psyche. Seelenkult und Unsterblichkeitsglaube der Griechen. Tübingen 1925. 2 Bde.
Rovinskij, Černogorija. Petersburg 1897 ff.
Rusić Branislav, Još nešto o opasivanju crkava, manastira i mrtvaca. GEM IX 95 ff.
Ružičić M., Vračanje i sujeverje o lovu u Bos. Krajini. Bos. Vila III 103 ff.
Sammelband: Vjesnik Etnografskog Muzeja u Zagrebu I 1935, S. 183—260. Život i običaji jugoslovenskoy naroda: Brauchtum in der Lika, Dalmatien, Bos. Krupa, Bos. Gradiška, Pokuplje, Karlovac, Dugosilo u. Andrijevci.
Stradiška, Mokušje, Karlovac, Dugosilo u Andrijevci.
Samter E., Familienfeste der Griechen und Römer. Berlin 1901.
— GHT = Geburt, Hochzeit und Tod. Leipzig 1911.
Sartori, SB = Sitte und Brauch. Leipzig 1910, 1911, 1914. 3 Bde.
SBNU = Sbornik za narodni umotvrenija usw. Sofia 1889 ff.
Schmidt Bernhard, Das Volksleben der Neugriechen und das hellenische Altertum. I, Leipzig 1871.
Schneeweis Edmund, Weihn. = Die Weihnachtsbräuche der Serbokroaten. Ergänzungsband XV zur Wiener Zs. f. Volkskunde. Wien 1925.
— Novo objašnjenje jedne srpske koledske pesme. GEM I 1926, 80 ff.
— Die jugoslavische Volkskunde 1914—1924. Zs. f. slav. Phil. III 1926, 150 ff.
— Apotropejski elementi u svadbenim običajima kod Srba i Hrvata. GEM II 21—28.
— Die Hochzeitsbräuche der Serbokroaten in ihren Hauptelementen. Festschrift für F. Spina, Prag 1929, S. 28—49.
— Über karpatorussische Weihnachtsbräuche. Zs. Karpatenland, Jg. 1935, Heft 4.
— Samrtni običaji kod Srba i Hrvata. Glasnik Skopskog Naučnog Društva V 263—282.
— FVLW = Feste und Volksbräuche der Lausitzer Wenden. Veröffentlichungen des slavischen Instituts der Universität Berlin, Bd. 4, Leipzig 1931. — 2. Auflage Berlin 1953. 3. Auflage Berlin 1957.
— Volkskundliches aus dem Plivatal in Bosnien. Handschrift.
— Die deutschen Lehnwörter im Serbokroatischen. Berlin 1960.
Schrader, RL = Reallexikon der idg. Altertumskunde². Berlin 1929.
Schröder Leopold von, Arische Religion. Leipzig 1916. 2 Bde.
S„röder Leopold von, Arische Religion. Leipzig 1916. 2 Bde.
Sekelja G., Bunjevački običaji. Književni Sever, I.
SEZb = Srpski Etnografski Zbornik. Belgrad 1894 ff.
Seligmann S., Der böse Blick und Verwandtes. Berlin 1910. 2 Bde.
Sijarić Čamil, Iz narodnog života Bihora i Pešteri. Bilten IPFS II 1953, 371—385.
Skarić Vlad., Postanak krsnog imena. GZM XXXII 1920, 245—272.
SKG = Srpski Književni Glasnik. Belgrad 1901 ff.
Smiljanić M., O tragovima otmice i kupovine devojaka u srpskom narodu. Zs. Glas 64.
— Die Spuren der Raub- und Kaufehe bei den Serben. Archives internationales d'Ethnographie, Bd. 15.
Sofrić P., Sunce u narodnom verovanju. Nisch 1906, 1—35.
Stemplinger E., Antiker Aberglaube in modernen Ausstrahlungen. Leipzig 1922.
Stanojević M., Običaji i verovanja na Timoku. GEM IV 42—54; ib. VIII 59—71.
Stojanović M., Slike iz života hrvatskoga naroda po Slavoniji i Sriemu. Zagreb 1881.
Stojković M., Sito i rešeto u narodnom vjerovanju. ZbNŽ XXIII 43—53.
— »Oposun«, »naoposun« i trokratno »naoposuno« okretanje. ZbNŽ XXVII 25—42.
— Pojas. ZbNŽ XXIX/2, 1—19.

Stoilov A. P., Molba za dъžd. SbNU XVIII 641—652.
— Novac za prevoz. Zs. Karadžić III 1901, 153—157.
Strohar J., Die Hauskommunionen (Zadrugas) bei den Südslaven. WMBH XII 407—490.
Strohal R., Folkloristički prilozi i starije hrvatske knjige. ZbNŽ XV 120 ff.
Šaulić Novica, Srpske narodne tužbalice. I. Bd., Belgrad 1929.
— Tužbalice. Zbornik Etnografskog Muzeja u Beogradu. 1953, 316—326.
Šerović P., Sveti Trifun u Kotoru i Bokeljska mornarica. Brastvo XVIII 1924, 47—59.
Širola Božidar, Svadba (Novi Vinodolski). ZbNŽ 29, 187—194.
— Die Osterbräuche der Kroaten. Wiener Zs. f. Volkskunde 1943, S. 23—33.
Škaljić Abdulah, O običajima i vjerovanjima u srezu jajačkom. Bilten IPFS II 1953, 201—238.
— Neki narodni običaji iz Lubova (Jajce). Bilten IPFS I 1951, S. 105—112.
Škarić Miloš, Život i običaji Planinaca pod Fruškom Gorom. SEZb 54, 1939, 1—274.
Titelbach V., (Maler), Bilder zu serbischen Volksbräuchen: 1. Hochzeit in der Ls. Levač; Srpče III 577; 2. Serb. Trauung: Neven VIII 97; 3. Slava: Neven X 169; 4. Dodole: Neven VII 209; 5. Richtfest: Neven IX 105.
Tkalčić J., Parnice proti vještica u Hrvatskoj. Rad 103, S. 83—116.
Tomić Persida, Bojenje i šaranje jaja. GEM XX 5—66. Viele farbige Bilder.
Trifković Stevo, Vračanja i gatanja u okolici Sarajevskoj. Bos. Vila I 1886, 329 ff., 346 ff.
— Krsno ime u okolini sarajevskoj. Bos. Vila II 183, 199, 215, 231, 246; III 264.
Trojanović S., Glavni srpski žrtveni običaji. SEZb XVII.
— Maske kod našeg naroda. Festschrift für Bulić, 1924.
— Vatra u običajima i životu srpskog naroda. SEZb XLV 1—339.
Truhelka Ćiro, Larizam i krsna slava. Glasnik Skopskog Naučnog Društva VII 1930, 1—34.
Usener H., Das Weihnachtsfest. Bonn 1911.
Valvazor = Die Ehre des Herzogthums Krain. Laibach-Nürnberg 1689. Herausg. von J. Krajec u. J. Pfeifer². Rudolfswerth 1877—79.
Vasiljević A., Striženje u Svrljigu. Brastvo VII 1896, 273—283.
— Iz narodnog varovanja i verovanja u Svrljigu. Bos. Vila IX 10 ff; X 74 ff.; XI 77 ff.
Vasiljević Hadži J., Južna Stara Srbija, istorijska, etnografska i politička istraživanja. Belgrad 1909, 1913. 2 Bde.
Vasmer, M. Die griechischen Lehnwörter im Serbokroatischen, Berlin 1944.
Vasmer Max, REW = Russisches etymologisches Wörterbuch. Heidelberg 1958.
Vesnić M., Die Blutrache bei den Südslaven. Zs. f. vgl. Rechtswissenschaft 1889—90.
Vilhar A., Đurđev dan i rimske Palilije. Zaječar 1926.
Vilovsky Th. St., Die Serben im südlichen Ungarn, Dalmatien, Bosnien und in der Hercegovina. Wien 1884.
Viski K., Volksbrauch der Ungarn. Budapest 1932.
Vlahović Vl., Vatra u gatanju i vjerovanju. Zs. Zapisi III 93 ff., Cetinje 1928.
Vlajinac M., Moba i pozajmica. SEZb. XLIV 1—598. Belgrad 1929.
Vlašić Niko, Volksbräuche in der Umgebung von Djakovar zur Mahd- und zur Erntezeit. WMBH V 443—450.
Vrban Tom., Nar. običaji u Koprivničkom Ivanu. Vjesnik etc. IV 1938, 180—87.
Vrčević Vuk, Tri glavne narodne svečanosti. Pančevo 1883.
Vučetić A., Sv. Vlaho u Dubrovniku. Brastvo XVII 1923, 37—80.
Vujadinović St., Etnografska grada iz Peka i Zvižda. ZbEM u Beogradu, 1951, 261—266.
Vuk, Rj. = Karadžić Vuk, Lexikon serbico-germanico-latinum. Belgrad 1889.
— ŽOb. = Život i običaji naroda srpskoga. Wien 1867.
— SNP = Srpske narodne pjesme. Belgrad 1891—1913.
— Montenegro und die Montenegriner. Stuttgart 1837.
— Kovčežić za istoriju, jezik i običaje Srba sva tri zakona. Wien 1849.

Vukanović Tatomir, Tužbalice u Kosanici, Labu i Prištini. Prilozi proučavanju nar. poezije II 1935, Heft 1, S. 93—109.
Vukmanović Iovan,Vjerski i društveni običaji u Pastrovićima. Zapisi XV 1936, 83—88, 142—149; 283—287; 342—345; XVI 1936, S. 21—24; 177—181.
— Običaji subotičkih Bunjevaca. Zbornik Matice srpske, Serija društvenih nauka V 1953, 112—119.
Vuletić D., Marač i Đurđev dan u Zeti. Bos Vila XXV 249 ff.
Vuletić-Vukasović Vid, Običaji na ostrvu Korčuli. 1881.
— Die Moreška von Curzola. ZÖV VIII 51 ff.
— Vještice u južnih Slavena. Zs. Karadžić III 185—196.
Walde-Pokorny, Vgl. Wörterbuch der idg. Sprachen. Berlin—Leipzig 1931. 3 Bde.
Weiser Lily, Jul, Weihnachtsgeschenke und Weihnachtsbaum. Stuttgart 1923.
Winternitz M., Das altindische Hochzeitsrituell. Denkschriften der Wiener Ak. d. W., Phil. hist. Kl., Bd. 40. Wien 1892.
Wlislocki H., Volksglaube und religiöser Brauch der Magyaren. Münster 1893.
WMBH = Wissenschaftliche Mitteilungen aus Bosnien und der Hercegovina. Sarajevo 1893 ff.
Wolf W., Der Mond im deutschen Volksglauben. Heidelberg 1929.
Wollman F., Vampirické pověsti ve střední Evropě. Národopisný Věstník československý XIV—XVIII.
ZbNŽ = Zbornik za narodni život. Zagreb 1896 ff. Enthält ein ungemein reichhaltiges Material. Auf die zahlreichen kleinen Beiträge kann hier nicht eingegangen werden, hervorgehoben seien hier bloß die zusammenfassenden Darstellungen über das Volksleben einzelner Orte und Landschaften:
— Lovretić J., Otok. ZbNŽ II 81—459; III 26—45; IV 45—112; VII 57—206; XXI 152—157.
— Jajnčerova K., Trebarjevo. Ib. III 211—251; VI 186—248.
— Šajnović J., Kola. Ib. III 252—264.
— Bortulin A., Cres. Ib. III 265—275.
— Ardalić Vl., Bukovica. Ib. IV 113—126; 196—220; V 1—50; VII 237—294; XI 161—200; XV 255—278; XX 32—52; XXII 302—311.
— Žic J., Vrbnik na otoku Krku. Ib. IV 221—243; ib. V 51—83; 201—252; VI 1—52; 161—186; VII 295—353; XV 161—203; XXI 17—45.
— Rubić St., Duvno (Županac). Ib. IV 244—291.
— Petrović Vl., Zaplańe ili Leskovačko (u Srbiji). Ib. V 84—119; 253—297.
— Božićević J., Šušńevo Selo i Čakovac. Ib. V 161—200; XI 80—107; 201—217; XV 204—254; XX 122—141.
— Klarić J., Kralje (u turskoj Hrvatskoj). Ib. VI 53—114; 249—291.
— Jovićević A., Crna Gora. Ib. VIII 48—78; XI 52—79; XV 29—119; XVIII 161—178; XXI 81—100; XXVI 293—318.
— Murgić F., Visoko u Bosni. Ib. VIII 79—103.
— Ivanišević F., Poljica. Ib. VII 183—336; IX 23—144; 191—326; X 11—111; 191—326.
— Filakovac J., Retkovci (u Slavoniji). Ib. X 144—149; XI 108—128; XIX 153—175.
— Rožić V., Prigorje. Ib. XII 49—134; 161—297.
— Lang M., Samobor. Ib. XVI 1—128; 161—274; XVII 1—150; 193—342; XVIII 1—138; 235—372; XIX 39—152; 193—320.
— Kotarski J., Lobor. Ib. XX 53—88; 226—253; XXI 46—80; 179—224.
— Lukić L., Varoš. Ib. XXIV 32—238; XXV 105—175; 255—349; XXVI 102—138.
— Mikac J., Vjerovanja (Brest u Istri). Ib. XXIX/2, 195—200.
Zec Nik., Ženidba (Dubašnica na otoku Krku). Ib. XXVI 160—173.
Zega Nikola, Volovska bogomolja. GEM. II 18—20. 2 Bilder.

Zelenin, RV = Russische Volkskunde. Berlin 1927.
ZÖV = Zs. f. österreichische Volkskunde (jetzt: Wiener Zs. f. Volkskunde). Wien 1894 ff.
ZVfV = Zs. des Vereins f. Volkskunde. Berlin 1891 ff., jetzt: Zs. f. Volkskunde.
Zuljić M., Uskrsna jaja (Vareš in Bosnien). ZbNŽ XIII 303—306. 15 Bilder.
Županič Niko, Nastrižno kumstvo na Belokranjskem s historično-etnoložkimi pripombami k obredu prvega striženja vlas pri Slovanih. Zbornik filos. fakultete v Ljubljani, I 1950, 141—176.

Register

Abbildungen

Abb. 1. Der Baum „Zapis“ mit dem eingeritzten Kreuz (Šumadija)

Abb. 2. Gemeinsames Mahl nach der Flurprozession (Odorovci bei Pirot)

Abb. 3. Übertragung von Krankheiten auf Bäume durch Anbinden von Wäscheteilen der Kranken (um Pančevo, Banat)

Abb. 4. Gevatterinnen mit dem Kind in der Wiege auf dem Heimweg von der Taufe (Lazina bei Karlovac)

Abb. 5. Frau mit Kind auf dem Rücken (Zaglavak)

Abb. 5 a. „Spassmacher“ bei der Hochzeit (čauš)

Abb. 6. Städtische Hochzeit in Peć (Ipek). Die Brautleute tragen Kronen, ihre rechten Hände sind verbunden

Abb. 7. Kroatische Hochzeit in Draganići (bei Karlovac)

Abb. 8. Kroatische Hochzeit am Lande

Abb. 9. Klagefrauen in der Crna Gora (Crkvice in der Pivska Planina)

Abb. 10. Begräbnis mit Leichenschlitten (Dorf Trg bei Karlovac)

Abb. 11. Kindergrab mit Wiege (Kifino Selo)

Abb. 12. Totenbahren der Moslims, die nach dem Gebrauch auf dem Friedhof zurückgelassen werden

Abb. 13. Friedhof im Ibartal

Abb. 14. Hölzerne Grabsäulen (Bosnien)

Abb. 15. Grabkreuz in Pridvorica

Abb. 16. Grab eines Mädchens in Špat bei Srebrenica. Kreuz mit Kuckucken

Abb. 17. Frau mit Weihnachtskuchen, neben ihr zwei Badnjaci und ein Weihnachtsbraten am Spieß (Klepci bei Čapljina, Hercegovina)

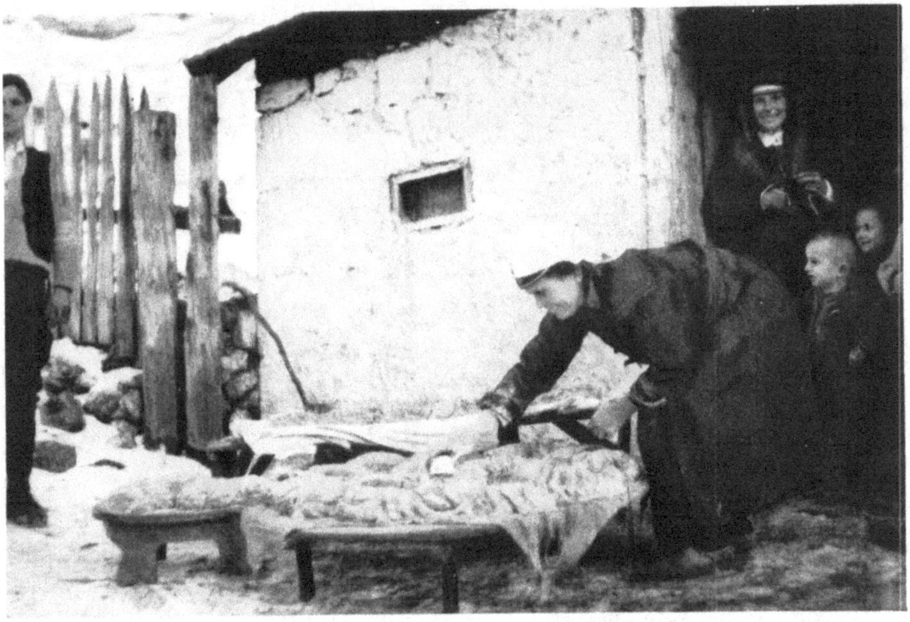

Abb. 18. Verzierung der Weihnachtskuchen mit Hilfe der Kaffeetasse (Bogdašić bei Livno)

Abb. 19. Am Weihnachtsmorgen wird der Pflugochs, der Gehilfe des Bauern, beschenkt. Man steckt ihm einen ringförmigen Weihnachtskuchen auf das rechte Horn (Landschaft Gruža)

Abb. 20. Weihnachtskuchen „ljetnica“ (Žumberak)

Abb. 21. Weihnachtskuchen „krsnica“ (Kreševo in Bosnien)

Abb. 22. Am Weihnachtsmorgen werden die Hühner innerhalb eines Kreises gefüttert, damit sie sich nicht verlaufen

Abb. 23. Der Stern der Sternsänger, zvezdari (Gorski Kotar)

Abb. 24. Polaženik, der erste Besucher am Weihnachtsmorgen, der nach der Begrüßung mit einer Decke bedeckt wird und ruhig sitzen muß, damit auch die brütenden Hühner ruhig sitzen (Topola)

Abb. 25. Kroatische Fastnachtsmaske zvončar (Sv. Matej, Kastavština)

Abb. 26. Vorbereitetes Osterfeuer (Landschaft Zagorje in Kroatien)

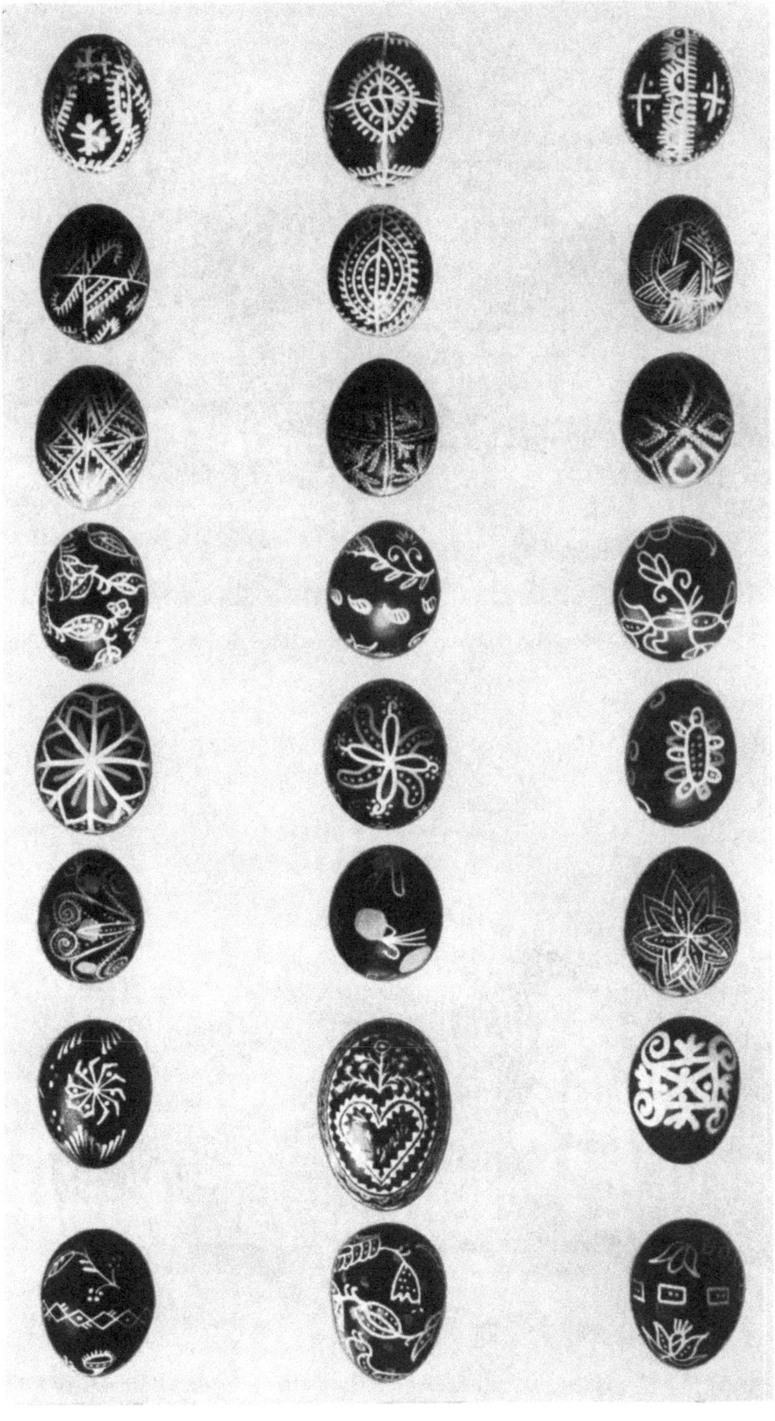

Abb. 27. Ostereier aus Kroatien und Slavonien

Abb. 28. Österliche Speisenweihe (Remetinec in der Landschaft Prigorje)

Abb. 29. Nach der Speisenweihe (Remetinec in der Landschaft Prigorje)

Abb. 30. „Zeleni Juran“, der grüne Georg (Landschaft Zagorje)

Abb. 31. Heischegang am Georgstag (Ivanovčani bei Bjelovar)

Abb. 32. Umzug der Ljelje-Kraljice zu Pfingsten 1958 (Gorjani bei Djakovo in Slavonien)

Abb. 33. Tanz der „Ladarice“ (Miholjanec bei Virje)

Abb. 34. Kroatisches Kirchweihfest

Abb. 35. Volovska bogomolja

Abb. 36. Bauopfer. Der Grundstein wird mit dem Blut des geopferten Schafes besprengt (Guča Gora in Bosnien)

Abb. 37. Zigeunermädchen als Dodola (Nordserbien)

Abb. 38. Muškobana Milica Mikaš Karadžić (Paleži, Drobnjačka Jezera)

Abb. 39. Bilikum, Willkommtrunk (Vrbovec in Kroatien)

Abb. 40. Fluchhügel in der Landschaft Svrljig

Druckfehlerverzeichnis

S. 5 Zeile 5 von unten: στοιχειό, nicht στοιχειο.
S. 9 Zeile 6: lies griech. ἄν-.
S. 10 Zeile 1 von unten: lies βουλκόλακας, nicht Βουλκόλακα.
S. 12 Zeile 18: lies türk. karakondžolos.
S. 12 Zeile 21: Andriotis, nicht Audriotis.
S. 12 Anm. 46 a: lies avest. aẑidahāka.
S. 13 Zeile 19: lies δράκων, nicht Sράκων.
S. 18 Zeile 3 von unten: lies ἀνάθεμα, nicht ἀνάθημα.
S. 22 Zeile 2 von unten: lies altir. morrigain »Alpkönigin«, nicht »Alpkönig«.
S. 33 Zeile 2 von unten: lies βουρκόλακας.
S. 46 Zeile 11: lies altslav. навь, nicht навъ.
S. 56 Zeile 13: lies russ. лиховьё »Überfluß«.
S. 75 Zeile 23: lies Wasser statt Waser.
S. 86 Zeile 9 von unten: lies dušečka »Schmetterling«.
S. 95 Zeile 25: lies neugr. θρονί, nicht δρονί.
S. 101 Zeile 9: lies προσφορά.
S. 110 Zeile 19: lies neugr. ἄνδρας.
S. 171 Anm. 37: lies mifičeskom, nicht mitičeskom.
S. 183 oben: lies Andriotis N. P. Ἐτυμολογικὸ Λεξικὸ τῆς κοινῆς νεοελληνικῆς.

Kolibri 360 GmbH
Ferdinand-Jühlke-Straße 7
99095 Erfurt, Deutschland
produktsicherheit@kolibri360.de